旋榜錄

수영 25의용

정방록을 찾다

펴낸 날 2021년 5월 30일
지은 이 김종수

펴낸 곳 **비온후** www.beonwhobook.com
펴낸 이 김철진

ISBN 978-89-90969-07-1 03090

책값 20,000원

수영 25의용

정방록을 찾다

김종수

높고 깊은 수영

정방록(旌榜錄)은 고문서다. 이안눌이 동래부사로 있으면서 썼다. 동래부사는 오늘날 부산 시장에 해당한다. 이안눌은 1608년 2월부터 이듬해 7월까지 동래부사로 있었다. 정방록은 그 무렵 나왔다. '정방'은 충신이나 효자, 열녀를 널리 알리는 일이고 정방록은 그러한 기록이다.

이안눌은 당대 최고의 문장가였다. 4천 편 넘는 시를 남겼고 범어사 석벽에도 시를 남겼다. 최고의 문장가답게 한 편 한 편 가려 쓰고 매끄럽게 다듬으며 썼을 그가 정방록을 남겼다는 건 그럴 만한 가치가 거기 있기 때문이었다. 그러기에 동래부사 의무에 없는 기록을 한 글자 한 글자 써나갔다.

정방록은 대단히 소중한 유산이다. 우리 부산의 입장에선 더 그렇다. 부산 수영의 기록인 까닭이다. 1600년대 전후의 부산, 그중에서도 수영의 모습을 날것 그대로 접한다는 게 어디 예삿일인가. 부산으로선 국보급 보배가 정방록이다.

과장되게 들릴지는 몰라도 사실이 그렇다. 징비록이나 임진록, 한중록, 표해록 등등처럼 서울이나 타지를 중심에 둔 고문서는 차고 넘치지만 부산을 중심에 둔, 부산 이야기만을 다룬 그것은 매우 드문 실정이다. 1600년대 전후 부산 수영을 기록한 유일한 기록 정방록은 부산의 국보라 해도 지나친 말이 아니다.

정방록은 어떤 내용일까. 1592년부터 1598년까지 벌어진 임진왜란 내내 왜적에 대항했던 수영 의병 25인의 행적을 담았다. 수영에서는 이들을 25의용이라 한다. 25의용은 의로운 용사, 프랑스 말로 레지스탕스다. 이안눌이 동래부사로 부임한 때는 왜란이 끝나고 딱 10년 후. 전쟁이 남긴 후유증이 현재진행형이던 시기에 쓴 기록이라서 25의용 행적이 손금 들여다보듯 생생했을 것이다.

'현재 정방록은 찾을 수가 없고 기록상으로만 전한다.'

하지만 정방록은 실체를 찾을 수 없었다. 한국학을 연구하는 총본산이랄 수 있는 한국학중앙연구원 홈페이지를 검색해 봐도, 부산시가 운용하는 디지털 백과사전인 부산역사문화대전을 검색해 봐도 오리무중이다. 실체는 찾을 수 없고 기록만 전한다고 나온다. 심증은 가는데 물증이 없다는 이야기다. 원통하고 분통했다.

내가 분통했던 이유는 하나였다. 일제에 혐의를 뒀기 때문이다. 정방록은 일본에 맞선 저항의 기록. 일제강점기 36년을 거치는 동안 일제가 의도적으로 멸실했다는 게 내 생각이다. 조선 곳곳의 지맥에 혈을 누른다며 철침을 박은 일제라서 무슨 짓인들 못 했을까. 생각하면 생각할수록 원통했고 분통했다.

지성이면 감천이라 했다. 다행히 정방록에 담긴 내용을 접할 수 있었다. 1980년대 발간한 남구청 향토지에 정방록 원문과 번역이 실려 있었다. 그때는 수영구가 분구되기 전이라 남구에 속했다. 번역은 애국지사 이태길 선생이 맡았다. 내 간절한 뜻이 하늘에 닿은 기분이었다. 정방록 실체는 아니지만 향토지 수록 내용을 이 책에 실을 수 있어서 기뻤다.

그러던 차에 또 다시 기적과도 같은 일이 생겼다. 작년 9월 하순이었다. 실체에 근접한 정방록이 내 앞에 불쑥 나타났다. 수영 25의용에 관한 자료를 모으며 집필하던 중이었다. 이 책의 제목도 정방록의 실체를 발견하기 전에는 <25의용>이었다.

수소문해서 25의용 한 분의 후손을 찾아 인터뷰도 했다. 최막내 의용의 15세손 최도선 선생은 갑장이라서 인터뷰 이후 가까워졌다. 그러던 차에 귀한 기록이라며 집안에서 보관하던 고문서 사본을 내밀었다. 정방록이었다. 오, 세상에!

최도선 선생이 건넨 정방록은 제목이 '최가 정방록(崔家旌榜錄)'이었다. 해석하자면 최씨 집안에 내린 정방록쯤 된다. '고인운 이평칙위공위경(古人云 理平則爲公爲卿)'으로 시작하는 최가 정방록은 그다음 이어지는 내용이 한 글자 한 글자 섬뜩했고 소름이 끼쳤다.

내용은 이랬다. '세상이 잘 다스려질 때는 공도 되고 경도 되다가 세상이 변하면 뱀이나 돼지, 승냥이나 올빼미 되는 것이 열에 아홉이다.' 임진왜란이 벌어지는 동안 왜적에 항전하지 않거나 부역했던 이들에 대한 엄중한 질책이었고 문책이었다. 피비린내까지 났다. 그러면서 수영 의병 25인에 대한 감사와 칭송이 이어졌다.

정방록을 처음 보는 순간 숨이 멎을 것 같았던 벅찬 감정이 이 책의 독자에게 그대로 스며들었으면 좋겠다. 일본에 맞섰던 수영 25의용의 기개와 결기가 시대를 초월해서 오늘을 사는 우리에게도 이어졌으면 좋겠다.

아울러 이 책 발간을 계기로 <정방록>과 수영의 또 다른 귀한 기록인 <내영지>, 그리고 최한복 선생의 <수영유사>가 현대에 맞는 구성과 편집, 스토리텔링 재미를 더해 수영구청에서 발간하는 진지하면서 전향적인 논의가 이루어지길 기대한다. 우리 고장의 정신이자 자랑인 25의용을 내세운 '수영인의 상(像)' 내지는 상(償)에 대한 논의도 기대한다.

지금은 돌아가셔서 곁에 안 계신 선친 이야기를 해야겠다. 이 책의 출발점이 선친인 까닭이다. 선친은 수영본동 토박이셨다. 선친께서는 25의용으로 대변되는 수영의 얼과 정신을 이어 받아 한평생 수영에 지극한 애정을 기울였다. 수영기로회, 25의용을 숭모하는 단체를 비롯한 각종 단체의 대표를 맡아 수영 발전에 마음을 보태고 힘을 보탰다.

내가 지금 현재 수영의 여러 단체와 모임의 대표를 맡아 수영 발전에 내 일처럼 나서는 것도 선친의 그런 수영 사랑을 이어 받은 영향이 크다고 생각한다. 민락동 100년의 역사를 담은 <민락 100년>, 수영이라는 도시에 터전을 둔 어부의 삶을 다룬 <도시어부의 삶과 일상> 발간에 힘을 모은 것도 그 기저는 수영 사랑이었다.

선친의 수영 사랑은 지극했고 곡진했다. 마을의 대소사는 물론이고 수영이 필요로 하는 일이라면 마다하지 않으셨다. 사재를 들여 수영의 문화재를 지키고 보수했으며 25의용의 향사를 맡았던 <사단법인 수영 의용충혼숭모회> 초대 이사장을 맡아 수영의 호국정신을 기렸다.

수영은 호국정신이 투철한 고장이다. 조선시대 수군이 주둔하며 국경을 지키던 군사도시였기 때문이다. 수영의 기운을 받고 자란 수영 사람 역시 호국정신이 투철했다.

'내 고장, 내 나라는 내가 지킨다.' 애향심과 애국심은 우리 수영에 면면히 이어져 오던 수영의 정신이었고 기백이었다. 수영을 높게 보고 깊게 봐야 할 이유다.

수영의 호국정신은 차고 넘친다. 조선 수군이 주둔하던 좌수영성 성터와 성문이 일부나마 건재하며 왜적에 맞서 결사 항전을 맹세하던 '선서바위'는 지금도 우람하며 호시탐탐 넘보는 적을 감시하던 첨이대가 백산 높다란 곳에 있다. 대한민국 군인을 배출하는 부산 병무청 역시 수영에 있다.

수영의 호국정신은 뿌리가 깊다. 1592년 임진왜란이 일어나 다들 궤산(潰散)할 때도 수영 사람 스물다섯 분은 비밀 결사대를 꾸려 부단하게 항전했다. 일제강점기에는 송 씨 할머니가 희롱하는 일제 군인에 맞서 싸웠다. 수영 25의용단과 수영고당은 그들을 기리는 제단이며 사당이다.

25의용단과 수영고당은 둘 다 수영사적공원에 있다. 수영사적공원은 조선 수영성 성터에 조성한 역사 공원이다. 수영에서는 조선시대부터 25의용단 제사를 지내 오고 있으며 수영고당에서도 매년 제사를 지낸다.

수영고당은 수영사적공원 남문 안쪽에 있었다. 천연기념물 곰솔 바로 아래다. 몇 년 전 원래 자리를 찾아 정상 쪽으로 옮겼다. 고당은 옮겼어도 고당의 유래를 밝힌 비석은 있던 자리 그대로 있다. 다음은 비석 한 대목이다.

(수영고당) 창건은 역사상으로 볼 때 400년 정도로 추측되며 당시 수영성민은 성내 수호신으로 토지지신과 독신(纛神)을 병사(竝祀)하였다. 장구한 세월의 흐름에 따라 약 20년 전 애향인 김기배(金己培) 씨에 의하여 중수하였으나 다시 폐산(廢散)되었으므로 1981년 4월 김기배 씨가 자진 신축에 착수하여 6월 완공을 보게 된 것이다.

유래비에 나오는 '애향인 김기배 씨'가 선친이다. 선친은 생전에 기록을 꼼꼼히 해 두셨다. 기록으로 남겨 후세에 전하려는 생각이셨다고 본다. 갑작스레 타계하면서 전하지 못한 선친의 생각을 아들인 내가 한 올 한 올 간추리고 잇대어서 펴낸 게 이 책이다.

유일한 아들로서 선친에게 입은 은혜를 갚는다는 마음도 이 책에 담겼다. 자식이 부모에게 입은 은혜를 어찌 다 갚으랴만 천분의 일에 불과할망정, 만분의 일에 불과할망정 선친을 향한 고마움으로, 그리고 그리움으로 한 글자 한 글자 채워 나갔다.

수영은 아름다운 도시다. 해운대까지 포함하는 수영팔경으로 대변되는 수영의 풍광은 예로부터 정평이 나 있었다. 강이 유유히 흐르고 바닷물 넘실대는 수영의 유장한 풍광! 세계 어디에 내놓아도 손색이 없을 수영이 본래의 풍광을 되찾기를 바라는 간절한 마음도 이 책에 담았음을 밝힌다.

부르고 불러도 다 못 부를 선친의 영전에 삼가 이 책을 바친다.

2021년 5월

김 종 수

二十五義勇

25의용

호국의 땅, 충절의 도시 수영

수영은 호국의 땅이다. 그리고 충절의 고장이다. 조선의 바다를 지키는 수군이 주둔하던 군사도시, 국경도시가 수영이었다. 그러나 꼭 그런 이유로 수영을 호국의 땅, 충절의 도시라고 하진 않는다. 수영은 수군이 주둔하던 부대. 그러기에 조선시대 수영은 조선팔도 어디에도 있었다. 경상도는 물론 전라도, 충청도, 경기도, 강원도, 황해도, 평안도, 함경도 모두에 있었다. 그렇다고 해서 수영이 있던 모든 지역을 호국의 땅 또는 충절의 고장이라고 부르지 않는다.

수영이 그렇게 자리매김한 건 순전히 25의용 덕분이었다. 스물다섯 분에 이르는 의롭고 용감한 분이 있었기에 수영은 호국의 땅으로 불렸고 충절의 고장으로 불렸다. 그들이 아니었다면, 그들이 없었다면 수영은 뒤에 설명하겠지만 온갖 수모를 감내해야 했을 것이다. 1592년 임진왜란이 일어난 이후 400년 긴 세월을 수영은 불충의

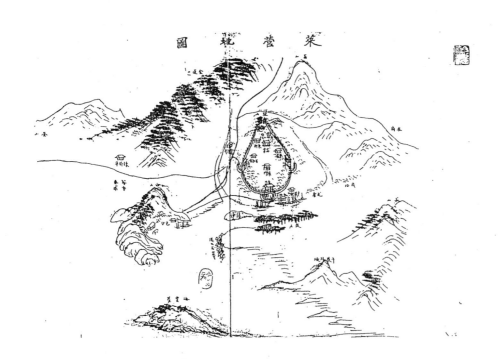

〈내영지〉 맨 앞에 나오는 수영성 지도
고문서에 나오는 좌수영성 지도. 수영은 옛날부터 조선 군인이 지키던 호국의 땅이었고 충절의 고장이었다.

땅으로, 대역의 고장으로 낙인찍혔을 것이다. 생각만 해도 아찔한 일이다. 25의용 그들이 있었기에 오늘의 수영이 있고 오늘의 우리가 있다.

25의용은 임진왜란 7년 내내 유격전을 벌인 수영의 기개였고 수영의 정신이었다. 수영의 평범한 백성이었고 조선팔도 어디에나 있었을 장삼이사(張三李四, 평범한 보통사람들)였지만 중과부적의 왜적을 깨뜨리려 야밤에 급습했고 적진의 정보를 캐내 아군에 전달했다. 수영의 땅에서, 수영의 바다에서 항전했고 토적(討賊, 적을 토벌)했다.

나라에선 25의용을 기렸다. 글로 남겨 널리 알렸고 제단과 단비를 쌓아 매년 기렸다. 부산시장에 해당하는 동래부사가 쓴 〈정방록〉이 그것이고 해군사령관에 해당하는 경상좌수사가 세운 의용제인비와 25의용단이 그것이다. 25의용을 기리는 제사는 조선시대는 물론 일제강점기에도 면면히 이어졌으며 지금도 매년 향사(享祀, 제사 지내는 것)를 거행한다.

수영 1950-60년대
1950년대와 60년대 수영. 사진 아래 초가지붕 마을이 수영본동이다. 사진 가운데 도로 양옆으로 수영에 주둔했던 군부대가 보인다. / 부경근대사료연구소 소장

이런 역사, 저런 역사

향사를 주재하는 주체는 여러 번 바뀌었다. 시대에 따라 바뀌었고 여건에 따라 바뀌었다. 조선시대는 경상좌수영의 좌수사가 주재했고 좌수영이 폐영되면서는 남촌면장(당시는 수영구 일대가 남촌면이었다)이 주재했다. 일제강점기가 되면서 일제의 방해공작과 등쌀에 못 이겨 1926년 이후부터는 수영기로회에서 주재했다.

수영기로회의 주요 목적은 두 가지였다. 25의용단을 관리하고 매년 두 차례 향사를 주재하는 것이었다. 기로회가 주재하던 향사는 1977년 이후 수영고적민속보존회로 이관했고 기로회는 참여하는 것으로 바뀌었다. 1988년 사단법인 수영 의용충혼숭모회가 창립하면서 보존회와 공동으로 주재했다가 지금은 사단법인 수영고적민속예술보존협회 주재로 치른다. 사단법인 수영 의용충혼숭모회 초대 이사장이 선친이었다.

25의용단 향사는 의미가 각별하다. 임진왜란 관련 제단으로 동래 송공단, 좌천동 정공단, 다대포 윤공단이 있지만 이들 제단이 벼슬이 높았던 고위직 위주로 기린다면

수영 25의용단은 보통의 사람으로 이뤄졌던 자발적 의병을 기린다. 그리고 25의용의 후손은 물론 수영 주민이 혼연일체 의례를 치른다.

혼연일체는 곧 공동일체로 이어진다. 제수 준비부터 향사까지 수영 주민이 일일이 직접하고 내 일인 마냥 의관을 정제하고 마음을 정제해 참여한다. 마을 공동체의 끈끈한 결속력이 수영 25의용단 향사를 오늘까지 이어지게 했고 앞으로도 이어 갈 것이다. 마을공동체 의례인 25의용 향사를 통해 수영 사람은 자신의 역사와 뿌리를 확인하고 긍지와 자부심을 북돋운다.

사실, 수영 사람의 긍지와 자부심은 대단하다. 예로부터 좌수영 사람은 성안 사람과 성밖 사람을 나누고 성밖 사람의 성안 출입을 싫어했다. 그러면서 성안 사람끼리 연대를 다졌다. 성안 사람은 군인이나 군인 가족, 군속이 대다수였다. 배타적인 기질로 치부할 수 있지만 이런 연대를 바탕으로 임진왜란 왜군에 맞섰고 일제강점기 왜적에게 맞섰다. 또한 수영 고유의 전통과 문화, 역사를 보존하고 이어 갈 수 있었다.

수영 25의용을 기리는 의용사
임진왜란 당시 자발적으로 의병 활동을 벌였던 수영의 의인 스물다섯 분을 25의용이라고 한다. ©이인미

일제강점기, 야밤에 제사 지내

25의용 향사 역시 수영 사람의 연대의식을 바탕으로 면면히 이어졌다. 좋은 마음으로 하는 일이었으니 내남없이 호응했다. 그러나 호사다마였다. 좋은 마음으로 하는 일이지만 마(魔)가 몇 번 끼였다. 첫 호사다마는 일제강점기였다. 일제 감시의 눈길이 매서워 제사를 떳떳하게 치르지 못했다. 죄지은 사람처럼 야밤에 치러야 했다. 다음 호사다마는 회원의 동의 절차 없이 향사 주재가 수영기로회에서 다른 단체로 넘어간 것이었다. 50년 넘게 향사를 주재한 기로회 회원의 동의 없이 기로회장 독단으로 이루어진 일이었다. 회원들은 전혀 모르고 있다가 1984년 8월에야 전말을 알게 되었다. 폐기문서 더미에서 제향기금 예치금액과 토지대장, 비품 일체를 보존회로 넘긴다는 영수증과 각서, 사무인계서가 발견되면서 비로소 알려졌다.

세 번째 호사다마는 수영기로회 소유 건물과 대지를 두고 벌어진 송사였다. 이 건물과 대지는 어느 한두 사람의 소유가 아닌 조합체로 취득한 공동 재산이었고 그 후손 수백 명의 공동 재산이었다. 그런데 그 허점을 파고들어 명도 소송에 나선 이가 나타났다. 그는 법원에 소유권 이전등기를 청구해 자신의 권리를 주장했고 기로회 후손들이 피고가 되어 송사에 휘말려야 했다.

급기야 기로회 모든 재산은 타인에게 넘어가고 기로회는 기로회 경로당으로 전락하고 말았다. 재판은 비록 원고 승소로 끝났지만 지금도 그 사건은 억하심정으로 남아 있다. 돌이켜보고 또 돌이켜봐도 승복이 되지 않는다. 심정적으로도 그렇고 실제적으로도 그렇다.

이런 역사도 저런 역사도 역사는 역사다. 우리를 기쁘게 했던 역사도 소중하고 우리를 아프게 했던 역사도 소중하다. 어느 역사든 우리가 걸어왔던 길이고 우리가 반면교사로 삼아야 할 본보기다. 이런 역사, 저런 역사를 이 책에 담는 이유다.

지금도 꿈틀대는 뜨거운 기운

다시 25의용으로 돌아가자. 25의용은 400년 전 지나간 이야기가 아니다. 지금 현재도 진행 중인 살아있는 역사이며 꿈틀거리는 뜨거운 기운이다. 지역의 원로가 주축이 된 수영기로회, 사단법인 수영 의용충혼숭모회, 그리고 기성과 신진이 두루 참여하는 사단법인 수영고적민속예술협회가 매년 향사를 이어 가며 25의용 본손(本孫)이 매년 참례한다. 부산시 기념물 제12호 25의용단은 성역이다. 수영의 성역이며 부산의 성역이며 나아가 한국의 성역이다.

그러나 25의용을 알고 25의용단을 아는 이는 의외로 적다. 수영에선, 수영 사람은 "25 의용! 25의용!" 그래도 수영을 벗어나면 "그게 뭐지?" 고개를 갸우뚱대는 이가 많다. 임진왜란과 관련해 부산에 있는 제단은 넷. 동래부사 송상현을 기리는 송공단과 부산진첨사 정발을 기리는 정공단, 다대진첨사 윤흥신을 기리는 윤공단, 그리고 수영 25의용단이다. 그런데도 앞의 세 제단과 달리 25의용단은 일반의 관심에서 멀어져 있다.

선친은 그게 늘 마음에 걸렸다. 수영에서 나고 자란 수영 토박이였기에 누구보다 25 의용의 행적을 잘 아는 선친이었다. 25의용이 일반의 관심에서 멀어진 게 후손들 잘못으로 그런가 하고 수시로 자책했으며 죄스러워 했다. 25의용에 관한 자료가 보이면 일일이 챙겼고 수시로 글을 써 훗날 기록으로 남겨두려고 했다.

당신만 그런 마음이 아니었다. 선친과 가까운 선배도 그랬고 동년배도 그랬으며 선친이 아끼는 후배도 그랬다. 그래서 지금 이 글은 서문에서도 밝혔지만 갑작스레 타계하면서 전하지 못한 선친의 생각을 아들인 내가 한 올 한 올 간추리고 잇대어서 펴냈기에 한 글자 한 글자 선친의 마음을 담은 글이며 선친의 선후배와 동년배 마음이 담긴 글이다.

본적은 '수영동 85번지'

선친은 1925년 10월 16일 생이다. 본적은 동래구 수영동 85번지다. 수영구는 1995년 개청했다. 그 이전은 남구에 속했고 더 이전엔 동래구에 속했다. 수영동 85번지는 토박이들이 수영본동이라 불렀던 곳이다. 조선시대 성이던 좌수영성 성벽을 둘러싼 마을이 수영본동이었다. 좌수영성이 있던 자리에 현재는 수영사적공원이 들어섰다. 좌수영성은 조선 수군이 주둔했던 부대였다. 성벽이 둘러싼 수영본동은 군인마을이라고 봐도 무방하다. 성이 얼마나 컸던지 군사시설은 물론이고 민간인 거주지도 형성됐다. 민간인은 주로 군인의 가족이었을 것이다. 선친이 성내에서 태어난 것으로 봐 군인 집안일 가능성이 높다.

김기현(金麒鉉). 실제로 대신동 구덕산 자락에는 첨사(僉使), 즉 조선 수군첨절제사를 지낸 선조의 묘소가 있다. 그분 함자가 기 자, 현 자, 김기현이다. 정조 9년(1785) 태어나 순조 20년(1820) 작고한 분으로 함북의 국경도시 성진(城津)에서 첨절제사를 지냈다.

첨절제사는 종3품 무관직으로 해군 사령관에 해당하는 절도사 바로 아래 고위직이다. 지금으로 치면 별 하나 장군에 해당한다. 나는 어릴 때부터 선친을 따라 구덕산 묘소에 성묘했으며 지금은 내 아들과 성묘한다. 선친과 나,

麒鉉 기현

그리고 내 아들에게는 조선 수군의 피. 조선 장군의 피가 흐르고 있다고 자부한다.

지금과 달리 선친이 태어나시던 무렵의 수영은 온통 논밭이었다. 민가는 수영본동과 민락본동에 몰려 있었고 도로라고 해 봤자 수영교에서 부산문화방송을 거쳐 동방오거리로 이어지는 황톳길이 다였다. 다른 데는 초가집 드문드문 있었고 고갯길이나 논밭 사이로 난 농로가 대부분이었다. 그 증명이 1929년 발행한 '부산 명소 교통그림지도'와 1952년 백산 정상에서 찍은 수영동 일대 사진이다.

1929년 부산 교통그림지도는 좀 악의적이다. 일제강점기 발행한 지도라서 그렇겠지만 의도적으로 좌수영성과 수영본동을 모멸했고 누락했다. 조선 수군이 주둔하던 좌수영성은 항일정신의 상징이었으며 임진왜란 내내 왜적에 맞섰던 25의용의 본거

지였던 수영본동 역시 일제에겐 눈엣가시였으므로 그럴 만도 했다. 일제가 얼마나 치졸하고 악랄한지는 이 교통지도만 봐도 알 수 있다.

1952년 백산 정상에서 찍은 수영동 일대(사진 위)와 1929년 제작한 부산명소 교통그림지도
지도에는 해운대에서 수영으로 넘어오는 수영강 수영교가 보인다. / 부경근대사료연구소 소장

수영초등학교는 수영 토박이 학교

선친은 수영본동 토박이들이 다녔던 수영초등학교에 다녔다. 그때는 수영공립보통학교라고 했다. 선친보다 아홉 살 많은 수영 토박이 송병진(1916~2011) 변호사가 1981년 부산일보에 게재한 '나의 어린 시절' 글에 당시 수영 풍경과 수영초등 이야기가 나온다. 지금은 어디에서도 볼 수 없는 정담을 담은 글이라서 그대로 옮긴다. 송 변호사는 본인 장례식을 수영 소재 좋은강안병원에서 치를 만큼 평생 수영을 지켰다. 1960년대 수영기로회 소유 땅을 두고 송사가 벌어졌을 때 수영기로회 측 소송 대리인으로 활동하기도 했다. 고교 동창 송철규가 송 변호사 아들이다.

나는 소년시절을 수영에서 자랐다. 원래 수영은 이름 그대로 수군의 영문(營門) 소재지였으므로 그 당시만 해도 시가지는 성벽에 둘러싸였고 성문도 북문만 허물어졌고 동문과 남문은 원형 그대로 석문(石門)이 남아 있었다.

서쪽 산정산(山亭山)에는 노송이 울창했고 동쪽에는 장산이 멀리 우뚝 솟아 있었으며 그 밑으로 흘러든 수영강은 수영성 앞에서 삼각주 '딴등'을 에워싸면서 앞뒤 강으로 갈려 멀리 보이는 해운대 바다 쪽으로 맑게 흘러내렸다. 그때의 수영은 성벽과 산수가 잘 어울린 고성촌가(古城村街)였다.

나는 지금도 현대문명에 오탁, 변모된 '도시 수영'보다도 고성(古城) 수영의 정서적이고 소박하던 이미지를 간직하고 있고 영원히 잊지 않으려 한다.

고성의 성벽에 둘러싸인 지리적 여건과 영내 소재지였던 역사적인 영향을 받았음인지 수영 사람은 단결과 강단이 세다고 전해져 왔다. 그래서인지는 모르나 당시에 일본 사람이라고는 단 한 사람도 수영성 내에 살지 못했다.

나는 5세 때부터 서당에 다니다가 8세 때 수영공립보통학교에 입학했는데 그때 동급생의 대부분은 해운대·재송동·널구지(민락동)·범바우·남천·망미동(구락리)·연산(무듬·토곡) 등 주변 촌락에서 입학한 학생들이었고 나이가 나보다 서너 살씩 많았고 더러는 장가 든 학생도 있었다.

당시에는 수영강에 다리가 놓여 있지 않아 재송동에서 오는 학생들은 수영강 상류에서 바지를 걷어 올리고 강을 건너 다녔고 해운대 학생들은 보리전 도선장에서 배를 타고 건넜다.

나는 수영교를 지날 때마다 옛날 보리전에 매여 있던 나룻배와 뱃사공 안 씨의 붉은 얼굴이 회상되어 감회에 젖곤 한다. 특히 가을밤 횃불을 들고 강으로 나가 물밑 모래톱에 엎드려 있는 꼬시락을 잡을 때 손에 느껴지던 감촉이 아직도 잊혀지지 않는다.

또 해마다 추석 때면 대목장 보러 부산장에 가신 어머니를 성 밖 멀리에까지 마중 나가 만날 때의 기쁨을 잊지 못하며 그때의 감동이 생각키우면 나의 장남이 모시고 있는 노모를 달려가 만나곤 한다.

- 송병진 변호사, 부산일보 1981년 9월 15일 '나의 어린 시절'

1937년 수영초등학교 조례 장면
목조 건물이 아담하다.

개발 명분 내걸어 수영성 헐어

송 변호사가 언급한 남문은 일제강점기에 수영초등 정문으로 쓰였다. 일제는 개발을 명분으로 좌수영성 성벽을 헐었고 사대문마저 흔적을 없앴다. 유일하게 남문만 남아서 수영초등 정문으로 쓰였다. 선생도 학생도 정문을 볼 때마다, 정문을 지날 때마다 일제의 만행에 주먹을 쥐었고 나라 잃은 울분을 삼켰다.

선친은 수영초등에 1933년 입학해 1939년 졸업했다. 17기다. 은사 중의 한 분이 시조시인 김기호(1912~1978)다. 한자는 다르지만 선친과 함자가 비슷하다. 거제에서 태어난 김기호 선생은 일제강점기 항일학생의거 산실인 동래고보를 졸업하고 경성사범을 나온 뒤 1935년부터 4년간 수영초등에서 봉직했다. 선생의 투철한 항일정신은 재학생에게 그대로 스며들었다.

선생과 선친의 인연은 졸업 후에도 이어졌다. 거제 하청면에서 교장으로 근무할 때 선친과 함께 찾아갔던 기억이 난다. 부산에서 열었던 시조 시화전에 출품한 작품을 선친이 꽤 사셨고 그 대금을 드리러 갔던 것 같다. 그때 시화는 지금도 집에 여럿 남아 있다.

김기호 선생의 시조 표구
김 시조시인은 선친의 초등학교 은사다. 선생과 선친의 인연은 평생 이어졌다.

수영에서 초등학교를 졸업한 선친은 진학은 수영 바깥에서 했다. 수영에는 진학할 학교가 없었다. 수영초등을 졸업한 그해 4월 부산상업실천학교에 진학해 1942년 3월 졸업했다.

대학은 그로부터 10년 후인 1952년 3월 동아대 정경학부에 입학했다. 상업학교 졸업과 대학 입학 사이의 7~8년은 무역회사 농·화학 담당부서에 다녔다. 그러다 1950년부터 농약 사업에 투신했다. 1947년 결혼했고 나를 낳은 뒤 대학에 입학해 2학년 수료했다. 이후 농약 사업과 백산에서 농장 경영으로 일가를 이룬 선친은 나눔과 헌신으로 지역에 보답했다.

선친이 농장을 경영했던 민락동 백산
어디에서 봐도 백산은 정상이 하얗다. 백산이 왜 백산인지 짐작된다. / 위 사진 - 부경근대사료연구소 소장

선친과 동흥농장

선친의 지역에 대한 사랑은 호에서도 나타난다. 선친의 호는 백산(白山)이었다. 그만큼 백산을 애지중지하고 사랑하셨다. 백산은 수영의 진산이다. 현재 부산문화방송, 옥련선원을 품고 있다. 선친은 평생을 민락동에서 보냈고 백산 자락에서 보냈다. 평생의 업이자 사회봉사의 밑거름이 됐던 농장 역시 민락동 백산 자락을 구입해 일궜다.

백산이 왜 백산인지는 설이 분분하다. 멀리서 보면 하얗게 보인다고 해서 백산이고 해무가 자주 껴서 백산이고 학이 많아서 백산이다. 그 밖에도 여러 설이 있다. 아안山을 하얀山으로 잘못 표기해 백산이라는 설 등이다. 수영야류 사자무에는 사자가 범을 잡아먹는 장면이 나온다. 그 장면이 사자가 범을 잡아먹는 백산 정상의 형상에서 나온 것이란 설도 있다.

선친이 백산 자락을 농장 대지로 구입한 것도 기실은 이 사자 형상과 연관이 있다. 선친은 수영에서 가장 중요한 곳이 백산이라고 여겼다. 사자 같이 생긴 형상에서 웅혼한 기상을 느꼈던 것이다. 백산은 어느 각도에서 봐도 꼭대기가 하얗다. 마치 만년설에 덮인 산 같다. 만년설에 덮인 듯한 순정한 백산은 곧 선친의 순정한 마음이었고 선친이 한평생 추구했던 가치였다.

어쨌거나 백산은 수영 사람, 특히 민락동 주민에게 깊숙이 스며들어 있다. 내가 회장으로 있는 민락동 지역발전위원회가 2019년 처음 개최한 주민화합 한마당 잔치 명칭이 '백산마을 한마음 축제'인 것도 그런 연유다. 주민자치대학 명칭도 백산대학이다. 지역에 대한 사랑은 선친이 경영했던 농장 이름에서도 드러난다. 선친이 경영했던 동흥농장은 함께 동(同), 흥할 흥(興)을 썼다. 함께 잘되기를 바라는 곡진한 마음을 상호에 담았다. 동흥농장 이전에 창업했던 동흥농약공사가 성업하기를 바라며 소석(小石)을 호로 썼던 이가 선물한 축하 휘호에 '동흥'이 보인다. 축하 휘호는 '농국가보 동흥불식(農國家寶 同興不息).' 농사짓는 나라는 보배요, 쉼 없이 함께 흥한다는 축원이다.

백산 자락을 개간해 경영했던 동흥농장은 한 시대를 풍미했다. 농장이 얼마나 컸던지 멀리서 보면 백산이 동흥농장이었고 동흥농장이 백산이었다. 더군다나 동흥농

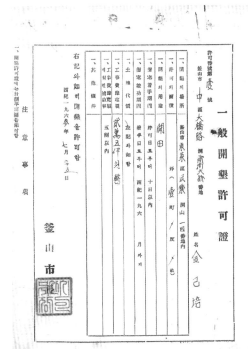

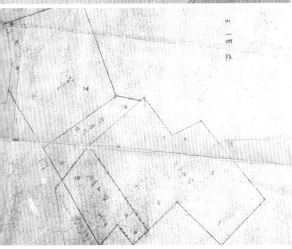

장은 '제1호'였다. 부산시가 1963년 7월 25일 발급한 '일반개간허가증 제1호'가 동흥농장이었다. 당시 주소 동래구 민락동 산 14번지 백산 자락을 개간한 이후 선친은 개간지를 넓혀 나갔다. 1980년 11월 부산시가 발급한 등록증을 보면 민락동 산 14-1 외 3필지로 확장했음을 알 수 있다.

동흥농장은 복숭아밭, 감밭, 포도밭, 수박밭, 참외밭, 그리고 방풍림으로 조성했다. 다시 말해 백산을 개간해 과수원과 관상수 농장으로 가꾸었다. 동흥농장에서 수확한 과일은 인기가 좋았다. 없어서 못 팔았다. 민락동과 수영, 광안리에서 보이는 복숭아며 포도며 수박은 모두 동흥농장 과일로 보면 됐다. 백산에 군부대가 주둔할 때는 군인들이 수시로 서리해 갔다. 그런 시절이 있었다. 백산에 주둔하던 군부대는 육군 제33고사포대 A포대였다.

동흥농장 관련 오래된 문서
부산시가 1963년 발급한 개간허가증과 동흥농장이 포함된 '제1신부산 계획현황도' 그리고 개간허가 도면. 도면에는 복숭아밭, 포도밭, 방풍림, 감밭 등이 보인다.

농국가보 동흥불식(農國家寶 同興不息)
'농사짓는 나라는 보배요, 쉼 없이 함께 흥한다'는 뜻으로
저자 선친의 첫 사업체인 동흥농약공사가 잘되기를 바라는 축원이 담겼다.

제주도 밀감밭, 대구 사과밭 '거의 독점'

선친은 농장과 함께 농약사를 경영했다. 동흥농약이었다. 동흥농약은 중구 대교동 2가 62번지에서 창업했다. 그러다 옛날 부산시청 맞은편 동광동시장 자리에 1969년 11월 부산데파트가 신축, 개장하자 거기로 이전해 오랜 기간 전성기를 누렸다.

동흥농약은 언제 창업했을까. 아쉽게도 창업연도에 관련한 자료는 현재 없다. 그래서 추정할 뿐이다. 모친은 선친보다 네 살 적은 1929년 생으로 19세에 결혼하셨다. 농약 사업은 1950년부터 시작했다. 무역회사 농·화학 부서에서 근무하며 농약의 중요성과 미래 가치에 눈뜬 선친은 농약 사업에 직접 나섰다. 외국에서 농약 원료를 공급받아 국내 제조공장에 지금의 주문자 제조방식, 소위 OEM방식으로 생산해 전국에 공급했다.

선친의 동흥농약은 전국구였다. 전국 곳곳에서 동흥농약을 찾았다. 선친이 농약 사업에 헌신한 건 계기가 있었다. 광복 이후 보릿고개로 대변되는 식량난은 국가적 난제였다. 선친은 국가적 난제에 기여하겠다는 일념으로 관련 회사에 다녔고 관련 사업에 나섰다. 농약 사업은 당시 식품보호제 사업으로 분류될 만큼 국가적 테마였다. 비료는 판로가 협소해 농협에서만 취급하던 시절이었으니 선친의 선구적 안목을 엿볼 수 있다.

농약 원료 역시 국내에서 구하기 어려웠던 시절이었다. 외국 업체와 국내공급 계약을 맺고 원료를 수입해 농약 제조공장에 제조와 생산을 일임했다. 농업이 산업의 우선순위에서 밀려나는 지금의 관점으로 보면 그러한 일련의 행위가 별것 아니게 보일지 모르지만 당대 식

저자의 부모님 혼례 장면
아버지는 1997년 돌아가시고 어머니 박소름 여사는
이 책이 나오기 직전인 2021년 5월 16일
향년 93세로 영면하셨다.

량 증산과 유실수 성장에 지대한 공헌을 하였다.

동흥농약 살충제인 응애농약 '시트라존'은 요즘 말로 '인기 짱'이었다. 없어서 못 팔았다. 응애는 식물의 생육을 방해하는 농업 해충. 응애 탓에 애를 먹던 제주도 밀감농장도, 대구 사과밭도 앞 다퉈 동흥농약 시트라존을 찾았다. 밀감이 '달러'가 되고 '사과'가 달러가 되던 1950년대와 1960년대, 선친의 농약 사업은 일종의 수출보국이었다.

아들로서 이런 표현을 하기가 조심스럽지만 선친의 동흥농약과 동흥농약이 성업한 부산데파트 일대는 한국 농약 사업을 기억하고 기념하는 한 명소로 자리매김해야 한다고 생각한다.

선친이 남긴 자료 가운데 부산데파트와 관련된 게 있다. '동광상가아파트 기공식 안내'란 초청장이다. 초청장은 소수에게만 배부됐다. 선친이 초청된 것은 부산데파트 자리에 짓던 사옥을 대의를 위해서 희생한 데 대한 반대급부였다. 선친이 끝까지 사

중구 중앙동 부산데파트 자리에 있던 동흥농약
1950년 전후 농약사업은 식량증산과 유실수 성장 등 국가가 보호하던 기간산업이었다. 그런 이유로 당시 부산 제일 중심지 중앙동에 종묘상과 농약상이 많이 있었다. 저자의 선친은 농약보국의 일념으로 농약사업을 시작했고 상호도 처음에는 동흥농약공사였다.

1961년 부산 농약사 대표자들과 함께한 이기대 야유회
바다 너머 백산이 보인다.

옥 건립을 고집했으면 부산데파트는 다른 곳에 지어졌거나 지금과는 다른 모습일 것이다. 선친은 부산데파트가 개장하면서 배당받은 지분으로 동흥농약을 차렸다. 지분은 지금도 유효하다.

그런데 초청장 명칭이 색다르다. 부산데파트 기공식이 아니고 동광상가아파트 기공식이다. 그 당시는 공식 명칭이 그랬다. 기공식은 1968년 5월 25일 부산수출진흥센터 앞에서 열렸다. 동광동시장 남쪽에 센터가 있었다. 주최는 부산상공회의소였다. 그때 부산상의 회장은 강석진 동명목재 사장이었다.

동광동시장은 공설이었다. 상가아파트 건립은 부산상의 차원에서 동광동시장 현대화사업계획으로 추진됐다. 초청장에는 사업의 취지와 목적이 나온다. 한때 부산의 상징이던 부산데파트 자리가 시장이었다는 것도 그렇고 초청장 내용도 그렇고 지금으로선 대단히 귀한 사료가 아닐 수 없다. 연구자들에게 도움이 되고자 여기 옮긴다. 한자는 모두 한글로 바꾸었다.

'동광상가아파트 기공식 안내'와 공설동광동시장
동광상가아파트는 공설동광동시장 자리에 들어섰다. 현재 부산데파트다. 기공식은 1968년 5월 25일 열렸다.

1. 취지

현 공설 동광동시장은 부산의 도심지에 위치하고 있는 요지(要地) 시장이오나 동 시장 내에서 생업을 영위하고 있는 상인 177명은 대부분 영세성을 불면하고 있으며 시장건물 역시 가설건물로서 항도 부산의 체모 손상이 불소(不少)함에 비추어 부산시 당국의 금년도 시장현대화사업 실시의 일환으로 본 시장 현대화사업이 계획된 바 있어 지난 1968. 3. 5.자로 부산상공회의소 주관하에 본 시장을 현대화상가아파트로 건립하도록 승인되어 본 사업이 착수되었음.

2. 목적

본 동광동시장 현대화사업의 목적은 현대화상가아파트를 건립하여 부산수출진흥센터와 자매격(姉妹格)을 형성하고 다음에 제기하는 사업 성취에 있음

가. 도심지 재개설과 명랑한 상가 형성

나. 상도의 앙양과 시범시장화

다. 도심지 주택난 일부 완화

수영은 조선팔도에 다 있어

그런데 수영은 왜 수영일까. 수영이 왜 수영인지 수영 사람은 엔간하면 알지만 타지 사람은 엔간하면 모른다. 수영 사람 중에서도 나이 드신 분이나 토박이와는 달리 타지에서 이사 온 젊은 세대는 잘 모르는 편이다. 수영이 왜 수영인지 알면 토박이의 호국정신을 이해하게 되고 호국정신의 뿌리에 가닿게 된다.

수영은 조선팔도에 다 있었다. 수영은 조선시대 해군이 주둔하던 군부대. 조선팔도가 바다를 끼고 있었으므로 조선팔도에 수영이 있었다. 지금은 여기 부산 수영구가 유일하지만 백 몇십 년 전만 해도 하삼도(下三道)인 충청·경상·전라도는 물론 경기도며 강원도, 황해도, 평안도, 함경도 모두에 있었다.

경상도와 전라도는 좌우로 나눠 두 군데씩 있었다. 다른 도는 해안선이 횡(橫)이어서 왜적에 대비하려면 길목 한 군데만 지키면 되는 반면에 곡창지대라서 왜적 침범이 잦았던 경상도와 전라도는 해안선이 종(縱)이어서 어디로 침범할지 몰라 두 군데를 두었다. 경상우도는 경남 통영시가 수영이었고 경상좌도는 부산 수영구가 수영이었다.

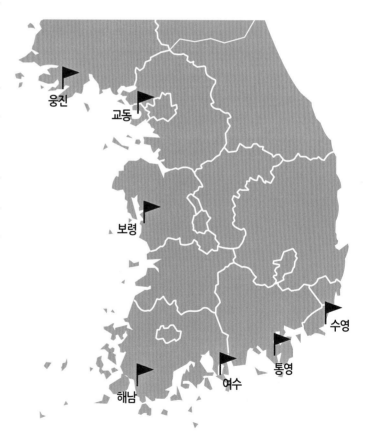

조선시대 수군이 주둔하던 남한지역
수군 주둔지를 수영이라 하고 육군 주둔지를 병영이라 했다.
조선 팔도 모두에 수영과 병영이 있었고 수영과 병영이 함께 있기도 했다.

'어마무시'했던 초광역 군사 대도시, 수영

수영은 수군통제사영, 또는 수군절도사영을 줄인 말이었다. 그러므로 수영과 통영은 그 뿌리가 같다. 이참에 제언을 하나 하자면 통영을 비롯해 전국에 있는 옛 수영을 하나로 묶는 자매도시 결연이다. 뿌리가 같으므로 명분이 있고 공감대 역시 넉넉하게 이뤄질 것으로 생각한다.

전국에 있던 조선의 수영은 어디 어딜까. 경상우도의 통영, 전라도 여수와 해남, 충청도 보령, 경기도 남양, 강원도 원주가 조선의 수영이었다. 민주평통자문회의 수영구 협의회장을 맡은 내 입장에선 황해도 옹진, 평안도 영변, 함남 북청, 함북 경성까지 아우르는 큰 그림을 그리고 싶다.

경상도의 두 수영, 그러니까 현재의 수영과 경남 통영은 조선 수군에서 차지하는 비중이 특히 컸다. 일본과 가깝고 해역이 넓은 경상도는 효과적인 방어를 위해 수영을 두 군데 두었다. 낙동강 하구를 기준으로 동쪽과 북쪽의 해역은 경상좌수영이 맡고 서쪽 해역은 경상우수영, 즉 통영이 맡았다. 〈세종실록지리지〉는 조선 전체 군선 가운데 1/3가량이 경상도 해역에 배치한 것으로 기록한다. 그만큼 경상도 해안 방어는 중요했다.

맡은 지역으로만 따지면 부산 수영은 경남 통영보다 훨씬 방대했다. 부산 수영, 그러니까 경상좌수영은 단순한 군부대가 아니었다. 낙동강에서 경북까지 아우르는 군사 요충지면서 이 일대 정치와 경제, 사회, 문화의 중심지였다. 부산진과 다대포는 물론 기장 두모포, 서생포, 울산 개운포, 염포, 경주 감포, 장기 포이포, 흥해와 영덕, 영해의 수군부대까지 관할했고 부대가 있는 지역을 관할했다. 이른바 본영(本營)이었다. 18세기 중엽에 이르러 관할 지역이 울산 앞바다까지로 좁혀들긴 했지만 그것만으로도 대단했다. 조선시대 수영은 지금 수준의 자치구가 아니라 '어마무시'한 초광역 군사 대도시였다.

조선시대 수영이 있던 전남 여수 진남관, 경남 통영 세병관, 충남 보령 수영성 망화문
(위에서부터) 부산 수영은 단순한 군부대가 아니었다. 낙동강에서 경북까지 아우르는 군사 요충지면서 정치와 경제, 사회, 문화의 중심지였다. ©문화재청

'칠진 체제七鎭體制' 갖춘 국내 최대 수군 기지

이 시기 수영의 위상을 단적으로 보여 주는 게 '칠진 체제(七鎭體制)'다. 임진왜란 이후 부산지역 해안 방어는 국정 과제였다. 일본과 국경을 맞댄 경상도 해안 방어는 아무리 강조해도 지나치지 않았다. 절대적 열세를 효율적으로 배치해 왜란 초기 왜군에게 당했던 뼈아픈 패배를 되풀이하지 않으려는 군사적 조치였다. 경상좌수영을 중심에 두고 좌수영 아래 칠진을 집결시키면서 부산 수영은 국내 최대 수군 기지가 되었다.

조선 전기 경상좌수영의 수군 편제는 첨사영[부산진] 한 군데와 만호영[동래 다대포영·해운포영·서평포영, 기장 두모포영, 울산 개운포영·서생포영·염포영, 장기 포이포영, 경주 감포영, 영덕 오포영, 영해 축산포영, 흥해 칠포영] 열 몇 군데였다. 임진왜란 이전에 약간의 변화를 주었다. 혹시 있을지 모를 왜구 침입에 대비해 다대포영은 첨사영으로 승격하고 해운포영·염포영·오포영 등은 폐지했다. 임진왜란 이후에는 2개 첨사영, 8개 만호영 체제를 이루었다.

이후로도 부산의 해상 방어 노력은 가일층 전개됐다. 시설을 확장했고 군비를 확충했다. 수심이 얕거나 인근에 있는 왜관 탓에 보안이 취약한 등의 이유였다. 좌수영 주위로 인근 수군 부대를 속속 집결시켰다. 이러한 정황은 '조선왕조실록–영조실록'에 담겨 있다. 영조는 조선의 임금 가운데 해군력 증강에 가장 각별하였던 것으로 평가한다.

두모포영은 1629년(인조 7) 부산포로 옮겼다가 1680년(숙종 6) 왜관[두모포] 자리로 옮겼다. 개운포영은 임진왜란 이후 부산포로 이전하였다. 포이포영 역시 임진왜란 이후 동래 남촌으로 옮겼다. 감포영은 임진왜란 이후 부산포로 이전하였다가 동래 남촌으로 옮겼다. 축산포영은 임진왜란 이후 부산포로 이전하였다가 감만이포로 옮겼다.

칠포영은 임진왜란 이후 부산포로 이전하였다가 동래 남촌, 그러니까 지금의 수영으로 옮겼다. 이 과정에 좌수영 관할의 감포·축산포·칠포가 혁파되었다. 이렇게 조선 후기 경상좌수영 칠진 체제가 확립됐다.

칠진의 도시 수영! 경상좌수영 모든 수군 병력이 총집결했던 수영은 조선 후기 그야

말로 조선 최대의 수군 기지였다. 조선 최대의 해양 군사도시로 우뚝 섰고 경남 낙동 강에서 경북 바다까지 아우르는 한국 최대의 해양 대도시로 우뚝 섰다.

1783년 동래 화가 변박이 용두산 일대 일본인 거류지를 그린 '왜관도' 부분
왜관은 불가근불가원이었다. 가까이 지내면 보안이 뚫릴 위험이 컸다. 왜관 주변 수군부대를 좌수영 주위로 이전한 것도 같은 맥락이다. / 국립중앙박물관 소장

수영에서 관리하던 봉수대와 봉산

수영이 당대 최고의 군사도시였음은 수영이 관리했던 봉수대와 봉산(封山)만 봐도 안다. 봉산은 나라에서 나무 베던 것을 금지하던 산으로 쉽게 말해 국영이었다. 여기서 나온 재목으로 관아를 짓거나 전선을 만들었다. 수영에서 관리하던 봉수대와 봉산은 다음과 같다. 개별 봉수대와 봉산을 설명한 글을 고문서 〈내영지〉에 나오는 그대로 옮긴다. '내영'은 동래 수영을 줄인 말로 〈내영지〉는 경상좌수영에서 1850년 펴낸 일종의 백서다. 여기서 말하는 본영(本營)은 경상좌수영, 곧 지금의 수영을 말한다.

봉수대(烽燧臺)

- 황령산 : 본영에서 20리
- 계명산 : 본영에서 30리
- 응봉 : 본영에서 10리. 동해 연안〔左沿〕의 최초 관측〔初看〕 지점
- 간비오 : 본영에서 10리. 동쪽 연안〔東邊〕의 최초 기점〔初起〕. 북쪽으로 기장 남산에 알림
- 기장 봉수 : 남산, 아이산
- 울산 봉수 : 이길, 하산, 가리, 남목, 천내
- 경주 봉수 : 하서, 요산, 대치, 동악
- 영일 봉수 : 복길, 뇌성, 발산
- 흥해 봉수 : 지을, 오봉
- 청하 봉수 : 도리
- 영덕 봉수 : 별반
- 영해 봉수 : 대소, 광산
- 도합 27곳〔매 봉수마다 별장 1인, 오장 1인, 군사 100명〕
* 〈내영지〉에 언급은 없지만 연변 봉수는 대개 봉수대 하나마다 오장(伍長) 1인과 봉군 5인이 입직하여 10일 간격으로 교대하였음.

봉산(封山)

- 동래 봉산 : 상산, 운수산, 몰운대, 두송산
- 기장 봉산 : 남산, 장안산, 거물산, 앵림산, 백운산

- 울산 봉산 : 위동산, 안봉, 대천, 고산, 영취, 대운
- 경주 봉산 : 동대산
- 장기 봉산 : 시동, 냉정
- 영일 봉산 : 진전, 운제
- 흥해 봉산 : 도음
- 양산 봉산 : 어곡〔지금은 폐함〕, 내포, 석장〔지금은 폐함〕, 통도〔지금은 폐함〕, 대둔〔지금은 폐함〕.
- 밀양 봉산 : 재악, 고예

- 도합 28곳〔매 산마다 도감 2인, 산직 1인〕

조선시대 황령산 봉수대가 나오는 고지도와 현재의 황령산 봉수대
부산과 인근의 봉수대를 모두 관리할 만큼 수영은 당대 최고의 군사도시였다.

조선시대 수영시장 장날은 3일과 8일

주제에 약간 벗어난 이야기지만 〈내영지〉에는 수영시장에 대한 언급도 나온다. 〈내영지〉가 1850년 나왔으니 수영시장의 역사는 그보다 오래됐다고 보면 된다. 1832년에 나온 〈동래부읍지(東萊府邑誌)〉에도 나온다. 장날이 〈내영지〉에는 매 3일과 8일로 나오고 〈동래부읍지〉에는 5일과 10일로 나온다. 〈내영지〉는 경상좌수영에서 펴냈으므로 3일과 8일에 무게감이 실린다.

조선시대 수영시장은 좌수영장 또는 '영내장(營內場)'으로 불렸다. 조선시대 부산의 중심은 동래였지만 군사 대도시 수영의 시장도 꽤 큰 규모였을 것이다. 〈내영지〉 '장시(場市)' 조목에 실린 부산의 시장이 모두 넷에 불과하고 그 중 하나가 수영시장인 것만 봐도 그럴 공산이 크다. 〈내영지〉에 실린 부산의 시장과 장날은 다음과 같다.

- 영내장 : 매 3일, 8일
- 본부장(本府場, 동래장) : 매 2일, 7일
- 부산장 : 매 4일, 9일
- 독지장(禿旨場) : 매 1일, 6일

독지장은 말도 어렵고 어딘지도 애매하다. 부산시나 지자체 홈페이지에는 '어디 어디에 있었다고 추정한다' 정도로만 나온다. 부산 시장의 역사에 풀리지 않는 미스터리 하나가 '독지장'이었다. 그런데 부산일보가 연재하는 '작가와 함께하는 고개와 길'에 이와 관련한 글이 실렸다. 일독할 만하기에 여기 소개한다.

독지장(禿旨場)은 부산에 있던 오일장이었다. 구체적 위치는 알려지지 않았다. 부산시나 지자체 자료에는 '오늘날의 구평동 북쪽 지역이었을 것으로 추정된다' 정도로만 나온다. 어딜까. 우선은 1740년 편찬 〈동래부지〉. 독지장이 섰을 마을에 대한 기록이 보인다. '(동래) 관문에서 대치리는 36리, 감천리 42리, 독지리 44리, 장림리·서평리 45리, 다대리 50리'가 그것이다. 장림 근처 있었다는 이야기다.

다음은 〈부산고지도〉. 동아대 박물관이 소장한 19세기 후반 이 지도는 독지리를 콕 집어 알려준다. 동매산을 지나서 왼쪽으로 틀면 장림, 서평진이고 직진하면 독지였다.

독지는 강마을. 바로 앞이 낙동강이었다. 강을 사이에 두고 명호(鳴湖), 즉 명지(鳴旨)와 마주 보았다. 독지와 명지는 형제처럼 돌림자가 같았다. 부산 지명에 둘뿐이지 싶은 '지(旨)' 마을이 낙동강 이쪽저쪽에 있었다.

강을 사이에 두고 명지와 마주 보는 강마을은 현재 사하구 하단. 독지와 하단은 같은 지역일까. 단언하건대 100% 같다. 고지도에 그렇게 나오지만 고문헌이 그럴 가능성을 내비친다. 고문헌에는 두 지명이 동시에 나오지 않는다. 독지가 나오면 하단이 안 나오고 하단이 나오면 독지가 안 나온다. 19세기 후반 이후 어느 시점에 어려운 한자 독지 대신 하단이 떴으리라. 독지장도 하단장으로 개명하고 '신장개업' 했으리라.

'부산의 장타령'에서도 그걸 확인할 수 있다. 구전 민요 장타령에 나오는 부산의 시장은 다섯. 하단장, 명호장, 부산장, 구포장, 동래장이다. 하단장은 나오지만 독지장은 나오지 않는다. 주목해야 할 대목은 명호장 위치. '(하단) 나루를 건너 명호장'이라고 밝힌다. 독지가 하단이란 심증이 더욱 굳어진다. 독지장과 하단장은 인기상품이 같았다. 소금과 갈대 수공품 등등이었다. 두 시장이 같은 시장이란 방증이다. 자염최성(煮鹽最盛). 명지 소금 자염은 조선 최고였다. 〈대동여지도〉 김정호가 지도에 남긴 말이다. (동길산 시인)

수영팔도시장 전경
조선시대 수영시장은 좌수영장 또는 영내장(營內場)으로 불린 오일장이었다. 매 3일과 8일 장이 섰다.

수영은 언제부터 수영일까

수영은 언제부터 수영일까. 다른 말로 하자면, 수영에 언제부터 조선의 수군이 주둔했을까. 처음부터 여기 있었던 건 아니다. 지금도 그렇지만 조선의 군부대는 군사적 필요나 지리적 요인에 따라 옮겨 다녔다. 경상좌수영 작전지역은 낙동강 동쪽과 가덕도 오른쪽부터 경북 영덕 바다까지였다. 경상우수영은 낙동강 서쪽과 가덕도에서 섬진강 서쪽까지 방어했다.

경상우수영도 그랬지만 경상좌수영 역시 한 군데 있지 않았다. 작전지역이 넓어서 부산과 경남을 오갔다. 자주 옮긴 데는 이유가 있었다. 좌수영 선창은 강과 바다가 접하는 곳이었다. 모래, 토사 같은 퇴적물이 쌓였다. 군사훈련을 하기 전에 선창 밑바닥을 파내야 하는 인력 낭비가 심했다. 문제는 또 있었다. 왜적의 배가 바람을 타고 쳐들어오면 수영 쪽에선 역풍이어서 불리했다. 왜선의 왕래가 잦은 것도 문제였다. 수영은 수군 부두로서 약점이 한둘이 아니었다.

조선 임금의 기록인 〈조선왕조실록〉에도 옮긴 이유가 나온다. 인조 14년(1636) 1월 24일 작성한 〈인조실록〉 32권 2번째 기사가 그것이다. 기사에는 수영에서 감만으로 옮긴 이유가 나온다. 구영(舊營, 수영)은 배를 감춰 둘 곳이 없어서 광풍을 만나면 배가 부서지고 침몰되는 반면 감만은 지세가 편리하고 좋으며 지키면서 변란을 대비하기가 구영보다 나았다. 경상 감사 유백증이 이런 내용으로 치계하자 조정에서 따랐다.

경상좌수영 고지도
경상좌수영은 수영에서 남구 감만동으로 옮겼다가 다시 수영으로 옮겼다. 수영은 배를 감출 곳이 적고 왜적의 배가 바람을 타고 쳐들어오면 역풍이 불어서 불리했다. 그래서 옮겼지만 왜관이 가까워 군사기밀이 샐까 봐 다시 수영으로 옮겼다. / 규장각 한국학연구원 소장

강 입구 수심이 너무 얕아서

잠시 주둔했던 부산진성이나 감만이포도 문제가 있었다. 왜관이 있던 수정동 두모포가 가까워 군사기밀이 샐 우려가 컸다. 그리하여 효종 3년(1652) 남촌에 있던 옛 수영터, 지금의 수영사적공원으로 옮겼다. 그러나 홍수가 나면서 16, 7년 동안 폐허로 버려져 있다가 현종 11년(1670) 확장 개축했다. 이때 성내 면적은 정확히 31,080평이었다고 한다.

그로부터 70년 후 발간한 〈동래부지(東萊府誌)〉에도 옮긴 이유를 적었다. 그대로 옮긴다.

> 좌수영 : 해운포의 옛터로 부(府)의 동쪽 10리에 수군절도사와 수군우후영이 있는 곳이다. 처음에는 울산 개운포에 있었으나 언제 이곳으로 옮겼는지 알 수 없다. 숭정 을해년(1635)에 강 입구의 물이 얕아서 감만이(戡蠻夷)로 옮겼으나 효종 임진년(1652)에 새로 옮긴 병영이 왜관에 너무 가까이 있어 옛 영강(營江) 입구를 열고 다시 돌아왔다. 석성이 있었으나 지금은 거의 무너졌다. 지금 강 입구가 다시 얕아져서 조수가 물러가면 배가 다닐 수 없다.

조선 동남해안 방어의 전초인 경상좌수영 수군부대가 해체된 것은 고종 임금때였다. 청일전쟁에서 승리한 일제는 무소불위였다. 이런저런 개혁을 명분으로 조선의 체제를 자기들 입맛에 맞게 바꿔 나갔다. 조선의 군사조직도 해체했다. 일본과 맞댄 바다를 지켰기에 왜에겐 눈엣가시였던 수영 역시 철퇴를 맞았다. 고종 31년(1894) 7월 27일 갑오개혁으로 대한제국 국군기무처가 설치되고 그 이듬해 을미년(1895) 수군이 해산되면서 수영 또한 파영했다. 1652년부터 1895년까지 수영에 수군부대가 연속적으로 주둔했던 기간은 243년이었다.

左水營即海雲浦舊也在府東十里水軍節度候營卻在府山去

宗禎乙亥以江口水淺又移於戡蠻夷而且開復還于

遠近假館旧營江口水淺又開復還

後浅潮艇營一船人○監官一人○軍器監官知

能行艇營一船人○監官一人○軍器監官知

陣○炮手二十四人○土射夫

1740년 발간한 〈동래부지〉에 나오는 좌수영 부분
강 입구가 얕아져서 조수가 물러가면
배가 다닐 수 없다라는 대목이 보인다.

수영 수군 연속 주둔은 243년

청일전쟁에 승리한 일제는 집요하고 악랄했다. 좌수영을 물고 늘어졌다. 관아 건물과 성벽을 허물어뜨리고 거기서 나온 자재는 아무런 원칙 없이 개인들에게 불하했다. 토지 역시 내다 팔았다. 그 결과 조선 경상좌수영의 상징이던 건축물과 성벽, 선창 등은 철저하게 멸실됐고 그것들이 있던 자리엔 근대 건축물이 무분별하게 자리잡았다. 일제강점기를 거치면서 경상좌수영의 역사적, 문화적 가치는 철저히 왜곡됐다.

그나마 다행스러운 것은 수영의 문화는 일제의 탄압을 이겨 내고 우뚝 섰다는 것이다. 수영 주민들은 애향심으로 무엇보다도 일제에 대한 저항정신으로 수영의 문화를 기억했고 복원했다. 수영야류가 그렇고 어방놀이가 그렇고 농청놀이가 그렇다. 25의용 향사와 제2장에서 설명하는 독제(纛祭)를 지켜낸 것도 그러한 애향심, 그러한 저항정신의 발로였다.

수영 사람은 그랬다. '수영 사람 앉은 자리는 잔디도 나지 않는다'는 말에서 엿볼 수 있듯 수영 사람은 강단이 셌고 반골 기질이 남달랐다. 상놈이 양반을 대놓고 욕하며 영노가 양반을 잡아먹는 수영야류가 꽃을 피운 것은 수영 사람의 기질과 맞아떨어졌기 때문이다. 이러한 기질은 단단한 성벽에 둘러싸인 입지적 영향과 강고한 군사도시의 일원이라는 자부심 등에서 연유했으리라. 수영 사람의 강단과 반골기질을 익히 알던 일본인은 일제강점기 내내 수영을 피해 다녔다.

그러나 수영 사람 성정이 처음부터 그랬던 것은 아니다. 산을 끼고 사는 마을이라서 산이 바람을 막아주듯 이웃 간에 정이 도타웠고 바다를 끼고 사는 마음이라서 속이 탁 트였고 화통했다. 〈내영지〉 '풍속(風俗)' 조항에 적시한 수영 사람 성정에서도 그걸 알 수 있다. 이렇게 나온다.

소박하고 유순하며 관가의 명령을 두려워하여 준수한다. 농사에 힘쓰고 문무에 익숙하여 숭상하며, 결혼과 상례에 서로 돕는 정이 있고, 환난에 서로 구제하는 의리가 있다.

撲素懦弱 畏遵官令 勤力稼稻 習尙文武 婚喪有相助, 之誼患亂 有相救之義
(복소나약 외준관령 근력가도 습상문무 혼상유상조, 지의환란 유상구지의)

〈내영지〉에는 수영에 살던 토박이 성씨도 언급한다. 다음과 같다.

이, 최, 신(辛), 김, 정(鄭), 박, 강(姜), 문, 백, 송.

1953년 수영강 하구와 백산 일대(부경근대사료연구소 소장)**와 현재의 수영강**
수영 사람은 탁 트인 강과 바다를 끼고 살아서 예부터 속이 시원시원했고 화통했다. 그러면서 강단이 셌고 반골기질이
남달랐다.

수영의 정신, 의용제인비

수영동 수영사적공원은 조선 수군부대의 기억을 간직한 성역이다. 경상 좌수영성 자리에 조성한 공원이 수영사적공원이다. 공원 여기저기에 호국의 일념으로 부산 앞바다를 지켰던 수군 장병의 혼과 기상이 스며있고 왜적에 맞섰던 수영 사람, 나아가 부산 사람의 혼과 기상이 스며있다. 그러므로 수영사적공원은 공원이면서 성소이고 눈에 보이는 유적이면서 눈에 보이지 않는 정신이다.

수영사적공원 유적은 모두 고색창연하다. 수군이 출정할 때 제사를 지냈다는 500살 곰솔나무와 푸조나무가 남아 있으며 네모반듯한 화강암으로 쌓은 성벽이 남아 있고 사대문 하나인 남문이 남아 있다. 그뿐인가. 해군 사령관에 해당하는 좌수사 공덕비가 서른 기 넘게 남아 있으며 부산 전체 통틀어 넷뿐인 하마비가 남아 있으며 군부대가 출정할 때 맨 앞에 세웠던 깃발을 모셨던 독방(纛房)이 남아 있다. 무엇보다도 수영의 정신, 의용제인비가 남아 있다.

의용제인비(義勇諸人碑)는 임진왜란이 일어나자 분연히 맞섰던 25분, 25의용을 기리는 비석이다. 25의용은 비밀결사체를 조직해 '몸을 돌보지 않고 비분강개하여 종군하고, 금석과 같이 굳센 마음으로 처음부터 끝까지' 싸웠다. 그들이 목숨을 바쳐 왜놈을 치겠다고 맹세한 선서바위는 지금도 남아 있다. 그들의 공을 기려 1853년 세운 단비(壇碑)와 한분 한분 함자를 새긴 25기의 비석을 모신 제단과 사당이 있는 수영이야말로, 수영사적공원이야말로 수영 사람은 물론, 부산 사람은 물론, 한국 사람이라면 누구나가 참배하고 경배해야 할 성소 중의 성소다.

의용제인비
임진왜란이 일어나자 분연히 맞섰던 25의용을 기리려고 1853년 세운 공적비다. 의용제인비 옆과 맞은편에 25의용 한 분 한분의 이름을 새긴 비석 25기가 세워져 있다. ⓒ이인미

비석 하나하나 의연하고 다부져

25의용 이름을 새긴 비석은 하나하나 의연하고 다부지다. 중과부적 왜적에 결연히 맞섰던 그들의 단심이 느껴지고 그들의 결기가 느껴진다. 비석에 새겨진 이름 하나 하나 영웅의 이름이고 그들 한분 한분 천년만년 이어질 전설이다. 종이에 붓글씨 한 글자 한 글자 쓰기도 어렵거늘 이 딴딴한 돌비에 이름을 새긴 수영 옛사람들의 마음 은 또 어땠을 것인가. 생각하면 생각할수록 숙연해지고 경건해진다.

25의용의 이름을 여기 옮겨 적는다. 비록 자판을 두드려 PC 화면에 적는 글이지만 마 음만큼은 돌비에 새기듯 더디고 딴딴하다. 순서는 안락동 충렬사에 모셔진 신위 순 서를 따랐다. 김옥계 이희복 정인강 최한손 최송업 최한련 최수만 최막내 박지수 최 말량 김팽량 김달망 박응복 김덕봉 심남 이실정 김허롱 정수원 주난금 박림 김종수 이수 김진옥 이은춘 신복.

이중 김옥계 의용의 후손 김우겸(1981년 당시 65세, 대연동 거주), 이수 의용의 후손 이상엽(1981년 당시 73, 중구 영주동 거주), 최막내 의용의 후손 최도선(71, 연산동 거 주) 등 가까이 사는 의용의 몇몇 후손은 빠지지 않고 향사에 참례했다. 25의용이 과 거의 영웅이 아니라 지금 현재도 영웅이란 증거다. 향사 참례 후손이 몇몇에 불과한 것은 임진왜란이 끝나고 나서 대를 이은 집안이 이들뿐이었던 까닭이다.

이러한 정황은 고문서 '도호부위완위완호사(都護府爲完爲完護事)'에 고스란히 나타 난다. 이 문서는 1806년 오한원 동래부사가 수영 25의용제인의 후손들에게 원호와 아울러 지방민에게 교훈과 윤리도덕을 진작하기 위하여 작성한 것으로서 다음과 같 은 대목을 통해 대를 이은 25의용 집안이 얼마 되지 않음을 짐작할 수 있다. 왜적과 전투를 벌이면서 순국했거나 생존했더라도 이후 후손을 보지 못해 대가 끊겼을 것 이다.

임진왜란을 겪은 지 이제 불과 2백여 년 사이에 자손이 있는 사람이 다만 이 몇 사람 뿐(김옥계, 최막내, 신복, 이수)이니 하늘의 보답도 또한 알 수 없는 일이다. 오직 이 몇 사람의 자손이 지금은 천적(賤籍)에 들어있지 않지마는 몇백 년, 몇천 년 후에 쇠잔 한 후손들이 함부로 천대를 받을는지 어찌 알겠는가. 대체로 천만 사람 가운데 이 25

인이 있었고 25인 가운데 자손 있는 사람이 몇뿐이니 아, 참으로 귀한 일이도다.

동래구 안락동 충렬사 본전에 모신 수영 25의용 명판
고문서 〈정방록〉에는 이들을 일러 대체로 천만 사람 가운데 이 25인이 있었고 25인 가운데 자손 있는 사람이 몇뿐이니 아, 참으로 귀한 일이도다라고 했다.

알려지지 않다가 17년 후 비로소 드러나

25의용이 세상에 알려진 것은 한참 후였다. '임진왜란 때 창의(倡義)하여 순절하였으나 알려지지 않다가 17년 후' 비로소 드러났다(국역 〈내영지(萊營誌) 49쪽). 25의용을 세상에 맨 처음 알린 이는 당시 동래부사 이안눌이었다. 조선의 대표적인 청백리였고 시인이었으며 나중에 판서까지 지냈던 이안눌은 왜란이 끝나고 딱 10년 후인 1608년 2월부터 이듬해 9월까지 1년 반 남짓 동래부사로 재임했다.

시인이었던 만큼 부산에 관한 글을 많이 남겼다. 부임한 그해 4월 15일 고을을 순찰하면서 느낀 소회를 담은 시와 범어사 청룡암 석각시가 유명하다. 특히 '4월 15일'로 시작하는 시는 부산 사람이라면 꼭 읽어야 할 시다. 천인공노, 만인공로할 왜적의 만행은 읽는 이를 분개하게 하고 왜적의 만행으로 인해 당시 부산 사람이 감내해야 했던 울분이 구구절절 녹아든 시가 이안눌 '4월 15일'이다. 1850년 발간한 〈내영지〉에서 실린 시를 인용한다. 〈내영지〉는 앞에도 언급했듯 경상좌수영에서 편찬한 지리서. 2001년 부산시사편찬위원회가 한글로 번역한 〈국역 내영지〉를 펴냈다.

동래 화가 변박이 1760년 그린 〈동래부순절도〉
1592년 4월 15일 동래성에서 왜군과 싸우다 순절한 동래부사 송상현과 군민(軍民)의 항전을 그렸다. 동래 안락서원에 있었으나 박정희 당시 대통령의 지시에 따라 육군사관학교 육군박물관으로 옮겨졌다. / 육군박물관 소장

4월 15일 이른 아침
집집마다 곡소리
천지가 스산하게 변하여
처량한 바람 숲을 흔드네
깜짝 놀라 늙은 아전에게 물었네.
"곡소리 어찌 이리 애달프나?"고
"임진년 바다 건너 도적떼 와서
오늘 성이 함몰됐지요.
그 당시 송 부사께서는
성문 닫고 충절 지키니
온 고을 사람들 성으로 몰려들어
동시에 피바다를 이루었지요.
시신 더미 아래 몸을 던져
천 명 중에 한둘이 살아났지요.
그래서 이날이 되면
제물 차려 죽은 이에 곡한답니다.
혹은 아비가 아들 곡하고
혹은 자식이 아비 곡하며
혹은 할애비가 손자 곡하고
혹은 손자가 할애비 곡하며
또한 어미가 딸을 곡하며
또한 딸이 어미 곡하며
또한 아내가 남편 곡하고
또한 남편이 아내 곡하며
형이든 아우든 언니나 동생
산 사람이면 모두가 곡한답니다."
이마를 찌푸리고 듣다 못하여
눈물이 갑자기 주룩 흐르네.
아전이 나서서 드리는 말씀
"곡하는 이는 그래도 슬프지 않소.
시퍼런 칼날 아래 모두 죽어서
곡할 사람조차 없는 이는 그 얼마겠소?"

동래의 의병, 수영의 의용

시 '4월 15일'을 쓸 만큼 지역과 지역민 사랑이 지극했던 이안눌 부사는 이와 관련한 기록을 남겼다. 〈포충록(褒忠錄)〉과 〈정방록(旌傍錄)〉이다. 둘 다 임진왜란에 공이 있는 부산 출신 공신의 행적을 기록한 문서다. 〈포충록〉은 동래 출신 24명 공신의 기록이다. 〈포충록〉과 〈포충속록(褒忠續錄)〉, 〈포충속후록(褒忠續後錄)〉이 있다.

〈정방록〉은 수영 출신 25명 공신, 즉 25의용의 기록이다. 이 〈정방록〉이 수영 25의용을 만천하에 알린 최초의 기록이다. 이안눌 부사가 백성의 민원에 귀를 기울이고 자상한 성품인 것을 안 수영 지역민이 '25의용의 공덕을 알아달라'며 부사에게 청원, 마침내 세상에 드러났다. 그들의 인적사항과 공적을 밝히고 널리 알리며 후손에게 은전을 베풀어 7년 전쟁으로 위축된 민심을 추스르려는 의도가 컸다.

왜란 7년 내내 부산은 왜적 치하에 있었다. 왜적은 병력도 엄청났고 장비 역시 조선이 상대하기엔 버거웠다. 조직적인 저항이 어려운 상황이었다. 그런데도 동래와 수영에선 의병이 일어났고 의용이 일어났다. 이안눌 부사는 부임 직후 동래의 의병, 수영의 의용 인적사항과 행적을 정리하여 〈포충록〉과 〈정방록〉을 펴냈다.

의병과 의용을 기록으로 남긴 동기는 이안눌 부사의 목민 이념과 상통했기 때문이다. 임진왜란이 끝나고 10년 후 동래부사로 부임한 이안눌은 전쟁의 폐허를 딛고 지역사회를 재건하려는 노력을 기울였다. 그리하여 당시 민간에 전해지던 의용들의 이야기를 수집하여 기록하였고, 부사의 그러한 열성에 감응해 지역민은 청원했으며 그렇게 해서 나온 기록이 〈포충록〉이며 〈정방록〉이었다.

정방(旌傍)은 정려(旌閭), 정문(旌門), 정표(旌表)와 뿌리가 같은 말이다. 충신 · 효자 · 열녀를 기리고 알리기 위한 일련의 행위들이다. 이안눌은 수영 지방민의 청원에 따라 25인의 사적을 모아서 1609년 〈정방록〉에 실었다. 그리고 25의용이 살던 집 대문에 '의용(義勇)'이라고 쓴 목패를 걸어 두었다. 이로써 아이들도 '의용, 의용' 입에 담기 시작했다.

25의용 후손에게 부역 면제

오한원 부사도 25의용을 기렸다. 1806년 2월부터 1809년 2월까지 만 3년을 동래부사로 지낸 오한원은 이들의 후손들에게 실질적인 보상을 했다. 그렇게 해서 나라에 대한 충성심을 이끌어 내고자 했다. 오한원 부사는 강직했다. 규정을 어기는 왜관 거주 왜인을 엄하게 다스렸으며 왜란에 파괴된 이후 엄두를 내지 못하던 금정산성 보수를 단행했다. 금정구 장전동에 그것을 기념하는 고색창연한 비석이 남아 있다. 오한원은 25의용 후손에게 부역의 의무를 면제했다.

경상좌수사 장인식은 25의용 성역화사업을 했다. 장인식 수사는 1853년 좌수영성 성내에 25의용을 기리는 비석 〈의용제인비(義勇諸人碑)〉를 세워 의용단이라 하고 재실 의용사(義勇祠)를 세워 이 일대를 성역화했다. 매년 3월과 9월 길일을 택해 향사를 지냈다. 길일은 3월과 9월 마지막 정일, 즉 하정일(下丁日)이었다. 정일은 일진의 천간이 정(丁)으로 된 날이다. 제주(祭主)는 경상좌수사가 맡았다. 그러한 전통은 면면히 이어져 전국의 수영이 폐지되기 전까지, 그리고 일제강점기까지 이어졌다. 2006년부터는 추계 향사만 모신다.

수영 유격 전투도
25의용의 전투 장면이 역동적이다. 이안눌 동래부사는 1608년 부임 직후 25의용의 공적을 수집, 기록해 만방에 알렸다. 그것이 〈정방록〉이다. / 부산 충렬사 소장 (정창섭, 권훈칠 작)

'옛 일을 거울삼기 위해' 1850년 〈내영지〉 펴내

25의용 한분 한분의 이름을 밝힌 기록은 1850년 또 나온다. 앞서 언급한 이안눌 시 '4월 15일'이 실린 〈내영지(萊營誌)〉가 그것이다. 〈내영지〉는 1849년 12월부터 이듬해 8월까지 경상좌수사로 있던 이형하가 '옛 일을 거울삼기 위해' 펴낸 지리서다. 맨 앞쪽에 좌수영성을 중심에 두고 배산과 금련산, 장산, 간비오산이 에워싼 '내영지도(萊營地圖)'를 실었다. 19세기 중엽의 경상좌수영 실태를 담아서 조선 후기 수군 운영을 구명하는 귀중한 자료로 평가받는다.

이 중요한 기록에 수영 25의용이 나온다. '옛 일을 거울삼기 위해'서였다. 해당 대목을 인용한다. 충렬사에 모신 신위와 순서가 약간 달라서 〈내영지〉 순서대로 25의용한분 한분 다시 싣는다. 순서 정하는 데도 무슨 곡절이 있었지 싶어서다. 충렬사 최말량과 여기 최끝냥은 같은 인물이다.

김옥계(金玉啓) 정인강(鄭人彊) 최송업(崔松業) 최수만(崔守萬) 박지수(朴枝樹) 김팽량(金彭良) 박응복(朴應福) 심남(沈男) 이은춘(李銀春) 정수원(鄭壽元) 박림(朴林) 신복(辛福) 이수(李壽) 이희복(李希福) 최한련(崔汗連) 최한손(崔汗孫) 최막내(崔莫乃) 최끝냥(崔末叱良) 김달망(金達亡) 김덕봉(金德奉) 이실정(李實貞) 김허롱(金許弄) 주난금(朱難金) 김종수(金從守) 김진옥(金進玉). 위 25인은 임진왜란 때 창의하여 순절하였으나 천양(闡揚, 밝혀서 널리 알림)되지 못했는데 17년 후 동악 이안눌 공이 사실을 찾아내어 의용 두 글자를 각 사람의 대문에 걸고 〈정방록〉에 표를 하였다.

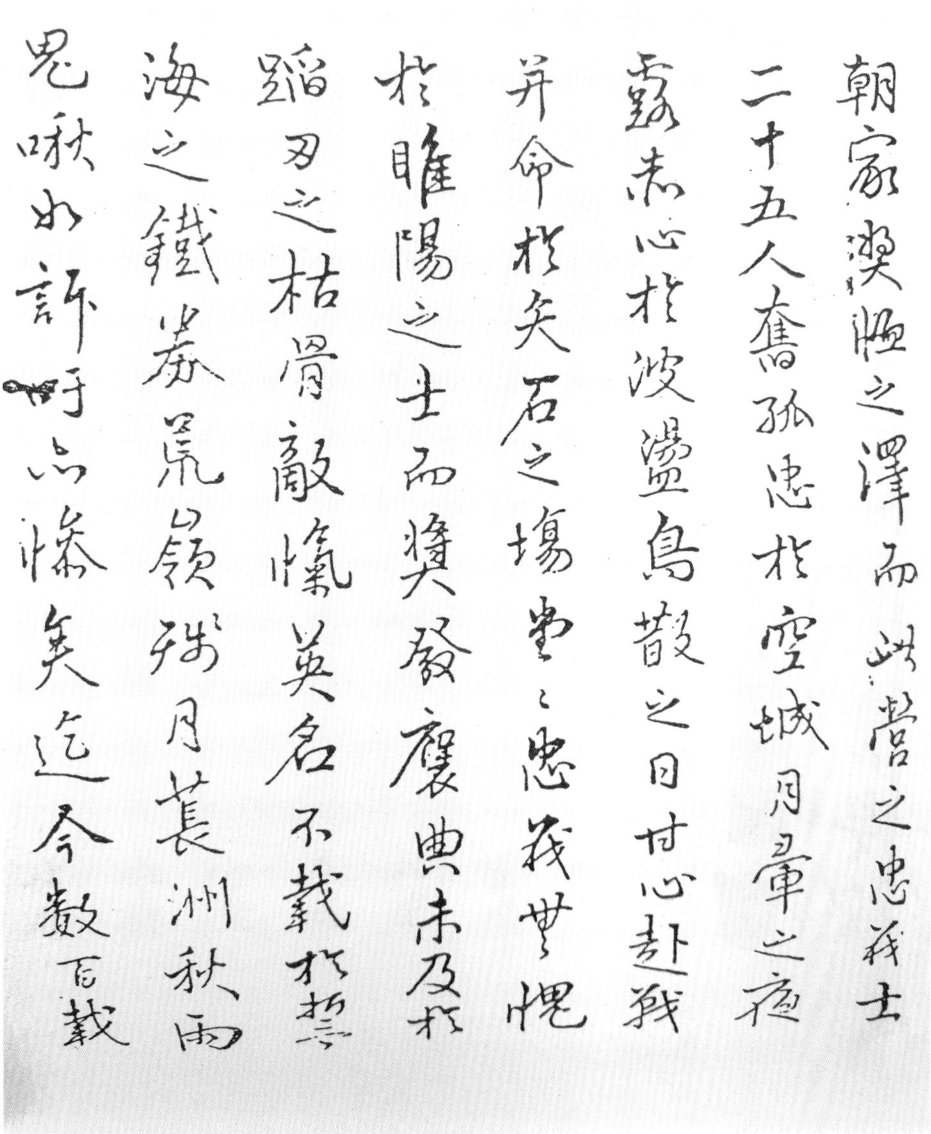

朝家獎卹之澤而此皆之忠義士
二十五人奮孤忠於空城月暈之夜
竭赤心於波盪鳥散之日甘心赴義
并命於矢石之場當之忠義世愧
於睢陽之士而獎發褒典未及於
蹈刃之枯骨敵愾英名不載於誌
海之鐵券荒嶺孤月萇洲秋雨
兒啾啾訴呼而愴矣迄今數百載

동래 수영의 기록인 〈내영지〉에 나오는 25의용 대목
'빈 성이 달밤에 달무리 지듯 포위되었을 적에(…) 화살과 돌이 어지러이 날던 전장터에 나아가 함께 목숨을 바쳤다'라고
나온다.

불충의 땅, 대역의 땅 될 뻔했던 수영

수영 25의용은 보통사람이었다. 수영에 살던 평범한 백성이었으며 하급 군인이었다. 왜적의 부당한 침략과 무도한 살상, 약탈에 맞서 분연히 일어나 목숨을 내놓았다. 이들이 아니었으면 수영은 조선 내내 불충의 땅, 대역의 땅이 될 뻔했다. 임진왜란이 일어나자 마자 경상좌수영성 최고 책임자인 좌수사가 성을 버리고 달아났기 때문이다.

좌수사 박홍은 성을 버리고 달아난 죄로 삼족멸문의 벌을 받았을 수도 있었다. 그러나 이후 여러 전투에 종군해 공을 세우고 임진년 다음 해인 1593년 지병으로 타계했다. 사후 병조참판을 추증(追贈)했다가 맏아들이 세운 공이 추가돼 다시 병조판서를 추증했다. 박홍이 종군해 공을 세우지 않았다면, 그리고 맏아들이 공을 세우지 않았다면 좌수영성 내버린 죄를 크게 물었을 것이다.

박홍에 대한 역사적 평가는 분분하다. 우리 수영구의 평가는 대체로 인색한 편이다. 왜 그렇지 않겠는가. 수영을 지켜야 할 장수가 수영을 버렸으니 반감이 있을 수밖에 없다. 그러나 역사적 평가는 객관적이어야 한다. 객관적이고 정확하기로 따진다면 몇백 년이 지난 지금의 평가보다 당사자의 온기가 아직 남아 있던 당대의 평가가 더 객관적이고 더 정확하리라.

당대의 박홍에 대한 평가는 사후 추증한 병조참판과 병조판서로 짐작할 수 있다. 박홍이 수영을 버린 진정한 의도가 무엇이었는지, 그의 속마음에는 수영에 대한 진득한 사랑이 담겨 있지는 않았는지 학술적 접근이 필요하다고 생각한다. 그래야 우리 수영도 제대로 평가받고 더욱 높아진다.

'싸우면 이겨서 살 것이요, 싸우지 않으면 망하리로다. 나라의 존망이 경각에 있거늘 어찌 삶을 구하여 산야로 달아날 것인가. 단 한 번의 죽음으로써 나라에 보답하리다.' 대장이 달아나면서 수영은 졸지에 대장을 잃고 우왕좌왕 혼란에 빠졌다. 백성은 왜적의 만행에 시달려야 했다. 25명의 젊은 기운은 분기탱천해 비밀결사를 조직했고 '싸워서 이기겠다'고 선서했다.

이들의 선서는 재조명돼야 한다. 25의용은 신분이 낮아 역사 뒤안으로 물러나 있었고 이들의 선서 역시 주목받지 못했다. 하지만 '싸우면 이겨서 살 것이요, 싸우지 않으면 망하리로다.'는 선서는 이순신 장군의 '생즉사 즉사생(生卽死 卽死生, 살고자 하면 죽을 것이요, 죽고자 하면 살 것이다)'이나 송상헌 동래부사의 '전사이 가도난(戰死易 假道難, 죽기는 쉬워도 길을 빌리기는 어렵다)'과 함께 임진왜란 역사에서 두고두고 조명되고 기억돼야 할 것이다.

25의용이 비밀결사를 조직해 나라에 보답하겠다고 선서한 성문 밖 '선서바위'는 지금도 남아 있다. 수영동 골목길 무민사 바로 뒤에 있다.

수영동 무민사 골목에 있는 선서바위
25의용은 이 바위 아래 비밀리에 모여서
결사항전을 다짐하고 선서했다.
그래서 선서바위라고 부른다.
무민사 바로 뒤에 있다. ⓒ이인미

기록으로만 남은 〈정방록〉, 드디어 찾다

25의용 한분 한분은 어떤 활동을 펼쳤을까. 그들의 인적사항과 공적을 〈정방록〉에 밝혔다 했으니 거기에 언급돼 있을 것이다. 하지만 〈정방록〉 원본은 지금 어디에도 없다. 사학계 공식 입장도 '정방록은 남아 있지 않고 그런 책이 있었다는 기록으로만 전한다'이다. 36년 일제강점기를 거치면서 일제에겐 눈엣가시 같던 유적이나 유물이 훼손되고 깡그리 멸실된 사례를 비추어 보건대 왜에 항거하고 왜를 물리친 승리의 기록인 〈정방록〉도 비슷한 과정을 거쳐 멸실되지 않았을까 추정한다.

아쉬운 건 1980년대 중반 우리 앞에 나타났다가 다시 자취를 감췄다는 사실이다. 그러한 사실은 1988년 〈사단법인 수영 의용충혼숭모회〉의 '수영의용충혼숭모회 창립 추진경과'에 나타난다. 1984년에서 1986년 사이에 여러 건의 문헌을 발굴했는데 그중에 〈정방록〉과 〈완호사(完護事)〉가 있었다. 〈완호사〉는 앞서 언급한 오한원 동래부사가 작성한 '도호부위완위완호사'의 준말로 보훈의 기록이다.

〈정방록〉과 〈완호사〉를 찾으려고 백방으로 노력했다. 이 책을 쓰기 위해서도 필요했지만 후손의 도리를 제대로 하지 않은 것 같아 송구한 마음이 컸다. 결국 찾지 못한 상태에서 이 글을 쓰기 시작했다. 그런데 전혀 뜻밖의 일이 생겼다. 나로선 기적과도 같은 일이었다. 천우신조였다. 1986년 남구청에서 발간한 〈남구향토지〉에 이 〈정방록〉과 〈완호사〉의 원문과 원문 해석이 실려 있지 않은가. 오, 하늘이시여.

〈남구향토지〉에 실린 이 고문서는 어디서 나왔을까. 학계에서도 찾다가 포기한 고문서가 어떤 연유로 여기 실렸을까. 짐작건대 〈수영의용충혼숭모회 창립 추진경과〉에서 발굴했다고 밝힌 그 〈정방록〉과 〈완호사〉이지 싶다. 원문 해석자를 보면 그러한 짐작에 힘이 실린다. 해석자는 동천고 교장 이태길 선생이었다. 애국지사로서 부산의 큰 어른으로 존경받던 분이었다.

1986년 〈남구향토지〉에 게재된 25의용 관련 고문서를 소개한다. 고문서는 모두 셋이다. 둘은 〈정방록〉에 속하는 '유향소위핵보사'와 '김가정방록-도호부위완호사'이고 하나는 '도호부위완위완호사'다. 〈정방록〉 두 문서는 1608년 이안눌 동래부사가 작성했고 '도호부위완위완호사'는 1806년 오한원 동래부사가 작성했다. 원문 해석은 이태길 선생이 맡았다.

정방록

김가정방록-도호부위완호사(金家旌榜錄-都護府爲完護事)
– 김옥계 집안에 대한 동래도호부의 표창 기록

임진왜란 때 순국한 수영 25의용제인의 공적을 조사하여 보고하라는 지시에 따라 동래부 유향좌수 정, 별감 송·박·이가 조사하여 보고하고 동래부사 이안눌이 1608년 작성한 문서임.

옛 사람이 이르기를 '세상이 잘 다스려질 때는 높은 벼슬을 하다가 세상이 변해지면 뱀이나 돼지, 승냥이나 올빼미가 되는 것이 열에 아홉이다'라고 하였다.

하물며 이곳 수영은 멀리 바다 한 귀퉁이에 있는데 지난 임진년 영내의 백성이 왜적의 수중에 함몰되어 악랄한 위협에 복종하면서 얼룩덜룩한 왜놈의 옷을 입고 알아들을 수 없는 왜놈의 말을 하는 것도 참으로 괴이한 일이었다.

이에 김옥계·정인강·최송엽·최수만·박지수·김팽량·박응복·심남·이은춘·정수원·박림·신복·이수·이희복·최한련·최한손·최막내·최끝량·김달망·김덕봉·이실정·김허롱·주난금·김종수·김진옥 등은 비분강개하는 마음으로 종군하여 처음부터 끝까지 왜적을 토벌하면서 7년 전쟁에 금석 같은 한마음으로 원수의 뜰에 발을 들여놓지 않았고 용맹과 절의를 떨쳐 나라에 몸을 바침으로써 그 공로가 현저하고 뛰어난 충의가 늠름하였으니 '거센 바람이 불어서야 억센 풀을 알 수 있다' 함은 이를 두고 이름이로다.

이제 널리 공론을 수집하고 실제 업적을 조사해 보니 모든 사람이 같은 말을 하여 그 빛남이 해와 별 같으므로 명백히 구별하여 표창함으로써 격려하고 권장하는 본보기를 보이지 않을 수 없다.

이에 '의용' 두 글자를 새겨 25인의 집 대문 위에 달게 하라. 호역(戶役)을 면제하고 공적에 따라 상을 내리는 일은 마땅히 순찰사에 보고하여 시행하겠으니 그대들은 잘 알고 그대들의 절의를 더욱 힘쓰면서 길이 영광을 받을지어다.

밝게 살피어 이 문서에 기록된 자에게 시행할 사.

위 내용은 김옥계에게 주는 것이며 나머지 사람도 이에 준할 것!

만력 36년(1608) 월 일 표창함. 행부사(行府使, 이안눌을 말함)

유향소위핵보사(留鄕所爲覈報事)

– 유향소(조선시대 지방관장을 보좌하던 자문기관)에서 조사해 보고한 기록

25의용단 정방록은 동래도호부사 이안눌이 광해군 원년(1608)에 임진왜란 때 혁혁한 공을 세우고 순국한 수영 25의용제인에게 내린 표창 기록임.

수영주민 김옥계 등 25인이 진정서 안에 연명되어 있는데, 그들은 서울에서 천리나 떨어진 바닷가의 보잘것없는 백성으로서 지푸라기 같은 답답한 심정을 구중궁궐에 호소할 길이 없어, 한갓 임금님 은혜를 입지 못하는 탄식을 해온 지 17년이 지났습니다.

지난 임진년 4월 흉악한 왜적들이 크게 날뛰어 먼저 부산을 함락시키고 동해를 쳐들어 왔을 때 많은 생목숨들이 적의 창칼에 희생이 되었습니다.

이 이후로 적병들이 싸움에 이긴 틈을 타서 휘몰아칠 적에 저들은 강하고 우리는 약했는데 인심은 이와 반대로 부끄러움을 참고 살기를 탐내면서 적군에 붙은 자가 얼마인지 모를 정도였습니다.

그들은 변란에 대비하고 병졸을 훈련시켰는데, 수사 이교시(李敎是, 박홍의 오기인 듯)는 장계를 올려 경주로 후퇴하고 전세는 불리하여 군대가 다 흩어진 후에도 그들은 오장이 타는 듯한 비분강개함을 견디지 못하여, 하나의 왜적의 목이라도 베어 국은의 만분의 일이라도 갚을 계획으로 산에 올라 적과 싸웠습니다.

같은 해 11월경 새 수사 이교시를 맞아 오는 중도에서 적을 토벌하였고 계사년(1593) 3월경 또 새 수사 이수행이 (경북) 장기 땅에서 군대를 모아 화살을 메고 종군하면서 해상과 육지의 싸움터에서 분전한 것은 이루 다 기록할 수 없습니다.

대개 그들은 동래 사람으로서 적이 처음 쳐들어 올 때 가산이 다 탕진되어 온전히 살아갈 가망이 없었으나 처음부터 끝까지 나라에 대한 충절을 굳게 지켜 죽을 각오로 방패와 창을 어깨에 메고 비분강개하는 마음으로 적을 토벌하였으나 바닷가가 서울에서 멀고멀어 임금님 교화가 미치지 못하여 마침내 나라 위한 충성이 부질없이 티끌 속에 버려져 계속하여 지극히 원통하기도 한 바로서, 실적을 공문에 첨부하고 온 고을을 방문하여 예에 따라 논상(論賞)하기 위하여 진정서 제김(題音 : 소송장이나 진정서 등에 대한 판결문) 안에 '널리 여론을 수집하여 그 실적을 조사하여 문서로서 보고하라'는 판결이 온지라 여론을 수집해 본즉 이 사람들은 처음부터 충성심을 떨쳐 무기를 들고 비분강개하는 마음으로 끝까지 종군하였으므로 공로 있는 각 사람의 이름을 뒤에 기

록하오니 다른 예에 따라 분간하여 논상하도록 보고함이 어떨까 하여 합해서 문서로 서 올리오니 엎드려 청하옵건대 밝게 살피시어 조사, 보고된 자들에게 시행하여 주옵 소서.

위와 같이 문서로 도호부에 보고하나이다.

만력 36년(1608) 11월 11일

유향좌수 정(서명함) 별감 송·박(서명함)이 이 사실을 조사, 보고합니다.

도호부위완위완호사(都護府爲完爲完護事)

– 도호부에서 원호(援護)를 결정한 일

순조 6년(1806) 동래도호부사 오한원이 수영 25의용제인의 후손들에게 원호와 아울러 지방민에게 교훈과 윤리도덕을 진작하기 위하여 작성한 문서임.

동래부는 원래 임진왜란 때 맨 처음 함락한 곳으로 충렬사가 있는데 이 충렬사는 곧 임진왜란 때 절의를 위해 목숨을 바친 여러 분을 모시는 곳이다.

처음 이곳 부사로 부임하자 삼가 사당에 참배하고 물러나 유지(遺誌)를 읽어보니 늠름 하고 뛰어난 충의가 어제 있었던 일처럼 빛났는데, 또 24인 별전공신이 있으니 얼마나 장한 일인가.

애석하게도 그 충렬사지(忠烈祠志)가 아직 간행이 되지 않아 안락서원의 여러 선비와 상의하여 널리 세상에 펼 계획인데 이어서 수영의 25인이 의병을 일으켜 분전하여 뛰 어난 공적을 세웠다는 것을 들었다.

이동악(李東岳, 동악은 이안눌 부사의 호) 부사가 동래부에 부임한 때는 임진왜란 후 17년이었는데 유향소에 문의하여 그들의 실제 공적을 조사하여 '의용'이란 두 글자를 대문 위에 달게 하고 문장으로 표창하였다. 그 문장을 살펴보니 거기에 이르기를 '비분강개한 마음으로 종군하여 처음부터 끝까지 적병을 토벌하여 7년 전쟁에 금석 같 은 한마음으로 원수의 뜰에 발을 들여놓지 않았고, 용맹과 절의를 떨쳐 나라에 몸을 바쳤으니, 거센 바람이 불어서야 억센 풀을 알 수 있다' 했다.

오호, 동악은 충절을 숭상하는 마음으로 용사(龍蛇)의 난〈임진왜란을 말한다. 임진년 은 용띠 해, 그다음 계사년은 뱀띠 해. 임진왜란 첫 두 해 전투가 격렬해서 용사의 난 이라고 부른다〉이 멀리 지나지 않은 날에 두루 여론을 채집해 그윽하게 드러내었다.

본부(本府)의 24인과 수영의 25인은 둘 사이에 취사선택한 것이 아니라 단지 잔약한 자손들이 겨우 생명을 부지하면서 궁벽한 갯마을에 움츠리고 살았으므로 보고하는 기회에 미처 알리지 못했기 때문이었으니 한탄스러움을 이길 수 있겠는가.

이제 충렬사지를 간행함에 있어 당연히 24별전공신 다음에 기록하여 '오래 갈수록 반드시 현창한다'는 뜻을 보여야 하겠으나 증직(贈職)을 받은 사람이 아니면 처음부터 기입하지 않았으므로 또한 함께 벌여 적을 수 없으니 진실로 개탄할 일이다. 이제 기록을 가지고 와서 호소하는 사람은 김흥윤 등이니 곧 25인 중 김옥계, 최막내, 신복, 이수의 후손들이다.

임진왜란을 겪은 지 이제 불과 2백여 년 사이에 자손이 있는 사람이 다만 이 몇 사람뿐이니 하늘의 보답도 또한 알 수 없는 일이다. 오직 이 몇 사람의 자손이 지금은 천적(賤籍)에 들어있지 않지마는 몇백 년, 몇천 년 후에 쇠잔한 후손들이 함부로 천대를 받을는지 어찌 알겠는가. 대체로 천만 사람 가운데 이 25인이 있었고 25인 가운데 자손 있는 사람이 몇뿐이니 아, 참으로 귀한 일이도다.

이에 24별전공신의 예에 따라 재주가 있는 사람은 승진시켜 주고 호역을 가진 사람은 면제해 줌으로써 한 지방의 교훈을 세워 백대(百代)의 윤리 도덕을 진작하노니, 그대들은 충의의 마음을 떨쳐 그대 조상들을 부끄럽게 하지 말지어다. 살고 있는 동리의 호역은 특별히 면제하고 아울러 후손들도 천역을 받지 않도록 하는 결정문을 주는 바이다.

의용의 후손을 만나다

25의용 가운데 최막내 의용의 후손을 만난 건 천운이었다. 25의용 후손 한 분이 매년 25의용 향사에 참례한다는 이야기를 듣고 있었는데 그가 최막내 의용의 15세손인 최도선 선생이었다. 어렵사리 연락처를 알아내 최 선생을 만났다. 나와는 갑장이라서 금방 가까워졌고 많은 이야기를 들을 수 있었다. 최막내 의용은 전주최씨 문충공 군수공파 14대손. 전주최씨 문충공파 족보에 그의 생몰연대와 행적 등이 실려 있다.

'만력 계유생, 갑진 3월 11일 졸.' 최도선 선생이 보여준 족보에는 최막내 의용 이름 석 자가 큼지막하게 나와 있었다. 집안에서 최막내 의용을 얼마나 받드는지 읽을 수 있었다. 족보에 따르면 최막내 의용은 만력 계유년, 그러니까 1573년 태어나 갑진년(1604) 별세했다. 향년 31세에 불과했으니 7년 항전의 후유증으로 인한 사망이었으리라.

이안눌 부사가 지역민 청원을 받아들여 25의용을 세상에 알린 건 1609년. 최막내 의용은 그 전에 타계했으니 아쉽다. 타계하던 해 아들 취수(就壽, 1604~1573)가 태어났다. 최막내 의용 묘소는 동래군 서면 고동곡(古洞谷)에 모셨다. 부인 이 씨와 합분했다. 고동곡이란 지명이 낯설지 않다. 일종의 동류의식을 느낀다. 앞에 언급한, 조선수군에서 장군을 지낸 우리 선조 김기현의 묘소가 '동래군 사상면 구덕곡'에 있는 까닭이다.

최막내 의용 묘소 주위에는 아버지 최한복, 아들과 손자 묘가 있다. 묘비명은 '증 통정대부휘막내지묘'다. 고동곡은 현재 남구 문현동, 대연동 일대다. '고동골로'라는 도로명으로 남아 있다. 고동의 속처럼 꼬불꼬불한 골짜기로 이루어진 마을이라서 고동곡이었다. 족보에 나오는 최막내 의용의 행적은 다음과 같다. 귀한 기록이라서 원문 그대로 옮긴다.

> 만력계유생 갑진삼월십일일졸 묘동래서면 고당곡자좌 공오재 임진왜구대치선함부산진공동래피강아약 공분십칠년 동악이선생휘안눌 이부시채적 전보역성급정방록 제자손연호군역 성급함풍 갑인장수상공위인식 축의용단록비견석 매년삼월구월하정일 사각청 죽례위재동향제일

萬曆癸酉生 甲辰三月十一日卒 墓東萊西面古洞谷子坐 公粵在 壬辰倭寇大熾先
陷釜山 進攻東萊 彼强我弱 公奮十七年 東岳李先生諱安訥 莅府時採蹟 轉報役
成給旌榜錄 除子孫烟戶軍役 成給咸豊 甲寅張水相公諱寅植 築義勇壇勒碑堅石
每年三月九月下丁日 使各廳 竹禮諱在東享第一

한문을 대략 풀자면 이런 뜻이다. 만력 계유년 태어나 갑진 3월 11일 사망했다. 묘는
동래 서면 고동골에 정남향으로 앉았다. 임진년에 왜구가 크게 침범해 부산을 먼저
함락하고 동래로 진격했다. 적은 강했고 우리는 약했다. 공이 분기탱천한 지 17년이
지나 동악 이안눌 공이 동래부사로 와 행적을 채증하고 보답하여 정방록에 실었다.
자손들은 군역 등에서 혜택을 받았다. 갑인년 장인식 좌수사는 의용단을 쌓고 비석
을 세웠다. 매년 3월과 9월 마지막 정일에 각 관청으로 하여금 향사를 지내도록 했다.
최막내 의용의 집안은 자손 대대로 나라의 완호(完護) 대상이었다.

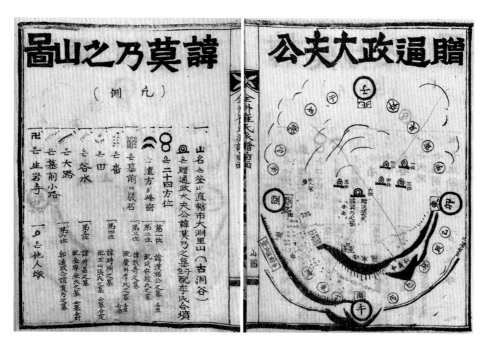

25의용 가운데 한 분인 최막내 의용의 묘소가 표기된 족보
묘소가 있던 고동곡(古洞谷)은 현재 남구청 자리 뒤쪽이다. 도시고속도로 공사를 벌이면서 묘소가 멸실된 것으로 보인다.

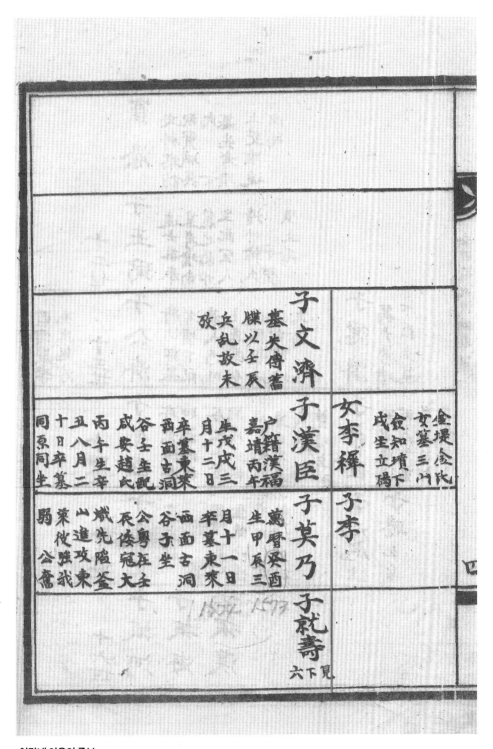

최막내 의용의 족보

'만력 계유년 태어나 갑진 3월 11일 사망했으며 묘는 동래 서면 고동골에 정남향으로 앉았다'고 나온다.

또 다른 정방록 〈최가정방록〉

최도선 선생에게서 또 다른 귀한 자료를 받은 것도 큰 복이었다. 그가 참고하라며 건넨 자료는 고문서 복사본으로서 또 다른 〈정방록〉이었다. 복사본 〈정방록〉은 A4용지 71쪽에 이르는 방대한 양이었다. 최막내를 비롯해 25의용에 관한 것으로서 몇 백 년에 걸친 여러 내용의 고문서를 1970년 같은 서체와 양식으로 일목요연 정리한 것이었다.

내용은 앞에 소개한 〈내영지〉, 1988년 〈남구지〉 게재 〈정방록〉 원본, 그리고 뒤에 소개하는 〈의용제인비〉 비문과 같거나 거의 일치한다. 다만, 〈남구지〉에 실린 〈정방록〉엔

최막내 의용의 25세손 최도선 선생과 저자가 수영구청 정문에서 함께
최 선생을 만난 건 저자에게 행운이었다. 그를 통해서 정방록의 실체에 더욱 가까이 다가갈 수 있었다. ⓒ이지영

'김가정방록'으로 나오지만 최 선생이 건넨 정방록엔 '최가정방록'으로 나온다. 이를 미루어 보건대 의용 개인별 〈정방록〉을 의용 후손들에게 발급해 주었음을 알 수 있다. 후손들은 이 '정방록'을 일종의 신분증으로 사용하며 신분상 이익을 도모하거나 불이익을 면할 수 있었다.

그러한 사실은 최 선생이 건넨 71쪽 고문서 여기저기서 확인할 수 있었다. 〈남구지〉 '도호부위완위완호사'에 언급된 '25인 중 김옥계, 최막내, 신복, 이수의 후손들'은 대를 이어 관가에 진정서랄지 탄원서를 내며 〈정방록〉 내용을 확인받는 서류를 재발급 받는다. 25의용 중 21인은 후손이 끊겼고 이들 4인만이 대를 이어 갔음도 확인할 수 있었다. 이들 고문서는 비록 1970년 필사한 것들이지만 〈정방록〉 원본이 사라진 지금, 학술적·사료적 가치가 매우 높다고 본다. 학계와 관계기관의 적극적이고 체계적인 연구가 기대된다.

한편, 이 대목에서 조선 500년을 이끈 조선의 정신을 엿볼 수 있다. 일종의 신분증으로 사용하며 신분상 이익을 도모하거나 불이익을 면할 수 있었던 '정방록'은 함부로 발급해 주지 않았다. 엄정한 검증과 현장조사를 거쳐 발급했다. 만약 발급에 부정이나 비리가 개입하면 책임자는 파직까지 당할 수 있었다. 공적조서 얼렁뚱땅 작성해 수상자를 양산하는 요즘 세태에서 귀한 덕목이 아닐 수 없다. 지위고하를 막론하고 말에서 내려야 했던 하마비처럼 '정방록'은 조선 500년을 이끈 조선의 정신이었다.

崔家旌榜錄

都護府爲旌榜事古人云理平則爲公爲卿世變則爲蛇爲豕

爲獍爲梟者十常八九焉況玆水營邇在海隅頃歲壬辰營下

居人陷没賊中脅從役命服班闌而言侏離者良無足惟金王

啓鄭仁疆崔松業崔守萬朴枝樹金彭良朴應福沈男李銀春

鄭壽元朴林辛福步李壽崔希福汗連崔汗孫崔莫乃崔末旀

良金達亡金德奉李實貞金許弄宋難金金從守金進王等乃

能慷慨從軍終始討賊七年兵戈一心金石足不踏於轔庭舊

萬節而殉　國功勞積著義烈凜然疾風勁草者其此之謂

歟今者博採公論勸獎實蹟則衆口同聲昭若日星不可不甄

崔家旌榜錄騰本合部

최가정방록-도호부위정방사(都護府爲旌榜事) 1-1

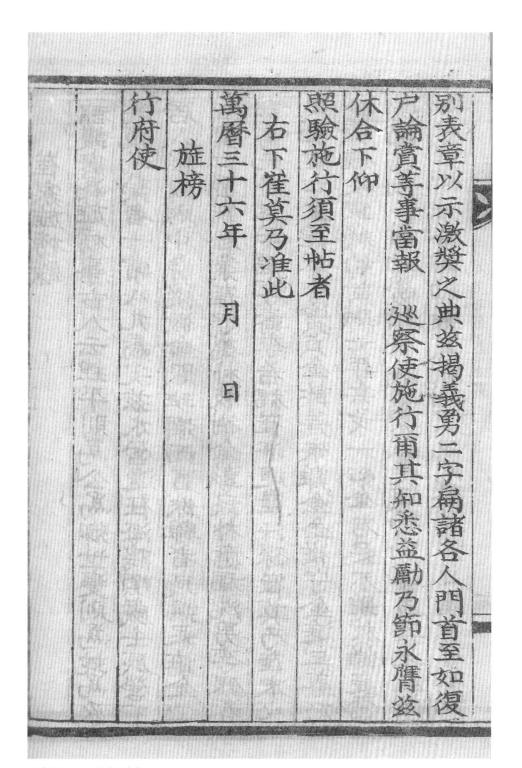

別表章以示激獎之典兹揭義勇二字扁諸各人門首至如復

戶論賞等事當報　巡察使施行甫其知悉益勵乃節永膺兹

休合下仰

照驗施行須至帖者

右下崔莫乃准此

萬曆三十六年　　月　　日

旌榜

行府使

최가정방록-도호부위정방사 1-2

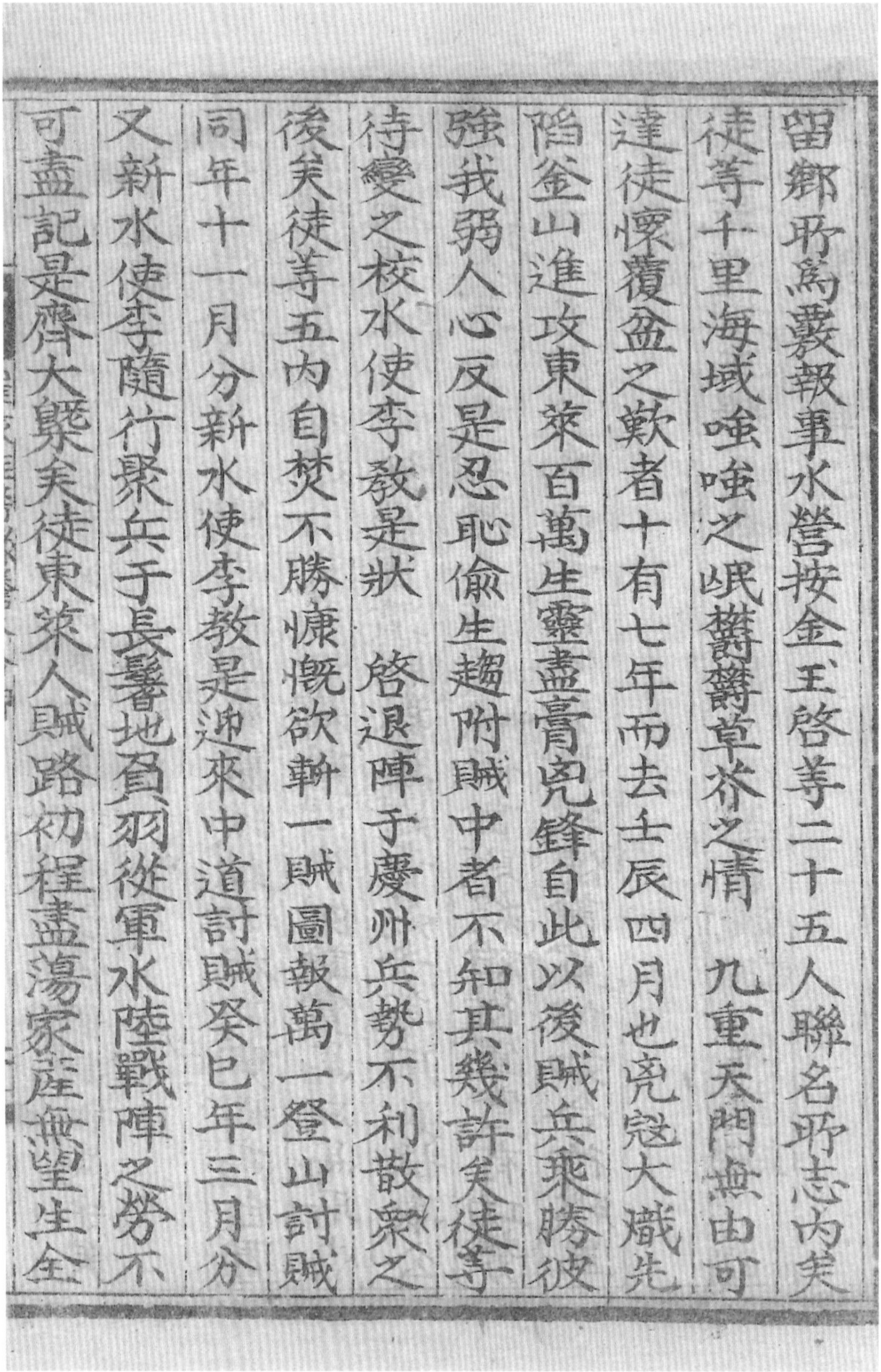

留鄉所爲覈報事水營按金王啓等二十五人聯名野志內夾
徒等千里海域喊喊之岷籌籌草芥之情　九重天門無由可
達徒懷覆盆之歎者十有七年而去壬辰四月也寇寇大藏先
陷釜山進攻東萊百萬生靈盡膏兇鋒自此以後賊兵乘勝彼
強我弱人心反是忍恥偷生趨附賊中者不知其幾許夾徒等
待變之校水使李敎是狀　啓退陣于慶州兵勢不利散衆之
後夾徒等五內自焚不勝慷慨欲靳一賊圖報萬一登山討賊
同年十一月分新水使李敎是迎來中道討賊癸巳年三月分
又新水使李隨行聚兵于長鬐地貟羽從軍水陸戰陣之勞不
可盡記是齊大檗夾徒東萊人賊路初程盡蕩家庭無望生全

유향소위핵보사(留鄕所爲覈報事) 1-1

自勅至終堅守　國節以死爲期身擔干戈慷慨討賊爲子矣

海濱邈遠

王化不沾終使爲　國忠誠空東塵埃紇如極爲冤悶爲白置

右良實蹟乙良粘連公文及一鄉訪問依例論賞爲只爲㫆志

題音內博採公論查覈實蹟牒報事題音是子等用良採取公

論則右人等自變初舊舊我荷戈慷慨討賊終始從軍實有功勞

乙仍于小名後錄爲去子依他分揀報使論賞何如合行牒呈

伏請

照驗施行須至牒呈者

右　牒呈

유향소위핵보사(留鄕所爲覈報事) 1-2

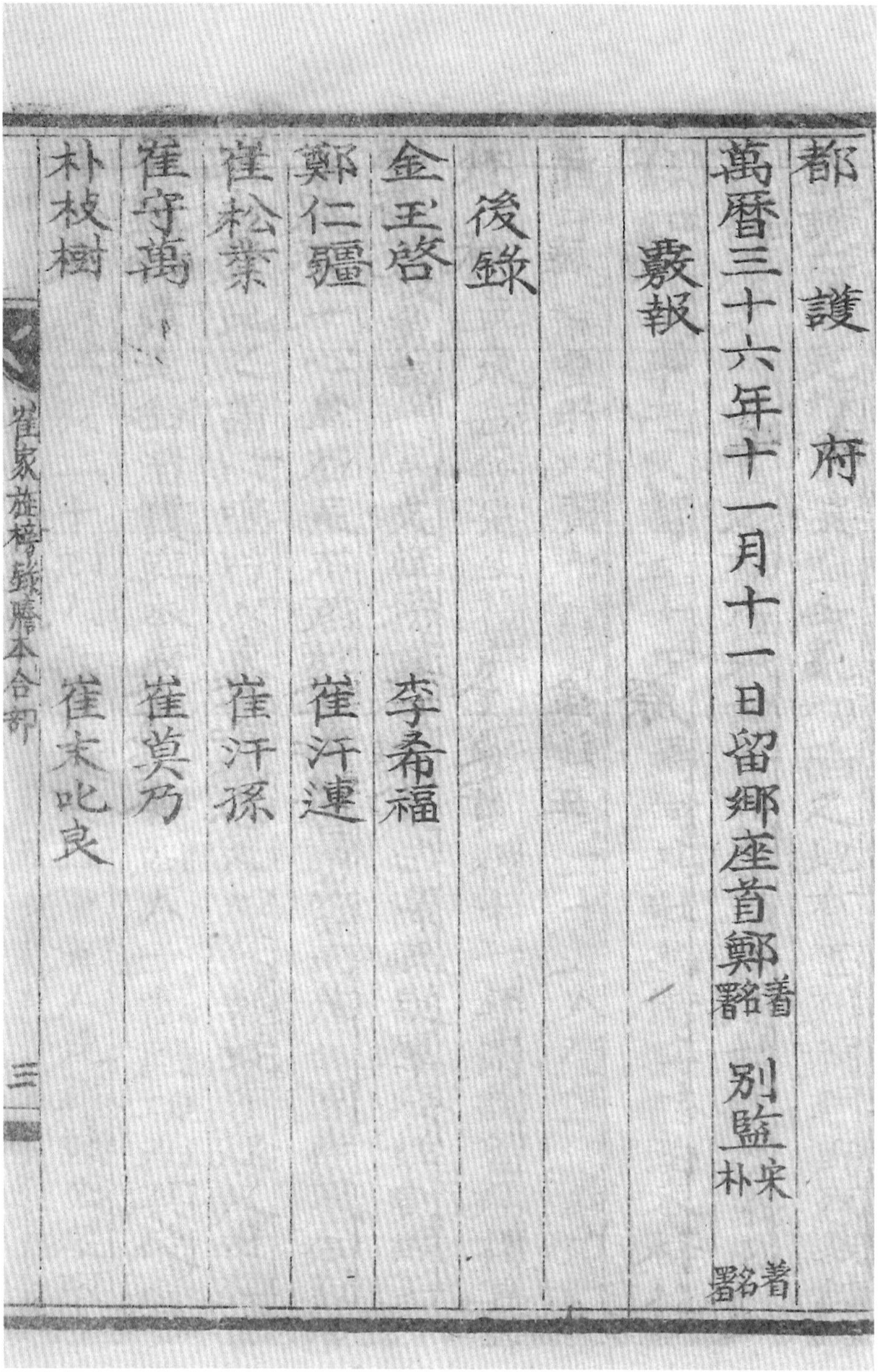

都護府

覈報

萬曆三十六年十一月十一日留鄉座首鄭〔署 著〕　別監宋〔署 著〕

朴〔署 著〕

後錄

金王啓　　李希福

鄭仁疆　　崔汗連

崔松業　　崔汗孫

崔守萬　　崔莫乃

朴枝樹　　崔末叱良

崔家雄橫錄謄本合部

三一

유향소위핵보사(留鄉所爲覈報事) 1-3

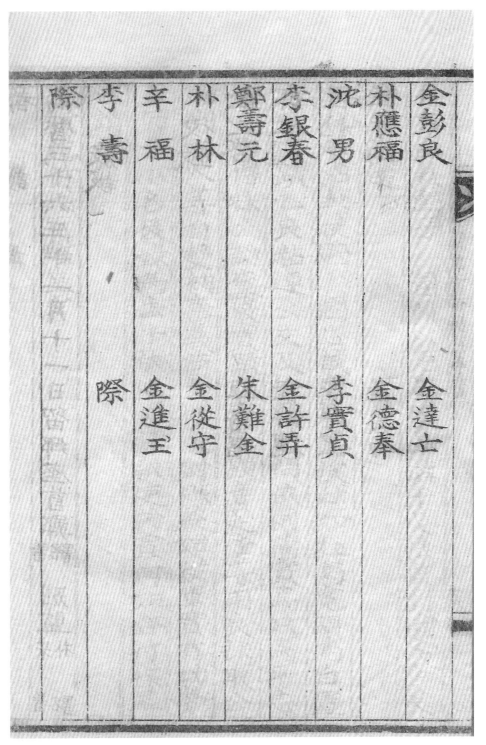

際萬三十七年甲辰一月十一日留鄉所爲報官處分

金彭良　金達士
朴應福　金德奉
沈男
李銀春　李寶貞
鄭壽元　金許弄
朴林　　朱難金
辛福　　金從守
李壽　　金進王
際　　　際

유향소위핵보사(留鄕所爲覈報事) 1-4

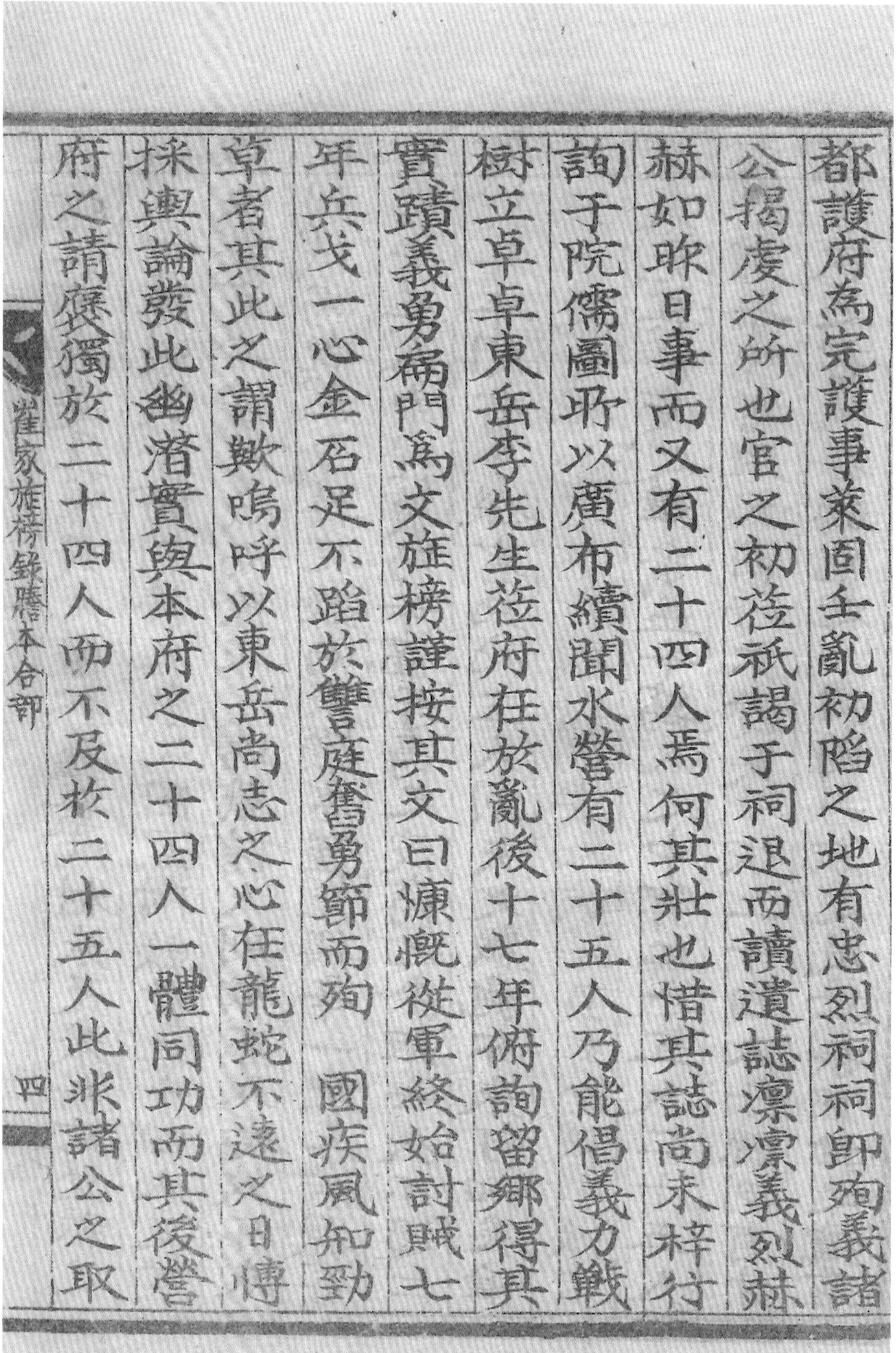

都護府爲完護事兼固壬亂初陷之地有忠烈祠卽殉義諸
公揭虔之所也官之初莅祗謁于祠退而讀遺誌凜凜義烈赫
赫如昨日事而又有二十四人焉何其壯也惜其誌尚未梓行
詢于院儒圖所以廣布續聞水營有二十五人乃能倡義力戰
樹立卓卓東岳李先生莅府在於亂後十七年俯詢鄉得其
實蹟義勇扁門爲文旌榜謹按其文曰慷慨從軍終始討賊七
年兵戈一心金石足不踏於豐庭奮勇節而殉 國疾風知勁
草者其此之謂歟嗚呼以東岳尚志之心在龍蛇不遠之日傳
採輿論發此幽潛實與本府之二十四人一體同功而其後譽
府之請襃獨放二十四人而不及於二十五人此非諸公之取

崔家旌榜錄謄本合部

四一

도호부위완위완호사(都護府爲完爲完護事) 1-1

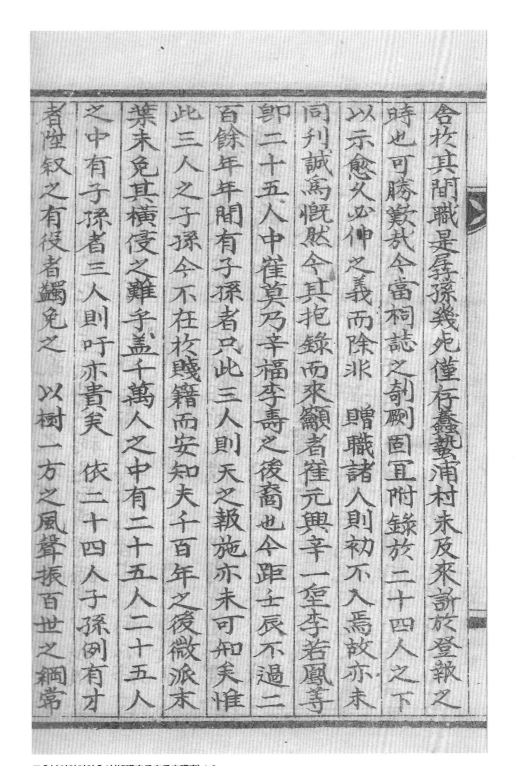

含枚其間職是辱孫幾兆僅存蠢蠢浦村未及來訃於登報之
時也可勝歎哉今富祠誌之剞劂固宜附錄於二十四人之下
以示愈久必伸之義而除非　贈職諸人則初不入焉故亦未
同列誠爲慨然令其抱錄而來籲者崔元興辛一聖李若鳳等
卽二十五人中崔莫乃辛福李壽之後裔也今距壬辰不過二
百餘年間有子孫者只此三人則天之報施亦未可知矣惟
此三人之子孫今不在枚賤籍而安知夫千百年之後微派末
葉未免其橫侵之難乎盖千萬人之中有二十五人二十五人
之中有子孫者三人則吁亦貴矣　依二十四人子孫例有才
者陞敍之有役者蠲免之　以樹一方之風聲振百世之綱常

도호부위완위완호사(都護府爲完爲完護事) 1-2

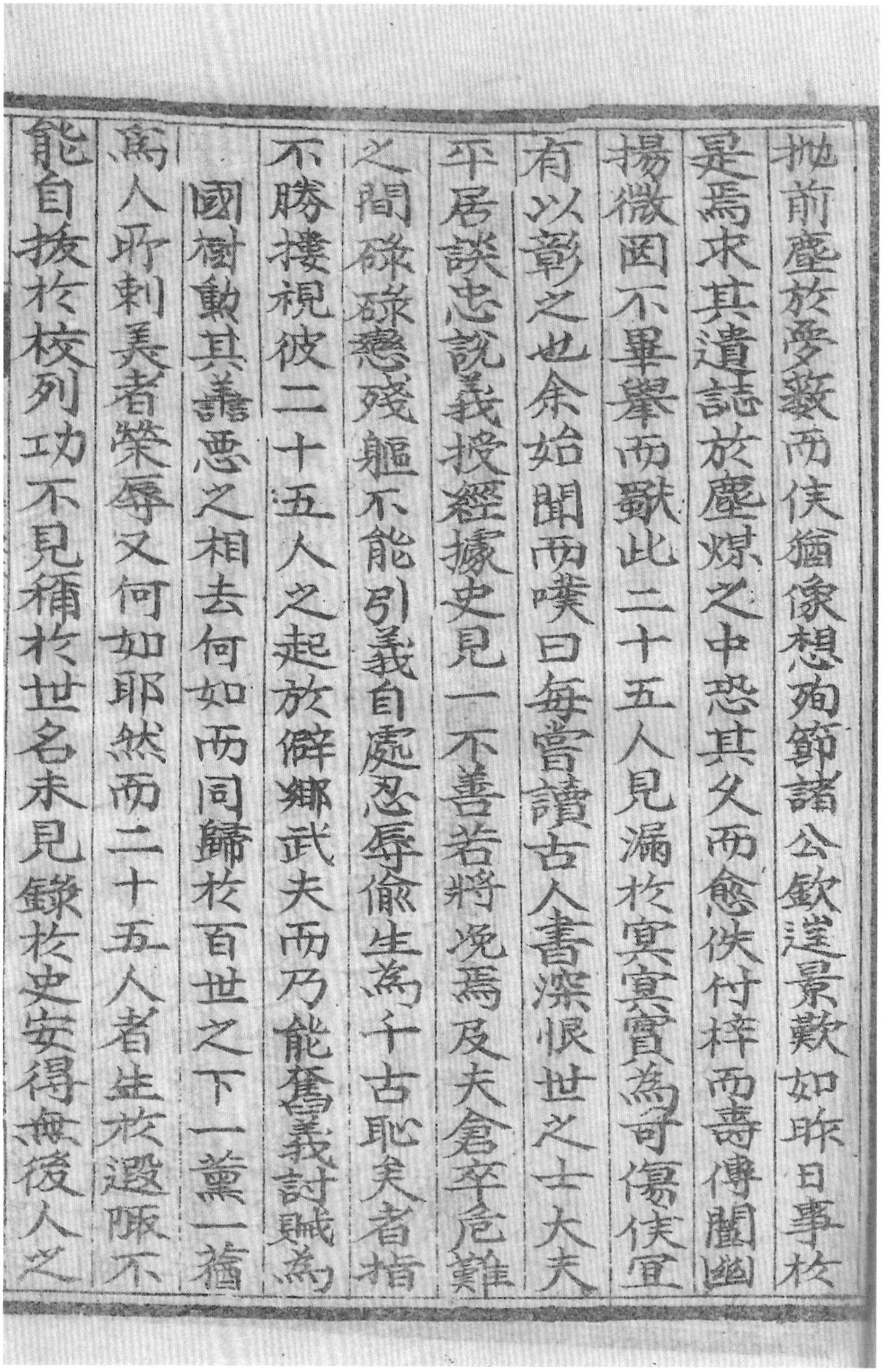

抛前塵於夢寐而俠猶像想殉節諸公欽遲景歎如昨日事於
是焉求其遺誌於塵煤之中恐其久而愈俠付梓而壽傳闇幽
揚微困不畢舉而歠此二十五人見漏於實實實爲可傷俟重
有以彰之也余始聞而嘆曰每嘗讀古人書深恨世之士大夫
平居談忠說義授經據史見一不善若將浼焉及夫倉卒危難
之間碌碌戀戀殘軀不能引義自處忍辱偷生爲千古耻夫者指
不勝摟視彼二十五人之起於僻郷武夫而乃能奮義討賊爲
國樹勳其善惡之相去何如兩同歸於百世之下一薰一蕕
爲人所刺美者榮辱又何如耶然而二十五人者生於遐陬不
能自拔於枚列功不見稱於世名未見錄於史安得無後人之

도호부위완위완호사(都護府爲完爲完護事) 1-3

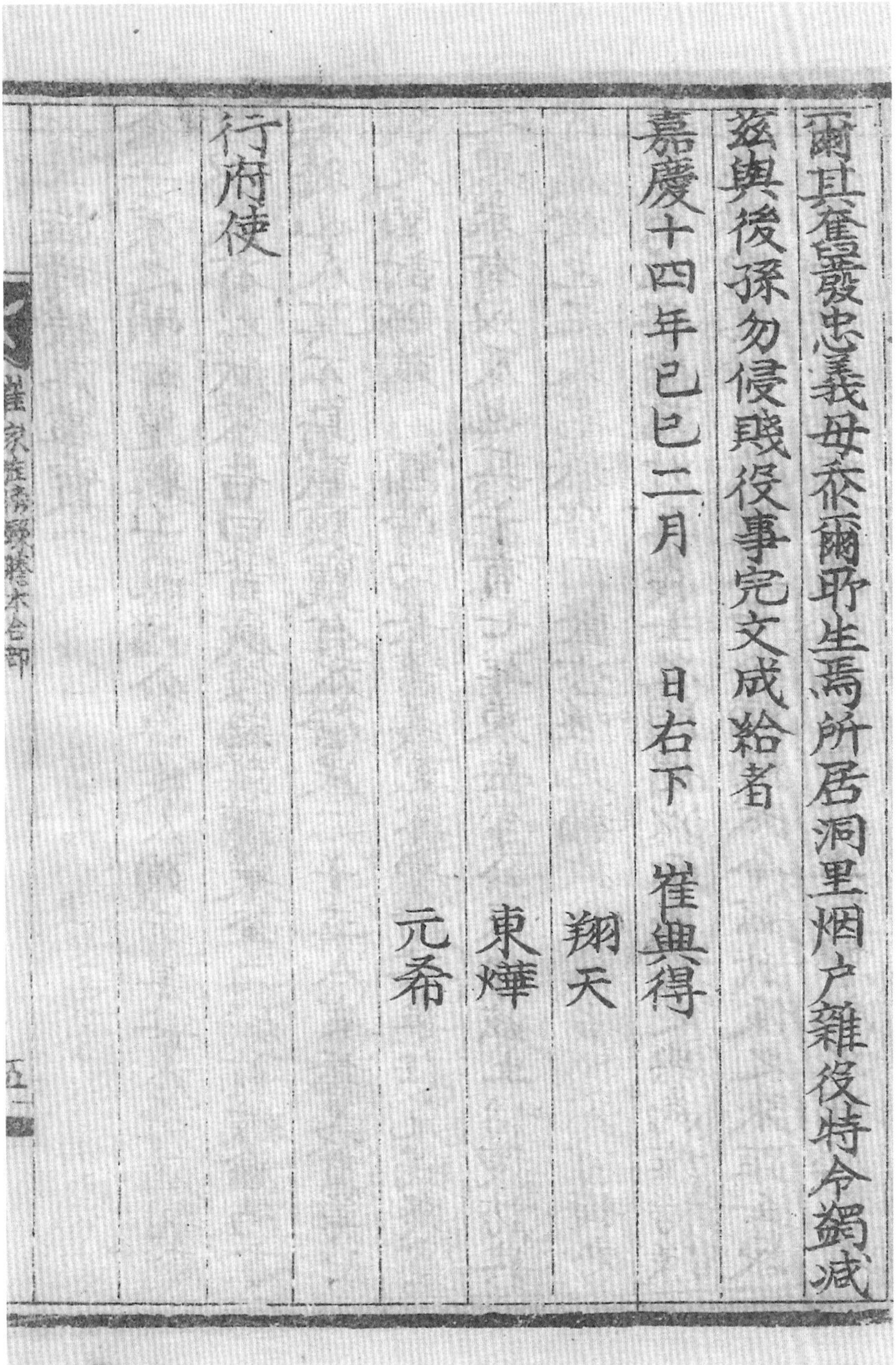

爾其奮蕩忠義毋忝爾所生焉所居洞里烟戶雜役特令蠲減

玆與後孫勿侵賤役事完文成給者

嘉慶十四年己巳二月　日右下　崔典得

翔天

東燁

元希

行府使

도호부위완위완호사(都護府爲完爲完護事) 1-4

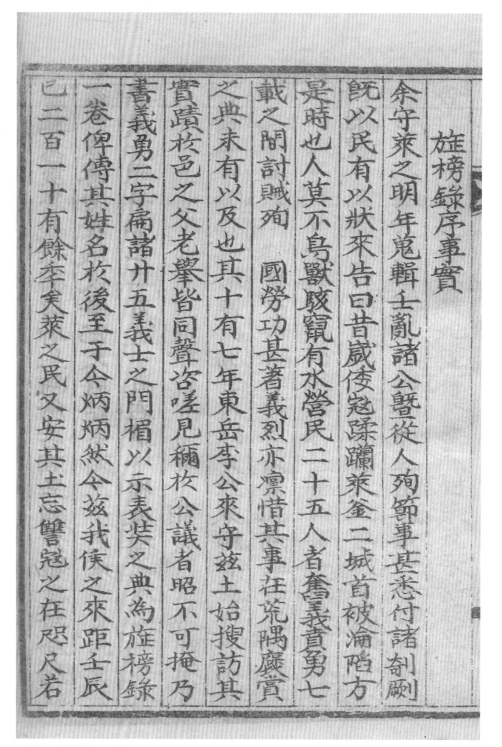

旌榜錄序事實

余守萊之明年寇輯壬亂諸公曁從人殉節事甚悉付諸剞劂
既以民有以狀來告曰昔歲倭寇躁躪萊釜二城首被淪陷方
是時也人莫不鳥獸駭竄有水營民二十五人者奮義貴勇七
載之閒討賊殉　國勞功甚著義烈亦凜惜其事在荒隅靡賞
之典未有以及也其十有七年東岳李公來守茲土始搜訪其
實蹟校邑之父老擧皆同聲咨嗟見稱校公議者昭不可掩乃
書義勇二字扁諸廿五義士之門楣以示奏奬之典為旌榜錄
一卷俾傳其姓名扵後至于今炳炳然今茲我侯之來距壬辰
已二百一十有餘李天萊之民又安其土忘讐寇之在咫尺若

정방록서사실(旌榜錄序事實) 1-1

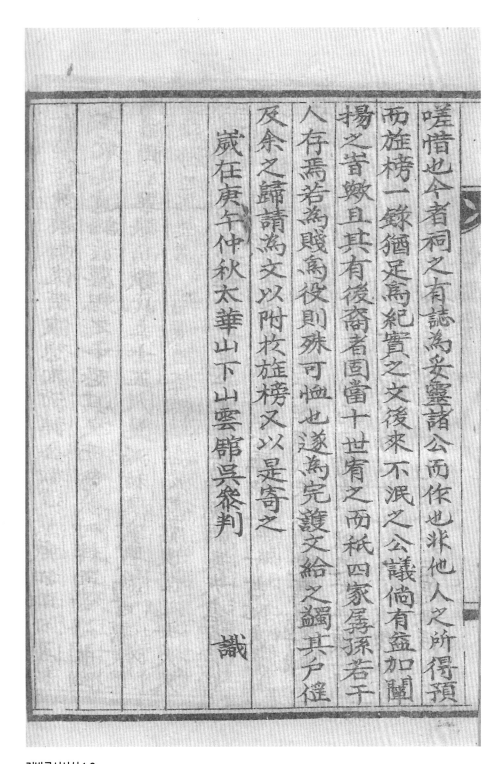

嗟惜也今者祠之有誌為妥靈諸公而作也非他人之所得預
而旌榜一錄猶足為紀實之文後來不泯之公議倘有益加圖
揚之旹歟且其有後裔者固當十世宥之而秖四家屬孫若干
人存焉若為賤為役則殊可恤也遂為完護文給之蠲其戶徭
及余之歸請為文以附扵旌榜又以是寄之

歲在庚午仲秋太華山下山雲館吳秦判　　　　識

정방록서사실 1-2

임란 큰 공 세운 '우리 할아버지'
최막내 의용 15대손 최도선 선생 인터뷰

25의용은 과거가 아니다. 현재도 여전히 진행형이다. 그 증명이 지금도 사회 곳곳에서 자기의 몫을 다 하는 의용의 후손들이다. 최막내 의용을 '우리 할아버지'라고 부르는 최도선 선생 역시 25의용이 현재 진행형임을 증명한다. 최 선생은 지금도 매년 25의용 향사에 참례하며 선조의 얼을 이어 간다. 2020년 8월 19일(목) 오전 10시 수영구청 3층 민주평화통일자문회의 수영구협의회 사무실에서 그를 만나 역사 속의 최막내 의용을 2000년대 지금 현재로 소환했다.

김종수 성함이 어떻게 되고 본관은 어디신지요?

최도선 도(掉) 자, 선(宣)자 최도선이고요 전주최씨 문충공파 28세손입니다.

김종수 언제 어디서 태어나고 지금 사는 곳은 어디신지요?

최도선 1949년 6월 24일생입니다. 경남 양산군 동면 사동리에서 태어나 지금은 부산 연제구 연산동 희망센트럴뷰에 삽니다.

최막내 의용의 25세손 최도선 선생과 마주앉은 저자
후손을 통해 최막내 의용이 과거의 역사가 아닌 2000년대 지금 현재도 이어지는 역사임을 확인할 수 있었다.

김종수 저와 갑장이시네요. 동지애가 느껴집니다. 〈웃음〉 최막내 의용과는 어떤 관계이신가요?

최도선 족보에 보면 우리 최막내 할아버지는 문충공파 14대손이시고 저는 28대손입니다. 그러니까 최막내 의용은 저에게 14대 할아버지가 되고 저는 최막내 의용 15세손이 됩니다.

김종수 최막내 의용을 집안에선 어떻게 부르시는지요?

최도선 대개는 할아버지라고도 부릅니다. 내력을 아는 분은 장군이라고 부르고요.

김종수 집안에선 최막내 의용을 어떤 분으로 알고 있으신지요?

최도선 자세히 알려진 것은 없고 임진왜란 때 왜적과 싸워서 공을 세우신 분으로 알고 있다.

김종수 임진왜란 7년 동안 최막내 의용이 어떻게 싸웠는지 집안에 전해져 오는 이야기가 있는지요?

최도선 먹고살기 바쁜 시대를 살아와서 그런지 거기에 대해 들은 바는 없습니다. 족보에 최막내 할아버지 공적이 소개돼 있지만 구체적으로 어떤 일을 하셨다, 그런 건 아니고 임진년에 왜구가 크게 침범하자 할아버지가 분기탱천해 공을 세웠고 이안눌 동래부사, 장인식 경상좌수사 등이 표창하고 기렸다 정도로 나옵니다.

최도선 선생이 소중하게 간직해 온 집안 문서
최막내 의용의 후손이 정5품 벼슬에 임명됐음을 알려준다.

김종수 최막내 의용 본인이나 후손과 관련해 집안에 전해져 오는 유품이나 문서 같은 게 있는지요?

최도선 있습니다. 족보에 최막내 의용 공적이 기록돼 있고요 조선시대 동래 충렬사에서 향사가 열리면 후손에게 보낸 초청장, 그리고 고종 임금 칙명 증서가 남아 있습니다. 〈최도선 선생은 이들 문서를 서류 파일에서 꺼내 하나하나 설명했다. 칙명은 최도선 선생의 증조할아버지 최우용을 정5품 사헌부감찰 등으로 임명한다는 고종 교지로서 광무 8년이던 1904년 문서다.〉

김종수 대단하십니다. 최막내란 이름 석 자가 아이 이름 같아서 가볍게 생각했는데 그 정도인 줄은 몰랐습니다. 최막내 의용이 살았던 수영동 집터가 지금 어디쯤인지 들은 게 있으신지요?

최도선 아쉽게도 들은 게 없습니다. 저희 집안이 일제강점기 눈엣가시 아니었겠습니까. 제 추측이긴 합니다만 일제의 탄압이나 해코지를 피해서 경남 양산으로 피난 가면서 수영 연고는 지워진 것으로 알고 있습니다. 최막내 의용 작은집인 저희 집안은 양산 명곡 골짜기로 피난 갔고 큰집은 양산군 원동면으로 피난 가서 터를 잡았죠.

김종수 예에, 그런 슬픈 가족사가 있었네요. 저로선 전혀 짐작하지 못했던 근대사의 또 다른 비극입니다. '전주최씨 문충공파' 족보에 따르면 최막내 의용은 1573년 태어나 1604년 타계했습니다. 임진왜란이 1592년 일어났으니 열아홉살 나이에 전투에 참가해 서른한 살 젊은 나이에 돌아가신 셈이지요. 왜적에 맞서 전투를 치르면서 입은 부상 탓이 아니었을까 싶은데 거기에 대해서 아는 것이 있으신지요?

최도선 태어나고 돌아가신 해는 맞는데 자세한 것은 모르고 있습니다. 아쉽게 생각합니다.

김종수 전쟁이 끝나고 6년 후인 1604년 최막내 의용은 사망하고 그해 아들 최취수가 태어났습니다. 서른한 살에 아들을 봤으니 당시로선 대단히 늦은 편이었습니다. 최막내 의용은 전쟁이 끝난 후 비로소 혼례를 올리지 않았을까 하는 추론이 가능한 지점인데 그런 가족사에 대해서 아는 게 혹시 있으신지요?

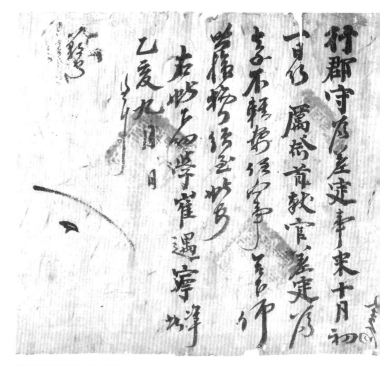

최막내 의용 집안의 고문서
맨 앞에 나오는 '행(行)'은 조선시대 행수법에 따른 것으로서 신분은 높으나 신분에 비해 낮은 벼슬을 받았음을 의미한다.

최도선 역시 모르고 있습니다.

김종수 어릴 때 언제 처음 최막내 의용에 대해 들으셨는지요?

최도선 언제인지는 자세히 모르는데 아마 1960년대이지 싶습니다. 그때 부친과 숙부님 말씀이 수영 어디에 가면 할아버지 묘소가 있다고 들었습니다.

김종수 묘소에도 가 보셨겠네요?

최도선 아버지 따라가서 제사를 지내기도 했는데 제 늦둥이 아들 때문에 가기도 했습니다.

김종수 아들이 왜요?

최도선 제가 아들을 늦게 봐 1990년 태어났는데 아들이 초등학교 3학년 땐가 4학년 때, 그때가 2000년대 초이지 싶은데 "아버지! 우리 집안에 위대한 일을 하신 분이 있는지 학교에서 알아 오라고 합니다." 그러는 거예요. 그래서 제가 그랬지요. "그래, 있다. 수영에 모셨다. 가 보자." 그래서 아들과 묘소를 찾기도 했지요. 아들과는 수영사적공원과 안락동 충렬사에도 갔는데 충렬사 관리하는 분에게서 "훌륭하신 조상님을 둬서 좋겠단"는 말씀을 들었습니다. 집안에서 소장하는 족보 사본과 조선시대 충렬사 초청장을 복사해 드리고 해마다 수영사적공원과 충렬사 향사에 참례하고 있습니다.

김종수 족보에 따르면 최막내 의용 묘소는 '동래군 서면 고동곡'에 있다고 되어있습니다. 남구 문현동과 대연동 일대 도로명이 '고동골로'인데 묘소는 지금도 있는가요?

최도선 휴!〈잠시 탄식〉이 대목에 이르면 소름이 끼칩니다.

김종수 소름요?

최도선 예, 소름요. 산소 때문에 몇 번을 관청에도 찾아가고 그랬지만 어느 날 없어져 버렸어요. 남구청 자리에 있던 부산공업전문대학 뒤쪽에 묘소가 있었는데 그 묘소가 사라졌으니 생각할 때면 소름이 끼쳐요. 도시고속도로 공사를 하면서 없어지지 않았나 생각해요. 당시 묘를 관리하던 분이 남천동 변전소 근처에 거주하던 최상기라는 분이었습니다. 말이 나온 김에 덧붙이자면 저는 최막내 할아버지 작은 손자의 후손입니다. 큰 손자의 후손을 찾아서 묘소의 행방을 찾았으면 합니다.

김종수 안타까운 일입니다. 개발에 의해 역사가 뭉개지는 안타까운 현실을 25의용도 비껴갈 수 없었나 봅니다. 의용단 향사는 조선시대에는 좌수영수사가 맡아서 했고 좌수영이 없어지면서는 수영면장이, 일제강점기에는 민간에 해당하는 수영기로회가 맡아서 했습니다. 민간에서 맡게 되면서 향사 제수 비용을 영구적으로 마련하기 위해 25의용 본손들이 기금을 마련했습니다. 최막내 의용 본손도 기금을 냈지 싶은데 거기에 대해서 아는 것이 있으신지요?

최도선 아까 말씀드렸다시피 일제의 탄압을 피해 수영에서 양산으로 피난 갔기 때문에 거기에 대해서 아는 것은 없습니다.

김종수 매년 향사 때마다 의용의 본손(本孫)으로서 참례한다고 들었습니다. 언제부터 참례하셨는지요?

최도선 저는 2000년대 중반부터 참례했습니다. 할아버지는 세 아들을 두셨는데 우리 아버지가 맏이였습니다. 저는 장남이지만 늦게 태어났고요. 사촌 형님도 계시고 육촌 동생도 있는데 몇 년 전까진 육촌 동생 등과 같이 왔습니다. 요즘은 저 혼자 참례합니다. 작년(2019년)엔 집안에 상이 있어서 못 왔고요. 충렬사 향사에도 꼬박꼬박 갑니다. 조선시대 충렬사에서 향사가 열린다고 보내준 초청장을 지금도 보관하고 있지만 충렬사에서 향사가 열리면 아무 말도 하지 않고 조용히 참례했다가 '후손들 나오라' 그러면 절만 하고 옵니다.

집안 대대로 전해져 오는 고문서를 펼쳐 보이는 최도선 선생
이제 일흔이 넘은 최 선생은 수영사적공원 25의용을 가까이서 모시고 싶은 게 마지막 바람이다.

김종수 2000년대 중반 그때는 저도 25의용 향사에 아헌관으로 참례한 적이 있어 선생님을 뵈었을 수도 있었겠습니다. 저 역시 의용단 향사에 참례할 때마다 남다른 감회를 느끼지만 선생님도 향사에 참례하면서 느끼는 소감이 남다를 것 같습니다. 어떻습니까?

최도선 의용의 후손으로서 소감이야 남다르지만 이 자리에선 다른 이야기를 하나 하고 싶습니다. 25의용 비석 25기 가운데 유독 최막내 할아버지 비석만 새카맣습니다. 다른 비석과 석재가 달라서 그런지 색깔이 완전히 다릅니다. 아마도 큰 공사를 하다가 파손돼 다시 만들면서 비석 색깔 선택을 잘못한 것 같습니다. 교체가 가능한지 어떤지 모르겠습니다.

김종수 후손이 원하는 거니까 책임 있는 자리에 있는 분들이 의지만 있으면 가능하지 않을까 생각합니다. 다른 의용의 후손들은 향사에 참례하는지요?

최도선 일이십 년 전만 해도 있다고 들었는데 요즘은 없는 거로 알고 있습니다. 2000년 이전에는 다른 후손도 참례한 거로 아는데 요즘은 제가 유일하게 참례하는 후손으로 알고 있습니다. 유일하게 참례하는 후손이라서 최막내 할아버지 비석이 티가 날 정도로 새까맣나, 할아버지와 나의 인연 끈이 이렇게 이어지나, 그렇게 생각하기도 합니다.〈웃음〉

김종수 25의용 한분 한분은 조선 호국정신의 상징이고 그들을 기리는 제단인 25의용단은 조선 호국정신을 상징하는 성소(聖所)입니다. 그런데도 25의용과 의용단이 일반의 기억에서 점점 멀어지고 있습니다. 지역사회나 지자체, 국가에 바라는 거나 끝으로 하시고 싶은 말씀, 꼭 남기고 싶은 말씀이 있으신지요?

최도선 빠듯한 예산에도 불구하고 부산시나 수영구에서 잘해 오고 있다고 생각합니다. 예전에 수영기로회 회원님들, 김기배 이사장을 비롯한 수영의용충혼숭모회 관계자 분들, 수영고적민속예술보존협회를 비롯한 수영의 여러 어른께서 힘과 마음을 모았기에 25의용이 오늘날까지 이어지고 있다고 생각합니다. 고맙습니다. 제 나이 일흔을 넘었습니다. 마지막으로 바라는 게 있다면 수영사적공원 25의용을 가까이서 모시고 싶습니다. 조상 모신다는 마음으로 청소하고 관리하며 봉사하며 25의용단을 지키고 싶습니다.

김종수 마지막 말씀이 묵직한 무게로 다가옵니다. 25의용단을 지키는 25의용의 후손! 후손이 지키는 유적지, 대단히 의미 있는 일이지 싶습니다. 관계기관이 열린 마음으로 이에 대한 대답을 내놓았으면 좋겠습니다. 귀한 시간 내어주신 최막내 의용의 15세손 최도선 선생께 거듭 고맙다는 말씀을 드립니다. 저의 이 고마운 마음이 최 선생을 통해 최막내 의용에게도 이어지기를 바랍니다. 감사합니다.

25의용 행적 알려면 〈충렬지〉 참고해야

다른 의용은 어떤 공적을 쌓았을까. 임진왜란 7년 동안 어떤 방법으로 중과부적의 왜군에 대항했을까. 〈정방록〉에는 25의용 행적에 대해 구체적으로 기록하지 않아 다른 기록으로 유추할 수밖에 없다. 유추할 수 있는 기록으론 두 가지가 있다. 하나는 이안눌 부사가 〈정방록〉과 비슷한 시기에 쓴 〈포충록〉이고 다른 하나는 1709년 11월부터 1711년 4월까지 동래부사를 지낸 권이진이 쓴 동래 24별전공신의 행적에 관한 기록이다. 별전공신(別典功臣)은 '별도로 기록을 남겨두는 공신'이란 뜻이다.

〈포충록〉과 24별전 기록은 다행히 충렬사 안락서원에서 편찬한 〈충렬사지(忠烈祠誌)〉에 온전히 남아 있다. 〈포충록〉은 이안눌 부사가 쓴 세 가지 기록 '포충복호문(褒忠復戶文)'과 '보장(報狀)', '효유문(曉諭文)'을 모은 기록이다. 〈충렬사지〉 포충복호문과 권이진 24별전의 행적을 인용한다. 24별전과 25의용의 행적이나 사후 포상은 엇비슷했을 것이다.

그런데 말이 좀 어렵다. 포충복호는 뭐고 효유문은 뭔가. 지금은 생소한 말이지만 100년, 200년 전만 해도 일상적인 언어였다. 늘 듣는 말, 늘 보는 글이 포충복호고 효유문이었다. '포충복호'는 충신·효자·열녀가 난 집에 포상으로 조세나 부역을 면제해 주는 것을 말한다. '효유문(曉諭文)'은 나라님이나 높으신 분이 조선팔도나 특정 지역 백성에 고하는 글쯤 된다.

동래구 안락동 충렬사 본전(©문화재청)과 충렬사 경내에 세운 임진왜란 24공신 공적비
24별전에 견줘 25의용은 덜 알려진 것 같아 안타까움이 크다.

꿋꿋한 소나무는 추운 겨울철에 드러나고

꿋꿋한 소나무는 추운 겨울철에 드러나고 곧은 신하는 세상이 어지러울 때 나타난다더니 옛적에 그 말을 듣고 이제 그 사람을 볼 수 있도다. 고(故) 첨사 김정서, 절충 정승헌, 첨정 문세휘, 첨정 정순, 전(前) 권관(權管) 김일개, 첨정 김일덕, 첨정 송창문, 첨정 김근우, 주부(主簿) 강개련, 판관 김홀, 주부 이언홍, 겸사복(兼司僕) 김대의, 참봉 오홍, 관노 박인수, 절충 김달, 첨정 송남생, 판관 기기, 부장 황보상, 판관 이응필 등은 본래 변장의 백성으로 나라의 녹을 먹는 사람들이 아니었는데 나라 일이 어려운 날을 당하여 능히 순국의 충의를 다하였다.

7년의 전란을 치르는데 금석(金石)과 같은 굳은 마음으로 몸을 적진에 더럽히지 않고 전공을 세움이 실로 많았도다. 이는 사군자(士君子)도 하기 어려운 일일 뿐 아니라 또한 경대부(卿大夫)도 미치지 못할 바이라. 이에 그 사적에 의거하여 성명을 구록(具錄)하고 순찰사에게 신보(申報)하여 각자 밭 1결(結)을 특별히 급복(給復)하도록 하고 따라서 향소(鄕所)로 하여금 호(戶)에 노(奴) 각 1인을 특별히 주어 완호(完護)를 가하도록 하며 무릇 모든 과역(課役)을 일체 면제하도록 한다.

아아, 밝게 권장하는 전장(典章)을 들어 크게 충의의 기풍을 진작하니 길이 영전을 받아 더욱 그대의 절의를 힘쓰도록 하라.

또 두 번이나 순영(巡營)에 보고한 장계문이 있으나 다 등록하지 않는다.(이 뒤에 각인 이름 밑에 그 공을 자세히 기록하였으므로 여기에는 기록하지 않는다.)

- 부사 이안눌 포충복호문

그런데 여기 언급된 별전공신은 19명에 불과하다. 5명이 모자란다. 이안눌 부사는 초기에 19명만 파악했다. 19명 명단을 적은 〈포충록〉의 24별전 집안에 나눠줬는데 5명이 빠져 원통하다는 민원이 생겼다. 그리하여 송계남, 이복, 오춘수, 김복, 송의남 5명을 추가해 모두 24별전이 되었다. 이들에겐 '의용' 두 자를 쓴 편액(扁額)을 각자의 문앞에 걸도록 했다. 24별전은 왜란이 끝난 뒤에도 생존자가 있었다. 24별전 각인(各人)의 공적은 다음과 같다.

밤을 타 적진에 돌 떨어뜨려

첨사 김정서/임진년 4월 15일 이후로 창의모병(倡義募兵)하여 역전(力戰), 적을 토벌하고 울산의 역(役)에서는 기계를 시설하여 돌을 실어 와서 밤을 타 적진에 떨어뜨려 적의 살상자가 골짜기에 가득 하였다. 또 망우당 곽재우를 따라 같이 화왕산성(창녕)을 지켰다.

절충 정승헌/임진 4월 15일 이후로 모병 토벌하여 시종 역전(力戰)하였다. 대가(大駕, 임금이 탄 수레)가 서쪽으로 이동하고 도로가 통하지 않으매 변방의 정보를 가지고 가서 행재소에 장계하여 상달하게 되니 선묘(宣廟)에서 이를 가상히 여겨 금의(錦衣)를 벗어 하사하시고 효요방문(曉諭榜文)을 어제(御製)하여 주시니 품안에 이것을 품고 동래로 돌아와 피로민(被虜民, 포로)들을 개유(開諭, 사리를 알아듣도록 타이름)하여 돌아오게 하였다.

첨정 문세휘/임진 4월 15일 이후로 창의모병하여 역전 토벌하였다.

첨정 정순/임진 4월 15일 이후로 역전 토벌하였다.

권관 김일개/임진 4월 15일 이후로 울산성의 수비진에 종군하였고 창의모병하여 시종 역전하였다.

첨정 김일덕/임진 4월 15일 이후로 본현의 대장(代將)이 되어 모병 토벌하였다.

첨정 송창문/임진 7월부터 본부(本府, 동래부)의 의병장 김정서의 진(陣)에 종군하였다.

첨정 김근우/임진 7월부터 본부 의병자 김정서의 진에 종군하였다. 무술(1598년)에 감군찰원위관 주소율의 초탐장(哨探將)으로서 도시수(都示帥)의 첩문을 받아 적세를 초탐하고 또 명나라 장수 만세덕의 효왜문(曉倭文)을 받으니 그 진적(眞跡)이 아직도 후손 집에 있다.

주부 강개련/임진 5월 12일부터 의병장 김정서의 진에 종군하였다.

판관 김기/임진 4월 15일 이후로 본현 대장 김일덕의 진에 종군하였다.

주부 이언홍/임진 4월 15일 이후로 본현 대장 김일덕의 진에 종군하여 역전 토벌, 적의 머리 13급(級)을 바쳤다. 계묘(癸卯)에 관찰사 이용순이 전후의 군공(軍功)을 논계하니 특명으로 면향(免鄕, 향리를 벗어날 자격을 인정받는 것)의 교지를 내렸다.

겸사복 김대의/임진 5월 12일부터 의병장 김정서 진에 종군하였다.

참봉 오홍/임진 4월 15일 이후로 본현 대장 김일덕의 진에 종군하여 역전 토벌하였다.

관노 박인수/임진 4월 15일 이후로 본현의 관인이 모두 궤산(潰散, 무너져 흩어지다) 할 때 끝내 관을 배반하지 않았다.

절충 김달/임진 4월부터 의병장 권응수의 진에 종군하였다.

첨정 송남생/임진 9월부터 의병장 김정서의 진에 종군하였다.

판관 김기/임진 변란 이후로 본부인(本府人)이 모두 궤산할 때에 끝내 관을 배반하지 않았다.

부장 황보상/임진 변란 이후로 본부인이 모두 궤산할 때에 끝내 관을 배반하지 않았다.

판관 이응필/임진 9월부터 의병장 김정서의 진에 종군하였다.

수문장 송계남/이하 5인은 임진왜란 변초(變初)부터 시종 적에 부역하지 않고 역전(力戰)하여 공로가 있는 자이다.

겸사복 이복/부장 오춘수/첨정 김복/겸사복 송의남

수영 25의용의 행적에 다가가는 또 다른 기록은 1853년 의용단을 조성하면서 세운 〈의용제인비(義勇諸人碑)〉에 새겨진 비문이다. 〈의용제인비〉는 임진왜란 때 경상좌수영 박홍 수사가 달아난 것을 한탄하면서 분발하여 왜적에 대항해 싸우다가 장렬하게 전사한 25인을 기리려고 세웠다. 경상좌수사 장인식이 비문을 짓고 비석을 세웠다. 경상좌수사를 지내고 〈내영지〉를 펴냈던 이형하가 전액(篆額, 비석 앞면에 전서체로 쓴 큰 글씨)을 하고, 백채현이 감동관(監董官)이었다. 감동관은 요즘으로 치면 감독이다. 〈의용제인비〉 비문은 다음과 같다.

열에 여덟아홉은 돼지나 올빼미 돼

옛 사람이 말하기를 "세상이 잘 다스려지면 공(公)도 되고 경(卿)도 되지만 세상이 어지러우면 뱀이나 돼지 경(獍)이나 올빼미처럼 되는 자가 열에 여덟아홉이다"라고 하였다.

임진년 섬나라 오랑캐의 난리에 동래부가 처음 적의 예봉을 받아서 부(府)와 진(鎭)이 차례로 함락되었으니 절의(節義)로 순절(殉節)한 사람들은 역사책에 실려져 있어 해나 별처럼 뚜렷하다.

오직 이곳 수영의 장수는 싸움터에서 죽지 않았으니 적병의 협박에 따라 그 명령을 듣고 오랑캐 옷을 입고 오랑캐 말을 하게 된 것도 괴상할 것이 없다.

그러나 이러한 사람들 중에 충성을 떨쳐서 죽었더라도 잊혀져 전해지지 않으니 참으로 안타까운 일이다.

난리가 끝난 지 17년 뒤에 동악(東岳) 이안눌 공이 부사로 와서 백성들의 탄원서에 따라 25인의 행적과 7년 동안 육지와 바다에서의 전투 행적을 탐문하고 의용 두 글자를 여러 집의 대문에 걸게 하며 〈정방록〉에 먼저 기록하였다.

이때는 살아남은 사람이 몇 사람 있었으니 반드시 상세하게 조사했을 것이다(〈내영지〉 기록과 차이가 있다). 그 뒤 오한원 공이 부역을 면제해 줌으로써 포상하고 글을 지어 표창하였다.

무릇 충의라는 것은 사람이 천지로부터 다 함께 받은 것이다.

그러나 이 25명은 먼 변방의 군교(軍校)로서 죽음으로 나라에 보답할 것을 맹세하였고, 장수가 퇴진하여 버린 것을 분개하면서도 몸을 돌보지 않고 비분강개하여 종군하고, 금석과 같이 굳센 마음으로 처음부터 끝까지 적과 싸워 적의 칼날 아래 죽기도 하고 길에서 새 장수를 맞아들이기도 하였으니, 그 공로는 쌓이고 드러났으며 의기와 충렬은 늠름하였다.

거센 바람이 불어야 굳센 풀을 알아볼 수 있다는 것은 이것을 일컫는 말이다.

지난해 봄에 능력도 없는 내가 이 진영을 맡게 되자 먼저 충신과 효자를 방문하다 처음으로 〈정방록〉을 보고 의용 여러 사람이 있었음을 알고 마음속으로 놀라며 "두 분이 충의와 용맹을 포상한 것에는 더 이상의 유감이 없지만, 두 분이 남긴 뜻에는 오늘을 기다린 것이 있는 것 같다. 그렇다면 그 책임을 맡을 자가 내가 아닐까"라고 했다.

이에 땅을 골라 단을 쌓고 비석을 세워 이름을 새기고 재실(齋室)을 만들어 봄가을로 제사 지내게 하였다.

아! 수영은 나라의 목에 해당되는 남쪽 요새이고 경상좌도의 요충지이다. 단을 쌓아 제사 지내고 비석을 세워 기록하는 것은 숨겨진 것을 드러내어 뒷사람에게 권장하기 위한 것이니 어찌 다만 보기만 하고 입을 다물고 있겠는가?

경비는 돕는 사람이 많아서 백성들을 소란하게 하지 않았으며 제사에도 관가에 폐를 끼치지 않았다. 제단의 돌에 글을 새겨 교화시키는 비석을 세우고 여기에 시를 덧붙인다. 시를 지어 말한다.

의용의 단을 쌓고
스물다섯의 비석을 세운다.
장산(萇山)의 양지이고
영해(英海)의 물가로다
〈충렬지〉를 본받아
〈정방록〉을 지었으니
동악 이 공을 사모하고
부사 오 공에게 감사드리네.
비로소 제수를 올리니
꿋꿋한 혼백 의지하리라.
높은 산 깊은 물처럼
영원토록 변함없으리.

숭정기원후 네 번째 계축년(철종 4, 1853년) 4월 일
절도사 옥산(玉山) 장인식은 비문을 짓고
통정대부 전(前) 승지 완산(完山) 이형하는 전액(篆額)을 하고
감동관(監董官)은 첨정 백채현이 맡았다.

古人云 理平則為公為卿 世變則為蛇為豕為獍為梟者 十常八九焉 昔在宣廟 當龍蛇島夷之亂

東萊首受賊鋒 府鎮次苐陷没 殉節死義者 備載史乘 昭若日星 惟此水營將 不死扵鼓 故脅從假命

服斑爛 而言休離者 良無足怔 雖有若爾人 奮忠殺賊 泯而無傳 是甚慨惜 亂後
十七年 東岳李公知府事 因士民狀 採訪二十五人七年水陸戰陣之蹟 以義勇二字
扁插諸家門首 錄以旌榜 時有餘生幾人 而必得其詳 厥後 吳公翰源伯于府 蠲役
而賞 撰文而褒 盖忠義者 人心之同得乎天也 然此廿五人 以遐陬校列誓死報 國
憤恨帥臣之退陣 奮不顧身 慷慨從軍一心金石 終始討賊 或殉身於鋒鏑之下 或迎
新帥扵中道功勞積著 義烈凜然 疾風知勁艸者 此之謂也 上年春 余以匪材 叩居
是梱先訪 忠孝始見旌榜錄 知有義勇諸人 瞿然扵心曰 二公之褒義旌勇 宣無餘
憾 而二公遺意 若有待扵今日 則任其責者 豈非余歟 乃擇地築壇 竪碑勒名 因構
齋舍 以春秋祀之 噫 此營 南徼咽喉 嶺左要衝之地也 壇而祭 碑而記者 欲闡幽而
勸後則奚翅觀瞻咸聳而已 經費則勸助者多 故役不擾民 祭不弊官矣 咸願刻壇石
以樹風聲 而繫以詩 乃作詩曰 築義勇壇 立廿五碑 萇山之陽 英海之湄 擬忠烈誌
作旌榜錄 慕李東岳 感吳府伯 始薦芬苾 毅魄攸依 山高海深 永世無替
崇禎紀元後四癸丑四月 日節度使玉山張寅植述
通政大夫前承旨完山李亨夏篆 監董官僉正白采絢

〈의용제인비〉 비문의 오류 두 군데

그런데 〈의용제인비〉 비문에는 두 군데 오류가 있다. '난리가 끝난 지 17년 뒤에 동악 이안눌 공이 부사로 와서'라는 대목과 '〈충렬지〉를 본받아 〈정방록〉을 지었으니'라 는 대목이다. 비문을 쓴 장인식 수사의 착각이 가장 큰 이유겠지만 연대기나 사료가 잘 정리된 요즘과는 달리 당시는 자료가 부족했고 여러모로 어수선했을 것이다.

'난리가 끝난 지 17년 뒤'는 '난리가 시작한 지 17년 뒤' 내지는 '난리가 끝난 지 10년' 뒤로 고쳐 읽는 게 맞다. 난리는 1592년부터 1598년까지였고 이안눌은 1608년은 동래 부사로 왔다. '〈충렬지〉를 본받아 〈정방록〉을 지었으니'라는 대목은 순전히 착각이 다. 〈충렬지〉보다 〈정방록〉이 200년 먼저 나왔다.

이런 착각은 충분히 이유가 있었다. 〈충렬지〉에 나오는 순절 공신, 예컨대 송상현 동래부사, 정발 부산진첨사, 윤흥신 다대진첨사는 난리 첫날 둘째 날 순절했고 수영 25의용은 그보다 뒤에 순절했다. 그런데도 그런 착각이 가능했던 것은 〈충렬지〉 공신은 비문을 쓸 당시 이미 오래전부터 제향을 지냈고 〈정방록〉 공신은 그때부터 비로소 제향을 지냈으므로 순간적으로 〈정방록〉보다 〈충렬지〉가 앞섰다고 여길 수 있다.

〈충렬지〉는 언제 나왔을까. 1808년 나왔다. 〈정방록〉은 앞서 말했듯 이보다 200년 앞선 1609년 나왔다. 〈충렬지〉는 부산지역에서 임진왜란 때 순절한 충신들의 항전 내용을 기록한 고문서. 정식 명칭은 〈충렬사지(忠烈祠誌)〉다. 책 표지는 〈충렬사지〉로 표기했고 '아아, 임진년의 원수는 잊을 수 없도다'로 시작하는 서문은 〈충렬지〉로 표기했다. 한문은 '오호 임진지수 불가념야(嗚呼 壬辰之讐 不可念也)'다. 〈충렬사지〉 '지'는 지(誌)로도 쓰고 지(志)로도 쓴다.

수영 25의용을 기록한 〈정방록〉이
〈충렬지〉보다 먼저 나왔는데도
비문에는 뒤에 나온 거로 새겨져 있다.
비문에 새긴 글자를 고칠 수는 없다
하더라도 알고는 있어야 한다.

지역의 큰 어른, 큰 정신 '최한복 선생'

최한복 선생의 〈수영유사〉도 두고두고 기억하고 기념해야 할 지역의 소중한 자산이다. 최한복 선생은 고향 수영에서 40년 동안 초등학교 교사로서 2세 교육에 애썼으며 수영야류의 발굴과 보존, 수영지역 향토사 발굴 등에 심혈을 기울였다. 그 결정판이 〈수영유사〉다.

최한복 선생은 살아생전 지역의 큰 어른이었고 돌아가시고 나서도 지역의 큰 정신이었다. 1977년 6월 선친을 비롯한 수영 유지들이 동개발위원회를 창립하면서 최한복 선생을 기리는 행사를 가졌고 2004년 11월에는 토향회가 수영사적공원에 '최한복 선생 수영팔경 가사비'를 세웠다. 사단법인 수영고적민속예술보존협회는 홈페이지에 별도의 장을 두고 선생을 기린다.

1895년 수영에서 태어난 최한복 선생은 젊은 시절을 일제 치하에서 보냈다. 수영의 반골정신과 일제강점기라는 시대적 상황에 맞물려 선생 역시 항일 애국지사의 길을 걸었다. 서울 보성학교를 졸업한 뒤 고향으로 내려와 평생 고향에서 살았다. '배워야 이긴다'며 공민학교를 세워 아이에게 한민족의 역사와 정신을 가르쳤고 왜경의 감시를 피해 수영의 역사를 썼다. 선생이 수영야류를 발굴해 기록으로 남기고 수영의 역사를 재조명해 기록으로 남겼던 것도 그 뿌리는 항일과 극일의 정신이다.

수영사적공원 최한복 선생 수영팔경 가사비(歌辭碑)
수영의 향토사학자이자 교육자인 최한복 선생의 저서 〈수영유사〉에 수영팔경이 실렸다. ⓒ이인미

수영구청에서 〈수영유사〉 재발간해야

그러기에 선생은 〈수영유사〉를 집필하면서 수영 25의용을 비중 있게 언급했다. 선생의 정신과 25의용의 정신이 다르지 않았기 때문이다. 선생이 어려운 환경에서 집필했던 〈수영유사〉는 현재 구하기가 어렵다. 몇몇 분이 복사본을 보관하는 정도. 현대판 〈수영유사〉를 발간해서 널리 퍼뜨렸으면 좋겠다. 구청이나 관련기관의 적극적이고 긍정적인 후속작업을 기대한다.

〈수영유사〉에 나오는 25의용 대목을 인용한다. 제3장 중고사(中古史)에 실렸다. 중고사는 조선 초엽부터 임진왜란까지 다뤘다. 인용 대목이 좀 길긴 하지만 한 글자 한 글자 꾹꾹 눌러썼을 최한복 선생을 생각하면 긴 것도 아니다. 선생이 글을 쓸 때의 각오랄지 기분을 느끼고 싶어 원문 그대로 옮긴다. 한자 역시 한글 토를 달지 않고 그대로 둔다.

當時 水使 朴泓은 孤軍片城으로 20萬 大軍을 當할 수 없으니 晋州와 合勢票敵次로 棄城而去라는 說이 有傳이나 一重地의 城主責任으로서 城을 棄하고 獨居함은 不忠無道한 亡命敗走라 아니할 수 없도다. 噫라. 其 時 水營은 主將을 잃은 陣이요 無將之卒이요, 秩序의 紊亂함은 勿論이요, 或聚或散하야 或有主戰論者이며, 或有 非戰論者하야 意見이 百出하고 民心이 分散이라. 此時賊 等의 民財와 家畜을 爭取하며 老娟과 婦女에게 無禮한 蠻行을 目見하고 25人의 義士가 奮然히 義旗를 揚하고 先頭에 登하여 誓言日 主戰者는 存하고 非戰者는 亡하리로다. 國之存亡이 朝夕에 任케늘 엇찌 生을 求하여 山野로 遊하리오. 但, 一死로서 報國을 盟誓하니 美哉면 壯哉라. 責任이 重한 一城主의 死節보담 義士들의 이 一死報國이야말로 後世에 우리 겨레로 하여금 心腸을 鼓動케 하리로다. 碑文에 記함과 如히 不顧自身하고 慷慨從軍이 一心이 金石이라하고 7年間 水陸戰陣之蹟이 忠勇義 3字라 한 것을 볼지어다. 水營山 東, 西, 北, 後山麓에 壇을 築하고 此 25義士의 碑를 立하여 忠勇堂이라 命하고 春秋로 祭祀하니 最初는 本營門에서 水使가 主祭하다가 罷營 後에 面에서 面長이 主祭하였고 일인 面長이 赴任 時로부터는 水營耆老會에서 主祭하여 今日에 至하니 每年 春3月, 秋9月 末丁日이 罷祭日로 固定되어 있다.

釜山 鄭公壇과 東萊 宋公壇은 壬辰 卽後에 國家에서 調査하여 築壇立碑하고 그

忠節을 褒賞케 하여 春秋로 香火를 不絶케 하였으니 水營만은 官尊民卑의 因習과 主張의 不死逃走로 不問에 放置되어 25忠魂의 草野에 含罷케 된 것을 戰後 17年에 東岳 李公知府事가 甚히 慨惜케 생각하야 그 血忠報國의 實을 國家에 報生褒賞케 하였고 厥儉 吳公翰源伯이 詳細調査 深記하였고 그 後 節度使 張寅植과 承旨 完山 李亨夏의 論功狀啓로서 築壇立碑하고 春秋로 祭祀케 되었으니 天道가 無心치 아니하도다. 迷者 漢文에 精通치 못하나 祭文과 碑文의 眞意를 後進이 未解한가 或 渾然히 思하여 次에 原文을 寫하고 그 文意를 略解하여 以後 參考에 資할까 하니 恕할지어다.(이후 제문과 <의용제인비> 비문 열거)

1592년 민락동에서 본 광안리 일대
저 멀리 보이는 하얀 백사장은 수영팔경 제4경 '남양낙애(南陽落雁)'에 나오는 '월백사백 여역백(月白沙白汝亦白)'을 연상시킨다. / 부경근대사료연구소 소장

조선의 역사 곳곳에 기록된 '박홍의 행적'

〈수영유사〉 25의용 대목은 이야깃거리가 넘친다. 하나하나 풀어서 보면 대학노트 한 권으로도 모자란다. 구청이나 관련기관에서 현대판 〈수영유사〉를 펴내게 된다면 단순히 복사하거나 요즘 말로 번역하는 게 아니라 이야기 하나하나에 담긴 비하인드 스토리를 찾아내고 행간 하나하나에 담긴 의미를 찾아내는 작업이 되길 바란다.

우선 '당시 수사 박홍'에 대한 언급이다. 박홍이 나오는 첫 문장을 지금 말로 번역하면 '왜적이 무서워서 이 핑계 저 핑계 대며 성을 버리고 줄행랑쳤다'는 이야기다. 성을 지켜야 하는 군인으로선, 특히 최고 높은 군인인 장수로선 있을 수 없는 일이었다. 죽음으로 맞선 송상현 동래부사와 정발 부산진첨사, 윤흥신 다대진첨사와 극명하게 대비됨으로써 더욱 공분을 샀다.

얼마나 분했던지 '박홍의 도주'는 조선의 역사 곳곳에 기록된다. 임금의 기록인 〈조선왕조실록〉도 기록하고 임진왜란 당시 '일인지하 만인지상'의 최고위직인 영의정에 있던 유성룡의 〈징비록〉도 기록한다. 왕조실록에는 두 번이나 기록하는데 임진왜란이 일어난 그해 1592년 6월 28일 〈선조실록〉과 날짜는 앞서지만 뒤에 수정한 1592년 4월 14일자 〈선조수정실록〉이다.

〈선조실록〉에는 '불발일실 수선기성(不發一失 首先棄城)'으로 나온다. 해당 대목이다. '좌수사 박홍은 화살 한 개도 쏘지 않고 먼저 성을 버렸고, 좌병사 이각도 뒤이어 동래로 도망쳤으며, 우병사 조대곤은 연로하고 겁이 많아 시종 물러나 움츠렸고, 우수사 원균은 군영을 불태우고 바다로 나가 배 한 척만 보전하였습니다. 한 도(道)의 주장(主將)인 병사와 수사가 이 모양이었으니 그 휘하의 장졸들이 어찌 도망하거나 흩어지지 않겠습니까?'

〈선조수정실록〉 역시 비슷하다. '경상좌수사 박홍은 (왜적이 쳐들어오자) 바로 성을 버리고 달아났다'고 기록한다. 성을 버리고 달아난 박홍은 '국민 밉상'으로 낙인찍혔지만 이후 처신은 돋보였다. 그 덕분에 멸문지화는 면할 수 있었다. 임진강 전투에 참여했고 파주 전투에도 참여했다. 선조가 후퇴해서 머물던 평양에 합류한 뒤 '영토를 지켜야 할 신하로서 책임을 회피하고 군율을 위반했다'는 죄목으로 탄핵을 받았다. 그러나 때가 전시이고 또 후퇴하던 과정에 종군한 것을 감안해 처벌은 면했다.

1593년 1월에 평양이 수복되자 파주까지 종군하였다. 그러나 지병이 재발해 치료를
위해 귀향하던 중 1593년 사망하였다. 병조참판에 추증되었다.

부산진구 양정동 송상현광장에 있는 동래부사 송상현 동상
1592년 임진왜란이 일어나자 송 부사는 왜적에 맞서 동래성민과 함께 결사 항전했다.

불감출병 기성도

'경상좌수사 박홍은 왜적의 형세가 대단한 것을 보고는 감히 군사를 내어 싸우지도 못하고 성을 버리고 도망하였다.' 〈징비록〉에 나오는 박홍 기록이다. 한문 원본은 〈좌수사박홍 견적세대 불감출병 기성도(左水使朴泓 見敵勢大 不敢出兵 棄城逃)〉다. 전쟁이 나자 해군 사령관이 군부대를 버리고 달아났다는 이야기다.

박홍이 달아나자 경상좌수에 주둔 조선군은 저절로 무너졌다. 왜군은 아무런 저항을 받지 않고 수영을 점령했다. 전쟁이 끝날 때까지 7년 내내 수영은 일본군 주둔지로 전락했다. 하지만 〈의용제인비〉 비문대로 '적들의 위협에 굴복하여(脅從假命) 왜복을 입고(服班爛) 오랑캐 소리로 말하는 자(言侏離者)'가 되지는 않았다.

이 지점이 수영 25의용 발화점이었다. '사신(師臣, 병사와 수사)들이 도망치는 것을 보고 분개하고 한탄한' 25명의 의인이 뭉쳤다. 25의용은 '자신을 돌보지 않고 의연히 종군하여 금석 같은 초지일관으로 처음부터 끝까지 적을 공격하고, 또는 적의 칼날 아래 목숨을 잃고, 때로는 새로 임명된 장수를 영접하기도 하여 공로가 뚜렷하고 늠름하였다.'

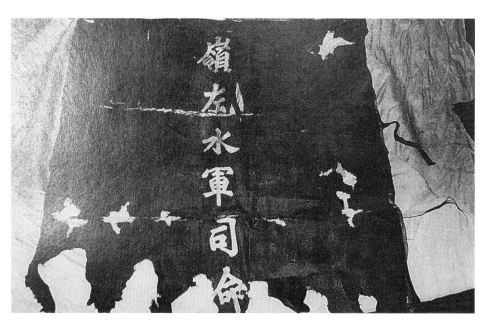

경상좌수영 깃발 가운데 하나인 좌수군 깃발
찢어진 깃발에서 자신을 돌보지 않고 의연히 종군하여 초개처럼 산화했던 수영성민의 운명이 엿보이는 듯하다.

〈징비록〉의 단 한 줄, 칼날처럼 섬뜩해

〈징비록(懲毖錄)〉은 유성룡이 지은 임진왜란 기록서. '징비'는 중국 사서삼경 〈서경〉의 '스스로를 미리 징계해서 후환을 경계한다'는 '여기징이비후환(予其懲而毖後患)'에서 따왔다. 7년 혹독한 왜란을 치르고 저술했기에 다시는 불행한 역사를 되풀이하지 않으리란 뜨거운 다짐 같은 게 담겼다. KBS 1TV는 50부작 대하드라마 〈징비록〉을 2015년 방영한 바 있다.

〈징비록〉은 방대하다. 모두 16권 7책에 이른다. 왜란 7년 전쟁 동안 보고 들은 일은 얼마나 많았을 것이며 해야 할 말, 하고 싶은 말은 또 얼마나 많았을 것인가. 하지만 수군이 주둔하던 수영에 관한 기록은 매우 짧다. 앞에 언급한 한문 16자가 다다. 그런데도 섬뜩하다. 목덜미를 스치는 칼날의 시퍼런 검기(劍氣)가 느껴질 정도다. 성을 버리고, 백성을 버리고 달아난 당대의 분노를 느낄 수 있다.

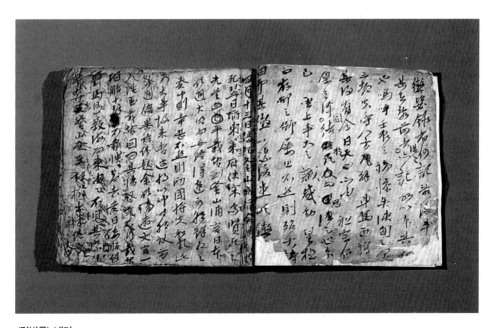

〈징비록〉 내지
유성룡이 임진왜란의 전 과정을 기록한 책이다. 모두 16권 7책에 이르는 방대한 기록으로 '스스로 미리 징계하여 후환을 경계한다'는 뜻을 담는다. ⓒ 문화재청

수영 25의용제인의 약사 略史

이러한 분노는 사단법인 수영 의용충혼숭모회가 작성한 〈수영 25의용제인의 약사(略史)〉에서도 감지된다. 뒤에 설명하겠지만 수영 의용충혼숭모회는 수영 25의용을 기리려는 목적으로 1988년 창립한 사단법인이다. 초대 이사장이 선친이었다. 〈수영 25의용제인의 약사〉는 경상좌수사 박홍이 도주한 대목과 그로 인해 흉흉했던 민심을 다음과 같이 전한다.

조선 14대 선조 25년(서기 1592) 임진왜란 당시 수영수사 박홍은 장비 부족의 작은 성에다 적은 수의 병력으로 대군을 당할 수 없으니 진주와 합세하여 적을 막겠다고 핑계하고 임지인 수영성을 저버리고 혼자 떠남은 불충무도한 망국도주라 아니할 수 없습니다. 슬픈 일이었습니다.

그때 수영은 주장을 잃은 진이 되었고 장수 없는 졸사라 내부의 질서가 문란함은 물론 혹은 모이고 혹은 흩어지며 혹은 싸워야 된다고 논하는 자도 혹은 싸워보았자 감당할 수 없으니 진을 버리고 도주하자는 등 의견이 백출했습니다. 그리고 민심이 분산하여 불안함을 금하지 못하였습니다.

사단법인 수영 의용충혼숭모회 취지문 표지(1988년)
숭모회는 수영 25의용을 기리려는 목적으로 1988년 창립했다.
초대 이사장이 저자의 선친이었다.

시대에 따라 바뀐 의용단 향사의 주체

앞서 인용한 최한복 선생의 〈수영유사〉에 나오는 '水營山 東, 西, 北, 後山麓에 壇을 築하고 此 25義士의 碑를 立하여 忠勇堂이라 命하고 春秋로 祭祀하니 最初는 本營 門에서 水使가 主祭하다가 罷營 後에 面에서 面長이 主祭하였고 일인 面長이 赴任 時로부터는 水營耆老會에서 主祭'도 시사하는 바가 적지 않다.

이 대목의 골자는 25의용 향사의 주체다. 이 대목을 통해 향사 주재자가 여러 번 바뀌었음을 알 수 있다. 수영사적공원이 들어선 수영산 동, 서, 북과 뒤쪽 기슭에 제단을 쌓은 이후 군제개혁으로 좌수영이 없어질 때까지는 좌수사가 제주(祭主)였다. 좌수영이 없어지면서는 면장이, 일제강점기에는 수영의 어른과 유지가 주축이 된 수영기로회(水營耆老會)에서 맡았다.

저자의 선친은 25의용단의 1994년 가을 향사 초헌관을 맡았다.
초헌관은 나라의 제사에 첫 번째 술잔을 올리는 막중한 자리였다.
주로 도지사나 시장이 맡았다.

義勇祠

제317회 25의용 추계 향사제

수영기로회는 일제강점기 초기인 1916년 결성했다. 수영 일대에 거주하던 51세 이상 원로들이 미풍 함양 등을 목적으로 결성했다. 회원은 수영에 몇 대에 걸쳐 살던 토박이로서 지역의 자치조직을 이끌었던 집안의 후손들이었다. 지역사회 유력 가문 내지는 여론을 이끌던 주도세력의 후손이라서 25의용단 향사를 폐할 수 없다는 사명감이 크게 작용했다. 이 무렵 기로회 건물 등기부에 등재된 이는 모두 34인. 이들이 기로회 창립회원이지 싶다. 34인 중에는 내 조부이신 김봉희도 있다. 등기부에는 김현봉으로 돼 있다.

향사는 대단히 엄숙하게 진행했다. 제관(祭官)만 무려 4명이었다. 분향과 첫 잔을 올리는 초헌관, 두 번째 잔을 올리는 아헌관, 세 번째 잔을 올리는 종헌관, 그리고 배위(拜位)에 잔을 올리는 분헌관이었다. 선친은 지역에 기여한 공덕을 인정받아 1994년 무술년 가을에 초헌관으로 참례했고 나는 2003년 계미년 봄에 아헌관으로 참례한 바 있다. 집안의 영예라 생각하며 지금도 뿌듯하게 생각한다. 수영 25의용단 홀기를 부록으로 싣는다. 제례나 혼례 때 의식의 절차를 담은 글을 홀기(笏記)라 한다. 일반인도 알아두면 유익하다.

저자는 25의용단 2003년 봄 향사에 아헌관으로 참례했다.
아헌관은 초헌관 다음의 중책이다.

좌수영 파영 이후 남상면장이 향사 맡아

좌수영이 파영(罷營)한 것은 1894년 갑오경장, 1895년 을미개혁에 의해서였다. 군국기무처가 설치되면서 수군이 해산하고 수군영은 파영했다. 이로써 경상좌수영 예산에서 지불하던 향수비(享需費, 제사비용)가 중단되고 의용제인의 본손(本孫)들이 400민동(緡銅, 옛날 엽전)을 구취(鳩聚, 푼푼이 모아 한데 합침)하고 그 이자로 향사를 봉행했다. 그러다 장기적인 안목으로 면역소(面役所, 면사무소, 현 구청)에 향사를 맡겼다. 그때부터 남상면장이 향사를 주재했다.

남상면(南上面)은 뭘까. 조선은 동래를 중심으로 동서남북에 각각 동면과 서면, 남면, 북면을 두었다. 그러다 부산이 커지면서 각각의 면을 나누었다. 각각의 면을 상하로 나눠 동면은 동상면과 동하면, 서면은 서상면과 서하면, 남면은 남상면과 남하면으로 분면했다. 북면은 한 개 면 그대로 존치했다.

〈경상남도 동래군 가호안(家戶案)〉. 1904년 발간한 동래군 백서다. 여기에 분면한 각 면의 동별 가구 수가 실렸다. 지금 쓰는 지명이 보이기도 하고 없어진 지명도 보인다. 가구 수는 그야말로 상전벽해다. 너른 들판에 집 몇 채 드문드문 들어선 풍경이다. 그때 몇 천 평, 몇 만 평 사뒀으면 지금 큰 부자 됐겠단 생각이 저절로 든다. 지금의 수영구에 해당하는 남상면 각 동과 가구 수는 다음과 같다.

구락동 29호, 북외동 23호, 남외동 31호, 서3동 37호, 서2동 38호, 서1동 28호, 동3동 14호, 동2동 33호, 동1동 31호, 감포동 3호, 덕민동 22호, 평민동 18호, 호암동 16호, 남천동 23호.

참고로 남하면 각 동과 가구 수는 다음과 같다. 남하면은 남구에 해당한다. 대연리 10호, 용소동 13호, 지곡동 20호, 석포동 10호, 당곡동 9호, 용호동 56호, 용당동 23호, 감만동 30호, 조오동 5호, 중암동 11호.

일제강점기 향사는 기로회가 주재

일제강점기가 되면서 향사는 난관에 봉착한다. 일제의 방해공작이 줄기찼다. 감시의 눈을 피해 야밤중에 향사를 지내기도 했지만 1928년 결국 손을 놓고 만다. 향사를 주재하던 일본인 남상면장이 '공사 분망(公私奔忙)타'는 구실로 기피하면서 향사를 중단할 지경에 이른다.

이에 25의용의 본손들은 밭 6두지(斗地, 밭 6두지는 900평)를 염출하여 기존 논 10두지(논 10두지는 500평)와 함께 위토전답(位土田畓, 제사봉행 등에 소요될 식량과 그 비용의 조달 등을 위한 논밭)을 마련한다. 이때부터 남면기로회(현재 수영기로회)가 전담하여 영구히 제단의 수호와 향사를 주재하기로 합의하고 몇 가지를 의결하였다. 결의사항은 다음과 같았다.

 -. 의용단 춘추향사는 남면기로회에서 담당 봉행할 사(事).
 -. 유래단(由來壇) 소유 전(田) 10두지(500평) 및 금번 매수한 답(畓) 6두지(900평)의 소유권 증서는 본손이 보관한다.
 -. 전 10두지는 본단(本壇) 수호인의 보수로써 경작케 한다.
 -. 답 6두지는 본단 수호인에게 소작케 하여 상당한 정세(定稅)를 받아 시판하여 매년 향사에 필요한 비용에 충당할 사.
 -. 매년 향수여금(享需餘金)은 기로회에서 특별 처리할 사.
 -. 본단과 제당이 허물어지면 향사봉행 여금(餘金)으로써 보수한다.
 -. 만약 흉년일 때는 향사여금 비축금으로써 충당할 사.
 무진(戊辰, 1928) 9월 21일

일시 아래엔 작성자가 서명하고 날인했다. 모두 4명으로 다음과 같다.
동래군 남면 기로회 대표 백여순,
밀양군 산외면 남근리 본손 김복래,
부산부 남부민정 본손 이형우,
양산군 하서면 수포리 본손 최황진.

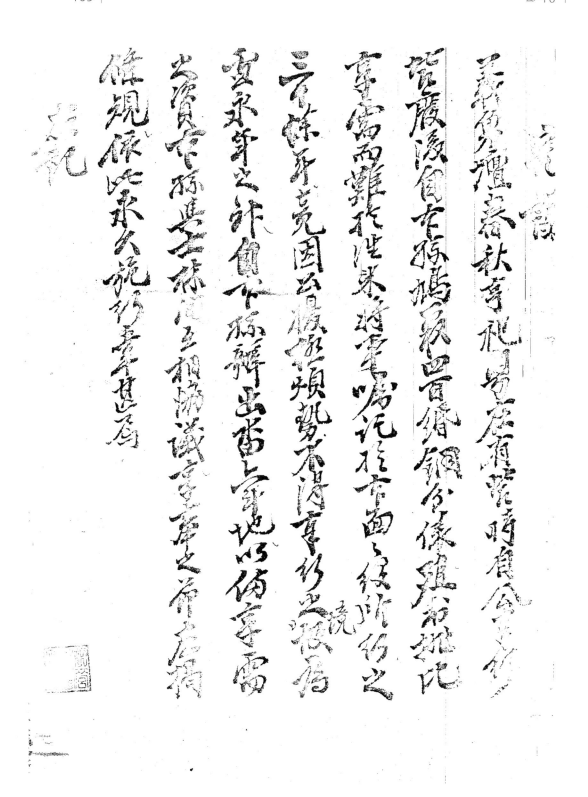

완의(完議) 1

일제의 농간으로 25의용 향사가 중단할 지경에 이르게 되자 25의용 본손(本孫)과 남면기로회(현재의 수영기로회)가 합심하여 향사를 주재하기로 하고 결의한 1928년 9월 21일 완의 문서. '완의'는 완전히 합의했다는 뜻이다.

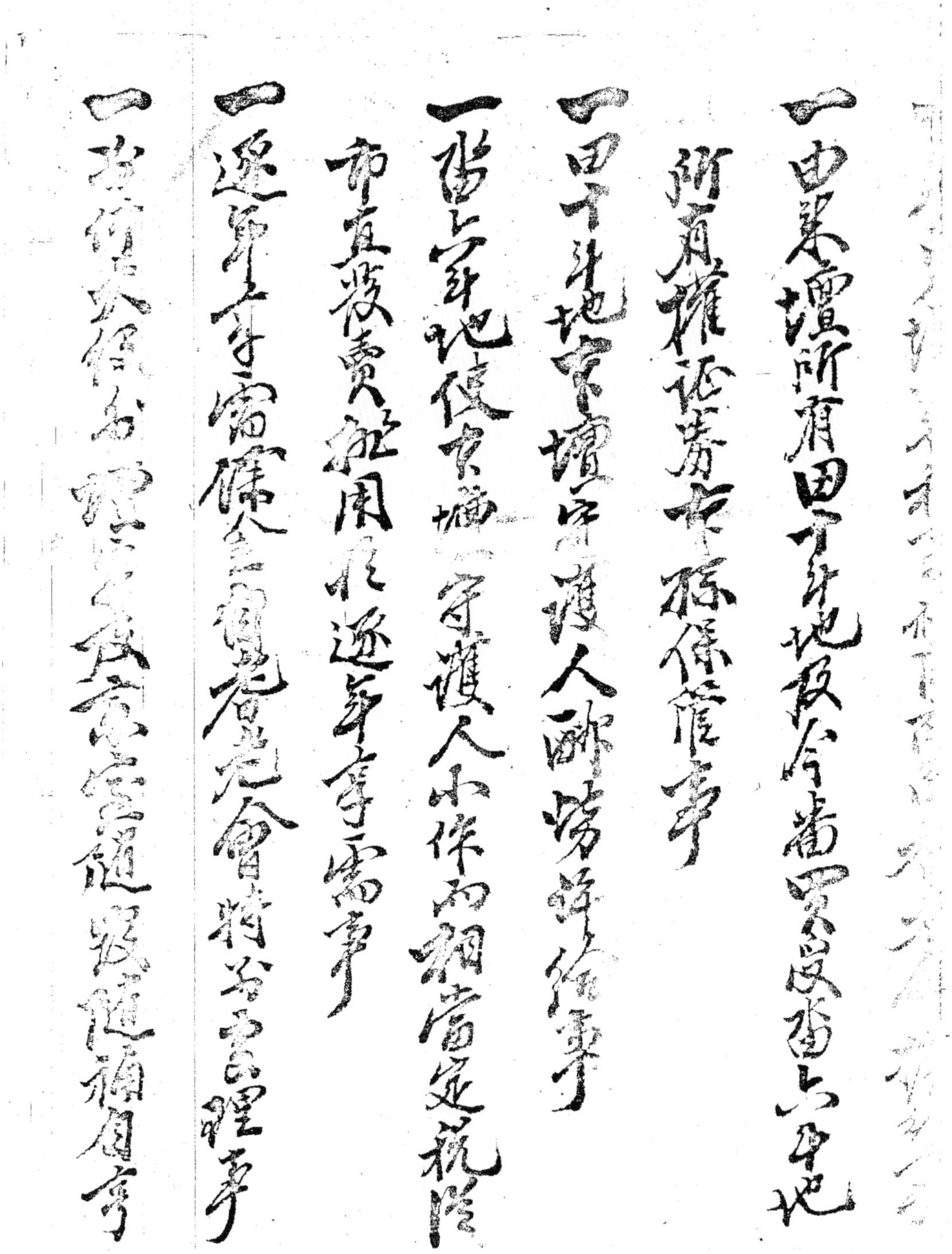

一 由祭壇所有田畓土地及今番買得及畓土地
所有權証券子孫保管事

一 田畓土地及壇宇護人所掌解恨事

一 番土地呢俊京壇守護人不作四相當定税賭

一 壇上年年呢俊京壇買賣永遠不得相用事逐年享需事

一 逐年享需需儀一切會計為需理事

一 □□需火保公□□□□随□□随稱用事

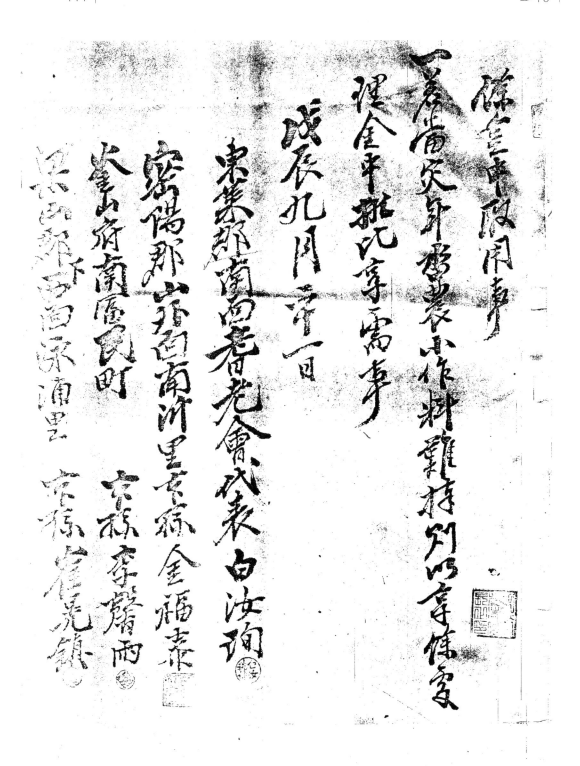

戊辰九月二十一日

東萊郡南面耆老會代表　白汝珣

密陽郡府南泗里里長森　金福泰

釜山府南濱民町　森李瓚雨

梁山郡下西面深浦里　森崔先祿

나도 모르는 인연의 끈 '3인의 김종수'

1928년부터 25의용 향사를 주재한 남면기로회, 지금의 수영기로회는 1916년 설립했다. 토박이 원로들의 친목단체였다. 동래기영회, 해운대기로회 등과 부산을 대표하는 기로회 중의 하나였다. 창립 유공자는 김봉갑, 이순우, 김한수, 박진화 4인이었다. 이들이 음으로 양으로 힘을 보태면서 수영기로회는 출범할 수 있었다. 기로회 총무를 맡았던 김한수는 다른 김종수였다. 내 이름과 같다. 그는 기로회 재무 확보에 기여했다. 그리고 보면 25의용에도 김종수가 있다. 나도 모르는 어떤 인연의 끈끈한 동아줄이 나를 여기까지 오게 한 것 같다.

김봉갑은 수영성 안에 면사무소가 있는 남면의 면장이었다. 지금으로 치면 수영구 구청장쯤 된다. 일을 잘해 전국 단위 우수면장 표창까지 받았다. 면장으로 부임해 기로회를 설립했다. 병진(1916) 5월 수영성 동문을 헐면서 나온 석재를 공매해 80원으로 기로회 자금으로 썼다. 이 돈으로 모옥(茅屋, 초가집) 한 동을 설치해 노인의 휴식장소(耆老休息之所)로 썼다. 계속해서 기부금이 답지해 161명, 738원이 모였다. 이러한 사실은 대정 8년(1919) 5월 제작하고 박진화가 서문을 쓴 수영기로회 현판에 적시돼 있다. 1916년 모옥은 임시 건물로 썼지 싶다.

정식 사무실은 대정 11년(1922) 이후 들어섰다. 1월 23일 이순우와 김봉갑 명의로 동래군 남면 남수리 141번지 대지 150평을 사서 기로회 건물을 지었다. 남면 남수리는 현 수영구 수영동이다. 이후 이 대지와 부동산은 상속과 지분 이전 등을 통해 1942년부터 김장표, 양인영, 김종수, 백기영 등 34명의 공동 명의로 소유했다. 수영기로회는 일제의 감시를 피해 밤에 의용제인 향사를 지냈다.

1916년 기로회 창립 입회금 '1원'
그때 돈 1원은 쌀 140가마니

수영기로회는 창립 3년 후인 1919년 기로회 규칙을 정했다. 규칙에는 기로회 설립의 간략한 경위를 설명한 서문과 회(會)의 운영 전반에 필요한 사항을 규정했다. 이후 기로회 규칙은 정관, 회칙 등의 이름으로 바뀌었다. 규칙은 살아 움직이는 생명체였다. 기존 조목이 불합리하거나 필요하지 않으면 총회나 임시회의를 소집하여 수정하거나 삭제했고 추가했다.

1922년 작성한 용산사규칙, 1936년 매답규칙도 수영기로회와 관련한 규정 또는 공지 사항이었다. 현재 회칙은 1994년 개정했다. 창립 당시의 입회금은 1원이었으며 설립 목적은 경로존현(敬老尊賢)하여 미풍을 함양하며 면내 청년의 지도였다. 요컨대 기성세대와 신진세대의 가교였다.

당시 1원의 가치는 어느 정도였을까. 통계청 자료에 상세하게 나온다. 통계청이 제시하는 도표를 보면 1916년 쌀 한 가마니(80kg) 가격은 0.007원. 1원으로 쌀 140가마니를 샀다는 이야기다. 2020년 현재 80kg 쌀 한 가마니가 21만 5천 원 수준이니 1916년 1원은 현재 3천만 원이 넘는 돈이다. 물론 단순한 수치 계산으로 그렇단 이야기고 여러 변수를 감안하면 실제로 그렇다고 단정하긴 어렵다. 그렇다 해도 1916년 그때 돈 1원은 대단히 큰 액수였음이 분명하다.

1919년 작성한 기로회 규칙, 1922년 작성한 용산사 규칙, 1936년 매답규칙은 어떤 내용이었을까. 경성대 사학과 강대민 명예교수의 논문 〈동래부 남촌면 고문서 해제〉에 개요가 실렸다. 강대민 교수가 논문을 쓴 동기는 1994년 4월 개편한 수영기로회 회장단에서 그해 8월 부산시립박물관에 기증한 기로회 고문서였다.

기로회가 기증한 고문서 목록은 다음과 같다. 남촌동안(1854년) 남촌동안(1678년) 선생안(1900년) 선생안-남상면부안개정기(1900년) 매답실기(1936년) 기로회규칙(1919년) 기로회 정관(1973, 1978년) 동중완의 절목(무신년) 대동중신정절목책자(을묘년) 대동중신정절목잡록(병자년) 완문 감제종식법(을유년) 유제도도신윤음(건륭 57년, 1792년) 유중외대소윤음(건륭 47년, 1782년) 기로회연방안 민보집설 어제고금연대 귀감.

고문서를 열람한 강 교수는 이들 자료가 조선 후기 향촌사회 경제사뿐만 아니라 열악한 부산 지역사 연구에 중요한 자료라고 판단해 논문을 썼다. 논문 중에서 기로회 규칙, 용산사 규칙, 매답규칙 해제 부분과 1978년 정관을 인용한다. 인용 후에는 그 외 기증 자료를 개괄적으로 소개한다.

기로회 규칙(1919년, 22면)

본 문건은 기로회 설립의 간략한 경위를 설명한 서문과 회(會)의 운영 전반에 필요한 사항을 규정한 규칙 등 2부분으로 기술되어 있다. 본 문건은 서문 말미에 '대정 8년 5월 일 밀양후(后) 박진화 근서(謹序)'라 표기되어 있는 것으로 보아 1919년 5일에 박진화가 기술한 것이다.

이에 의하면 동 회는 1916년 5월에 남촌면의 남아 있는 건물을 공매할 때 잉여금 80원을 계금(契金)의 자본으로 삼아 건물 1동을 매득(買得)하여 휴식지소(休息之所)로 삼았음을 알 수 있다. 계속해서 제현의 찬성(贊成) 기부금이 답지하여 768원이 확보되었으며 김봉갑, 이순만(이순우의 오기다), 김한수 등의 동지에 의해 이 회가 발전, 유지될 수 있었다는 요지다.

따라서 기로회는 1916년에 설립되었고 1919년에 박진화가 그동안의 과정을 동 문건의 서문에 기입한 것으로 보아야 할 것이다. 동 회의 규칙은 38조로 이루어져 있다. 이 중 1조에서 18조까지는 동일한 필체로 되어 있는 것으로 보아 서문을 찬(撰, 짓다)한 박진화가 기술한 것이고 그 이후의 조목은 때에 따라 총회나 임시총회를 소집하여 의결한 것을 추가로 기입하고, 기존의 조목도 불합리하거나 불필요하다고 판단되면 수정하거나 삭제하기도 하였다.

이렇게 해서 1960년까지의 의정(議定)된 조목을 기술하였다. 동 규칙의 주된 내용에는 회의 명칭·위치·목적·회원의 가입 연령, 임원의 수·임무·임기, 총회의 개최 시기, 입회금, 재산의 운영 방법, 지출내역, 회원의 상벌 등이 포함되어 있다. 이에 의하면 동 회의 정식 명칭은 동래군남면기로회이며 그 위치는 동래군 남면 남수리 130번지(등기부등본 상으론 남수리 141번지)이고 회원은 연령이 51세 이상이어야 함을 알 수 있다.

그리고 설립목적은 경로존현하여 미풍을 함양하며 면내의 청년을 지도하는 데 있으며, 창립시의 입회금은 1원인데 시대가 지남에 따라 그 시세에 따라 금액이 조정되고 있음도 알 수 있다.

용산사 규칙(龍山社規則, 1922년, 15면)

본 문건의 표제를 적은 첫 장은 없고 명주 천으로 포장해 두었다. 이 문건은 서문 · 규칙 · 좌목(座目, 자리의 차례를 적은 목록) 등 3부분으로 나누어져 있고 서문 끝에 '임술 9월 중양겸산 박진화 근서'라 명기돼 있다. 3부분의 필치가 동일한 것으로 보아 박진화가 임술년에 작성한 것이다.

임술년은 박진화가 '기로회규칙'을 1919년에 작성하고 '매답규칙'을 1936년에 기술한 것으로 짐작해 보면 1922년이 확실한 것 같다. 서문에 의하면 신유(1921) 봄에 첨의순동(僉議詢同, 여러 사람의 의견이 모두 같음) 용두산 산록, 즉 정과정에서 용산시사(詩社)를 결성하고 매년 춘삼월과 추구월 2번 이곳을 노래하며 시가를 읊는 장소로 삼았음을 알 수 있다. 그리고 규약을 준수할 것을 당부하고 있다.

따라서 동 문건의 제목은 '용산시사 규칙'이라고 붙여도 무방하리라고 본다. 그래서 필자가 편의상 임의대로 그렇게 붙였다. 서문 다음 장에는 10개 항의 규칙이 기술되어 있는데 주된 내용은 사장(社長, 일종의 회장) · 총무 · 재무 각 1인의 임무, 자금의 이식방법, 사원(회원)의 상시(喪時) 조의내용 및 방법, 사원의 가입 및 제명에 관한 것이다.

동 규칙은 임술년 당해년에 모두 기록한 것이 아니고 1928년, 1929년 총회의 공의(公議)에 따라 결정하여 추록하였다. 좌목에는 47명의 명단이 등재되어 있다. 명단 아래에는 호와 생년월일이 기재되어 있고 추참(追參)의 연도를 병기해 두었다. 이에 의하면 1939년까지 참록(參錄)한 인물들의 명단이 등재되어 있고 그 이후의 것은 기록이 없다. 여기에 나오는 인물들은 기로회의 명단을 모두 수록한 '기로회연방안'에도 나타나고 있다. 따라서 용산(시)사는 기로회의 회원 중 시가에 뜻이 있는 인물들에 의하여 조직된 단체라고 생각된다.

매답실기(買畓實記, 1936년, 7면)

표제는 '매답실기'로 되어 있으나 내제에 '병자 매답실기'로 표기되어 있고 끝 부분에 소화 11년 7월 겸산 박진화 근기(謹記)라 명기된 것으로 보아 동 문건은 1936년 박진화가 기술한 것이다. 동 문건에는 기로회의 총무로 착임(着任)한 김종수(찬성록에는 김한수)가 동회(同會)의 재정확보에 기여한 내용이 기술되어 있다. 즉, 기로회 소유의 노전(蘆田, 갈대밭) 한 곳이 면의 잡종지 평내에 편입되어 있었는데 면에서 이 땅 모두를 공매할 때 이것을 기로회에서 매득하였다.

이 대금 534원을 김종수 총무가 자기 돈으로 대체하고 이 매답을 다시 판다는 회원들의 합의에 의해 보증금 500원을 받았다가 취소하여 배상금 1,000원을 자기 돈으로 지불한 후 비싼 값으로 전매하니 잡비를 제하고도 1,170원이 남게 되고 이것으로 942평을 매답하였음을 알 수 있다.

이런 과정에서 김 총무는 자기 돈을 대체하여 그에 따른 이자의 손실이 있었음에도 전혀 개의치 않고 기로회의 재정 확보에 크게 기여했다는 사실을 회원에게 알리기 위한 목적에서 이 글은 작성되었다고 보여진다.

기로회연방안(耆老會聯芳案, 43면)

동 문건은 기로회가 설립될 때 참여한 명단부터 1979년까지 신참한 회원의 명단을 추록 형식으로 작성되어 있다. 요컨대 기로회 전 명부(全名簿)인 셈이다. 1979년 이후에도 신참한 회원이 있는데 이 명부에 등재하지 않았다고 기로회 측에서는 전하고 있다. 명부는 동별로 작성하고 추록하여 합철하였으며 명단 아래에는 생년월일이 기재되고 사망일이 확인되면 병기하였다. 그리고 1960년 이후의 추록은 이외에 주소 및 전화번호, 입회 연월일도 기재되어 있다. 이 기록은 당해년에 기록한 것이 아니고 최근에 일괄하여 기록한 것 같다.

동 문건에 등재된 명단을 분석해 보면 등재된 명단은 총 199명(남수리 99, 망미리 20, 광안리 35, 민락리 12, 남천리 4, 우리 7, 재송동 4, 중리 19, 외처 19)임을 알 수 있다. 현재 수영동에 해당하는 남수리가 전체의 45%를 상회하고 있다.

그리고 설립시에 참여한 인물은 총 90명(남수리 35, 망미리 4, 광안리 9, 민락리 12, 남천리 4, 우리 8, 재송동 4, 중리 10, 외처 4)인데 남수리가 전체의 약 38%를 차지한다.

부산시립박물관에 기증한
수영기로회 고문서 가운데 하나인
〈남촌동안(南村洞案)〉 표지.
/ 부산시립박물관 소장

또한 민락리, 남천리, 우리가 추록이 없고 망미리 1937년, 광안리 1933년, 중리 1952년, 외처 1944년에 각각 추록이 끝나고 있는데 반해 남수리는 1959년까지 계속 추록이 이어지고 있다.

이러한 사실을 감안해 보면 동 기로회는 남수리가 주축이 되었지만 폐쇄적인 단체는 아니었음을 알 수 있다. 즉 당시 남면의 7리 2동 중 좌리를 제외한 8개 지역 출신의 인물이 이 회에 참여하고 있으며 외지인이 16명이나 동참하고 있다.

특히 설립시에 참여한 4명 중 박주복은 영일군 두호리에 거주하고 있고 나머지 3명은 부산부내의 타처에 거주하고 있으며 그 후 추록된 인물 가운데는 양산군, 밀양군, 심지어 경성에 거주하는 인물도 기록되어 있다. 물론 남면에서 그쪽으로 이주한 경우가 대부분이겠지만 기로회 회원 가입의 개방성을 엿볼 수 있는 대목이다. 그리고 제명된 회원의 명단 위에는 삭(削), 사망한 경우에는 선(仙) 자를 표기해 두었음도 볼 수 있다.

남촌동안(南村洞案, 1678년, 44면)

- 동래부사 이복(재임기간 1676~1679) 적음
- 동래 향약 중수기
- 향약의 보급실시에 관한 일반적인 내력과 동원(洞員) 명단 수록

선생안(先生案, 1766년, 46면)

- 1678년 발간 '남촌동안' 개수(改修)

남촌동안(1854년, 28면)

- 동래 남면 동안 중수기
- 향약 규칙 준수하지 않는 자에 대한 경고
- 향원 명단(88명) 등재

선생안(1900년, 49면)

- 남상면 부안 개정기(南上面府案改正記)
- 1900년에 남상면으로 분면됐음과 수영 폐지 후 재산 처리 내용
- 아버지와 아들은 같이 등재하지 않으며 동일 등재되면 연령 우선

동중완호(洞中完護, 1736년, 27면)

- 완의(完議)와 절목(節目)의 개정
- 완의는 동원(洞員)이 상을 당하면 역군 50면 지원 등
- 절목은 부모나 자신의 상은 2량, 부인상에는 1량인 것을 각각 반으로 축소 등

절목(節目, 1728, 1741년, 9면)

- 대동중과 유사(有司)와 공원(公員) 수결(手決) 등재
- 혼인시 사모(紗帽)·승교(乘轎) 등의 규정과 위범자에 대한 속전(贖錢) 규정

부사생고초가전취이절목(府使生藁草價錢取殖節目, 1751년, 10면)

- 생고초(볏짚) 등의 조세 부담이 변방에 사는 지방민의 동요 원인으로 지적
- 350량을 각면의 대동중에서 내어서 생고초 등을 사서 쓸 것을 절목으로 규정

대동중 신정절목도록(大洞中新定節目都錄, 1756년, 17면)

- 면(面)이 커지면서 생기는 부역, 세금 등 폐단 지적
- 각종 세금의 액수와 공급처, 방법 규정

대동중 신정절목책자(大洞中新定節目册子, 1759년, 4면)

- 면(面)의 기강이 해이해지면서 생긴 문제점 지적
- 선생의 자손이 아니면서 규칙을 위반하면 15량으로 속전 등

경상남도 동래부 무신조장적(慶尙南道東萊府戊申條帳籍, 1908년, 20면)

대동중 신정절목잡록(大洞中新定節目都錄, 병자년, 18면)

완문(完文, 4면)

감저종식법(甘藷種植法, 을유년, 33면)

유제도도신윤음(諭諸道道臣綸音, 1792년, 44면)

유중외대소윤음(諭中外大小綸音, 1782년, 56면)

민보집설(民堡輯設, 54면)

어제고금연대귀감(御製古今年代龜鑑, 45면)

수영사적공원 정상 언저리에 있었던 수영기로회 사무실 (1994년 8월)
동래기영회, 해운대기로회와 함께 부산을 대표했던 수영기로회는 25의용 향사 봉행을 주목적으로 1916년 창립했다.

수영본동 토박이들 기로회 가입

수영기로회는 1916년 5월 창립 이후 갖은 악조건에서도 주어진 책무를 다하고자 했다. 25의용 후손과 유지, 그리고 지역의 젊은 피와 마음을 모으고 힘을 모아 25의용 향사를 꾸준히 지내왔으며 본래의 설립 목적인 경로존현과 미풍 함양, 지역 청년 지도에도 앞장섰다. 1945년 광복 이후에도 기로회의 그런 정신은 면면히 이어져 왔다.

일제강점기 수영본동에서 태어나 토박이 반골이던 선친은 누구보다 수영기로회 취지에 공감했고 적극 나섰다. 그리하여 동년배 가운데 가장 일찍 기로회 회원이 됐다. 기로회 회원가입 규정에 따라 선친이 만 60세가 되던 1985년 그 무렵 기로회 회원 명부를 보면 알 수 있다. 당시 가장 나이 드신 분은 1904년 태어난 김두수 어른이었다. 그리고 1906년 박성택·박덕봉·이철금, 1907년 이상엽, 1908년 강명위·이준원, 1909년 이강수·전영진·이상봉 어른이 있었다. 그 아래로는 1910년대생이 즐비했다. 1925년생은 선친이 유일했다. 선친 위로는 1920년대생이 1920년 조복준, 1921년 박종식 어른 정도였다. 수영기로회에 가입한 선친은 말 그대로 나보다는 남을, 가정보다는 이웃을, 그리고 지역을 위해 헌신했다.

성명	생년월일	주소	성명	생년월일	주소
김두수	1904.05.25	광안3동 90-58	김부곤	1919.07.19	수영동 61-1
강명위	1908.09.02	광안2동 133-54	전영진	1909.07.18	수영동 117
박성택	1906.10.03	중1동 1128	박성윤	1914.01.02	광안1동 693-6
김창석	1911.06.21	광안3동 756-4	정시달	1910.09.13	광안3동 74-8
이강수	1909.08.17	범일동 887	이철금	1906.04.20	광안3동 1028-7
김원갑	1912.10.25	남천삼익아파트 13동	박영록	1916.07.07	망미동 417-15
정상철	1914.08.02	연산1동 산22	이영언	1916.07.21	온천2동 770-6
이상엽	1907.02.28	영주2동 9	김재희	1914.04.21	장전동 23-13
김정융	1915.08.18	수영동 292	이준원	1908.01.26	중2동 청사포 661
서황호	1915.06.29	망미동 967	이상봉	1909.06.18	낙민동 288-15
박남수	1914.11.15	수영동 21-1	이차호	1912.08.15	광안3동 1039-7
김희복	1914.05.11	광안3동 44-11	박종식	1921.12.02	광안1동 118-5
윤수만	1916.02.14	수영동 304	김기배	1925.10.16	민락동 267
박태수	1916.08.12	수영동 472-18	조복준	1920.08.03	수영동 216
김달봉	1917.10.10	수영동 172	박덕봉	1906.07.06	낙민동 한양아파트
박덕오	1918.08.16	수영동 45	박승환	1911.11.04	광안2동 566-27

1980년대 중반 기로회원 명단(입회순)

동의 없이 향사 · 재산 넘겨 '해명 촉구'

그런데 선친이 기로회에 가입하기 몇 해 전 이상한 일이 벌어졌다. 1977년 10월 17일 수영기로회의 근간을 부정하는 일을 기로회 회장이 독단으로 벌인 것이다. 기로회 회원의 동의를 구하는 공식적인 절차 없이 의용단 제향 봉행을 당시 수영고적민속 보존회 주관으로 변경한다며 제향기금 예치금액과 토지대장, 비품 일체를 보존회로 넘겼던 것이다.

이러한 사실은 후임 이사장에게 인계되지 않아 수영기로회 일반 회원들은 전혀 모른 채 '후임 책임자와 일반은 부지불식중에 당연시하여' 봉행 주관을 보존회가 하였다. 그러다 1984년 8월 하순 폐기문서에서 수영기로회 회장이 서명한 영수증과 각서, 사무인계서가 발견되면서 알려졌고 이후 지역사회 뜨거운 감자로 부상했다. 이에 수영기로회에선 영수증과 각서, 사무인계서를 공개하고 경위서를 발표했다. 진척이 없자 1988년 10월 '선명요구서(鮮明要求書)'를 내어 책임 있는 자의 해명을 촉구했다. 영수증과 각서, 사무인계서 사본과 경위서, '선명요구서'를 싣는다.

경위서

(앞의 영수증과 각서, 사무인계서를 보여준 뒤) 이 문서는 후임 이사장에게 인계를 아니 하였음으로 그 누구도 부지중 지나던 과정 서기 1984년 8월 하순경 폐기문서 속에서 발견되어 비로소 알게 되었다. 이와 같이 하여 제향 주관을 수영기로회장과 고적민속보존회 이사장 간에 이루어졌다.

무릇 오늘에 사는 민족의 후예들은 선인들이 신명을 바쳐 국가와 민족을 외적으로부터 수호하여 오늘을 있게 한 거룩한 순국정신을 기림은 마땅한 인륜도리이다.

임진왜란 전사(戰史)를 빛낸 25의용제인의 공적을 표천(表闡)하고 이분들의 숭고한 순국정신을 우리 모두의 호국정신의 지주로 삼고 오늘에 이른 의용단의 연혁은 역대의 수군절도사와 의용제인의 본손과 지방민의 성력(誠力)이었다.

아울러 이 고장의 원주(原住) 원로들의 모임인 수영기로회가 50년이란 긴 세월 동안 위토전답(位土田畓, 제사비용을 마련하려고 경작하던 논과 밭)의 소출로써 향사를 맡아 왔음은 사실이며 지방의 전통을 세운 셈이다.

그렇다면 이에 관한 공식적인 기록과 관리, 재산상의 전말 및 현황을 명확하게 하고 명분을 세워 향사 주관을 이양하여야 함이 타당하나, 가장 중요한 위토전답 및 재실 등의 보존은 완의서(完議書, 완전한 합의서)를 근거한 책임소재가 확실함에도 불구하고 이를 호도적으로 인계하였으며 한편 인계한 보존회 이사장은 등기부등본까지 인계하였음에도 사실 현황 확인 없이 묵인하고 조치를 취하지 아니하였음은 그 의도한 바가 어디에 있었는가가 절대적으로 규명되어야 할 것이다.

뿐만 아니라 기로회와 보존회 이사장의 연석회의에서 의결하였다고만 하고 "어떠한 이유로써"라는 명분 없이 앞 장의 각서 내용과 같이 '이 씨 문중에서 제향 기금조로 예치된 금 150만 원은 은행에 예치하고 그 이식금(利殖金)으로 제향비에만 전용한다'라 하였는데 사전사후를 막론하고 이사회 또는 총회의 결의 없이 당사자인 이사장은 독단적으로 호도하여 합법인 양으로 처결하고는 그 익월인 1977년 11월 28일자 의용단 향사비로서 예산이 책정되지도 않은 명목으로 금20만 원을 지출하였다.

이와 같이 호도적인 처리로써 선례로 하여두고는 다만 금 150만 원이 예치된 통장만 인계된 채 매년 춘추 향사비를 보존회의 경비에서 지출케 한 그 손해의 배상 책임도 당시 이사장은 불면(不免)할 사항이다.

이상과 같이 교묘한 호도책을 선례로 하였음으로 후임 책임자와 일반은 부지불식중에 당연시하여 보존회의 예산에 책정하여 향사를 봉행하여 오던 과정 1982년에 이르러서는 물가가 점차 상승하니 제비(祭費) 지출이 증가됨에 따라 회원 간에서 다음과 같은 의문 논의가 야기되었다.

1) 위토답에서 소출되는 수확금으로써 향사를 봉행하는 줄 알고 있었는데 왜 비영리 법인단체인 보존회의 부족한 예산에서 향사비가 지변(支辨, 빚을 갚으려고 돈이나 물건 등을 내줌)됨은 부당한 것이 아닌가.

2) 향사 주관을 인계하였다면 어떠한 사유와 정관에 근거한 조항은 어느 항이며, 제수 재원인 위토전답은 어떻게 관리되고 있는가의 사실이 공개되고 그에 대한 대책이 마련되어야 함에도 묵인된 채 호도하고 있는가? 등이었다.

이와 같은 부당한 처리에 대한 원인을 규명하여 법적으로 시정되어야 할 것이 아닌가! 라는 의견이 제기되었으나 지방적으로 문제가 소연화(騷然化, 시끄러워질)될 것이 아닌가라는 추상적인 우려로써 문제의 규명은 점차적으로 구명(究明)키로 하고 차선책으로 우선 충혼들의 순국정신을 기림이 목적이니 향사기구가 설치되어야 한다는 중론이 집약되어 1983년 초춘(初春), 이의 마련안(磨鍊案, 마련은 맡은 바 일을 하면서 자신을 연마하고 단련한다는 뜻)을 강구키 위하여 보존회의 임원과 기로회 대표를 위시 지방 유지를 초치하여 간담회가 수차 개최된 결과 취지와 조직 준칙의 초안이 성안되었으나 모두의 여가 부득으로 진척이 부진함에 당장에 필요한 향사 의식절차의 수의(收議, 의견을 종합함)와 정화안을 협의하고 향사절요를 잠정(暫定)하여 1983년 춘기 향사부터 실시하는 동시 참여를 확대함과 향사기금 조성을 위하여 지방유지를 다수 천거하고 수회록(壽會錄, 기로회원 명단과 회원의 활동내역을 수록한 책)을 비치하고, 헌성금(獻誠金)을 연모(捐募, 기부와 모집)하여 초과되는 제비(祭費)를 보충하고 잔여금은 적의선(適宜線)의 금액이 적립될 때까지 당분간 보존회의 별도계정으로 비축키로 하였다.

1983년 추기 향사를 감수하고 당시의 류정열 남구청장께 단의 정화를 청원하였다. 류구청장은 이를 수렴하고 의용충절봉사위원회의 구성안과 연차적 정화사업안을 마련하여 정화사업안은 1984년도의 남구 희망사업으로 부산시에 상정하였으나 부산시의 재정 형편상 보류되었다.

이에 보존회로서는 계획된 향사기구 구성을 추진하던 중 1984년 8월 하순경 전기(前記)한 문서가 발견되었으나 규명을 일단 보류하고 의용제인의 사적 발굴을 여러 방면으로 협력을 구하던 차 '동래부유향소핵보(留鄉所覈報, 동래 향교의 핵심 보고문)'와 동래부사 이안눌이 내린 <정방록> 및 동래부사 오한원이 시행한 <완호사록(完護事錄)>과 <선무원종공신록>을 색견(索見, 찾아 발견함)케 됨에 의용제인의 공적을 보다 상세하게 알게 되었다.

1986년 추기 향사를 봉행한 후 제반 문제가 심각하게 재론되고 위토답의 향방 원인 경위와 기로회가 보존회 이사장에게 인계할 때의 명분 규명이 제기됨에 1986년 12월 2일자 위토전답 및 가옥(재실)의 대장등본과 등기부등본을 재발급받아 내용을 살핀 바 1976년에서 1977년간 지분 이전과 소유권이 모두 본손 이외의 개인에게 이전되고 있었다.

이와 같은 경위는 소중한 재산 관리 부실의 책임과 부당하게 처리된 의도가 규명되어야 할 뿐만 아니라 부산지방유형문화재기념물 제12호로 지정된 사적 의의가 큰 의용단의 위토전답이 원인 무효로서 환원되어야 함은 윤리상 타당한 것이며 선결문제로서 현재 단(壇)의 경내 부지부터가 환원되어야 하므로 미구에 의법 조치를 제기치 않을 수 없는 사리임을 확인하고 한편 유지들은 의용단의 성역화에 앞서 충혼들의 숭고한 순국정신을 기리고 호국정신 선양의 지표가 되게 하기 위하여 범시민이 참여하는 숭모회가 먼저 창립되어야 함이 선행조건이라는 명제임에 1987년 6월 5일 이사회가 개최

되어 향사기금 문제와 범시민적인 숭모회 창립 문제가 상정되어

이의 토의 결과는

① 전술한 제반 문제는 불원장래에 법적으로 제기한다.

② 향사기금은 1987년도 예산이 기히 책정되었으니 추기 향사를 마치면 목표예정액이 500만 원 선에 달하게 되리라 예상되므로

③ 추진하여 오는 숭모회의 창립을 적극적으로 추진하여 연내에 성취토록 하여 1988년도부터는 보존회의 예산에서 제외하고 범시민적인 향사 봉행과 성역화 사업을 담당할 기구인 숭모회에 위임토록 합의하였다.

이상 의용단 향사 주관에 관한 과정의 개요와 사리 부당점을 밝혀 이후 의법 규명시의 소명자료에 공(供, 이바지)코자 한다.

선명요구서(鮮明要求書)

1. 서기 1928년 9월 21일자

의용제인의 본손인 김복태, 이형우, 권황진과 남면기로회 대표 백여순은 완의(완전합의)로써 위토답 500평은 단의 수호인 보수조로 경작케 하고 위토전 900평은 이에서 소출되는 수확곡으로써 의용단의 춘추 향사 제수비로 하고(이는 착각에 의한 오류다. 답 900평은 충당했다. 수호인 보수로, 전 500평은 향사 비용으로 충당했다. 〈109, 110, 111쪽 '완의' 사진 참조〉) 남은 돈은 적립하였다가 흉년일 때나 또는 단과 재실이 허물어지면 보수비로 사용하고 영구히 향사를 전담할 것을 조목으로 약정하고 만 50년간 수임하여 행해 오던 임무를 제3자인 수영고적민속보존회에 다시 임의로 위임한 사유는 무엇인가?

2. 서기 1977년 10월 17일자

수영기로회장과 사단법인 수영고적민속보존회 이사장이 의용단 향사 사무를 인계 인수하였는데 사무인계서에 '연석회의에서 결의된 바에 의하여'라고 명기하였는데 결의된 사항이 무엇인가?

3. 50년간 위임하여 행해 온 향사록(제의록)과 회계문서는 인계하지 아니 하였는데 이의 사유는?

4. 수임 관리하던 위토전답의 향방과 이에 대한 조처는 여하히 하였는지?

5. 이 씨 문중에서 제향기금조로 낸 금150만 원의 이식으로써 향사를 치를 수 있었

다면 왜 구태여 타 단체에 다시 위임한 의도가 어디에 있는가?

6. 의용제인의 후손인 김복태, 이형우, 최황진 등은 자기 조상의 혼백이 의지하는 의용단의 위토를 작만하여 수영기로회에 단과 재실의 수호 관리와 제사 봉행을 영구히 위임함에 완호서로서 증거케 하였는데 그 후손된 자들이 위토전답을 팔아먹은 것은 우리 민족 전통사회의 윤리상 용납될 수 없는 패륜적 행위임에도 지방의 전통과 미풍양속을 승계하여 재순화함을 목적으로 조직한 지방원로의 위치에서 존립하는 수영기로회가 이와 같은 패륜적 행위를 묵과적 결과 처사(묵과해서 그냥 지나가는)는 그 누구도 이해할 수 없으며 만약 이와 같은 패륜 행위를 용납하였다고 하면 위임 약정을 쌍방이 위배하였으므로 당연히 완의(完議)도 폐기함과 동시에 향사도 그들에게 환원하여야 사리가 절대적으로 타당함에도 재실까지 팔아먹도록 방관하고 향사만을 타 단체에 임의로 다시 위임한 사유가 분명하여야 할 것임에 위 각 사항 선명을 구함.

선명을 구하는 이유는 향토 역사가 진작되는 과정 그 누구도 오점이 있어서는 후대에 면목 없기에 이를 소상히 밝혀 두어야 하기 때문임.

서기 1988년 10월 수영기로회 양명찬

25의용 기리는 '수영 의용충혼숭모회' 발족

사단법인 수영 의용충혼숭모회는 이러한 우여곡절을 거쳐 1988년 2월 창립했다. 앞서 인용한 경위서 뒷부분에 수영 의용충혼숭모회 창립 배경이 상세히 나오거니와 설립 배경의 요지는 다음과 같다.

- 1984년 2월 발견한 의용제인 향사 인계 관련 영수증과 사무인계서 등으로 드러난 인계의 부당성
- 함께 발견된 고문서 〈정방록〉과 〈완호사록〉, 〈선무원종공신록〉을 통해 상세하게 드러나 25의용 제인의 공적에 대한 경외심
- 충혼들의 숭고한 순국정신을 기리고 호국정신 선양의 지표가 되게 하기 위하여 범시민이 참여하는 숭모회 설립 필요

등이었다.

수영 의용충혼숭모회는 시야가 넓었다. 그리고 멀리 봤다. 고적민속보존회와 함께 가고자 했다. 어차피 25의용을 기리겠다는 마음은 큰 틀에서 하나였고 내남없이 우리 모두가 챙겨야 할 우리 지역의 일이었다. 구성원의 생각 역시 크게 다르지 않았다. 숭모회가 창립하면서 사무소 소재지를 보존회 사무실에 둔 것만 봐도 그러한 충정을 엿볼 수 있다. 사실, 기로회가 문제 제기를 한 것은 보존회가 아니라 회원 동의 없이 무단으로 향사 주관 등을 이관한 당시 대표자의 행위였다. 숭모회 창립 과정을 담은 경과 보고서에도 그런 사실이 고스란히 드러난다. 〈수영 의용충혼숭모회 창립 추진경과〉 보고서와 정관은 부록에 싣는다.

사단법인 수영 의용충혼숭모회 김기배 초대 이사장
숭모회는 시야가 넓었다. 그리고 멀리 봤다.
숭모회 창립에 따른 추진 경과는 부록 참조.

수영 의용충혼숭모회 1988년 '수영 25의용단 추계대제' 행사 현수막과 숭모회의 의용단 향사 장면.
숭모회는 25의용의 공적에 대한 경외심으로 출범했다.

1988년 창립총회서 만장일치 이사장 추대

25의용을 기리려는 목적으로 출범한 사단법인 수영 의용충혼숭모회는 1988년 2월 2일 수영로터리 한일은행 대강당에서 창립총회를 열고 선친을 이사장으로 만장일치 추대했다. 수영기로회가 주축을 이룬 창립 발기회 구성원 중에서 선친은 젊은 축에 드는 60대 초반이었다. 그런데도 창립총회에서 만장일치로 추대된 것은 지역사회에서 선친을 어떻게 평가했는지, 그리고 지역사회가 선친에게 얼마나 기대했는지 짐작할 수 있다. 창립총회 당일 이사장 수락 연설을 겸한 선친의 인사말을 싣는다.

공사간 다망하심도 불고하시고 정병호 남구청장님, 김무조 박사님, 이태길 교장선생님을 비롯하여 고명하신 여러 어른님과 본회 창립회원님을 모신 앞에서 불초 이 사람이 창립발기회 대표로 인사 올림이 매우 당돌할 뿐만 아니라 송구스럽습니다마는 큰 영광으로 여깁니다.

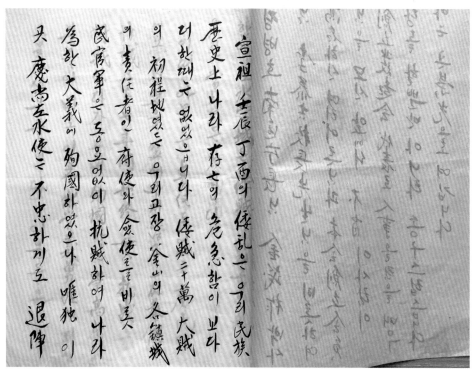

수영 의용충혼숭모회 김기배 초대 이사장의 1988년 2월 2일 창립총회 인사말 원고
임진왜란이 일어나자 경상좌수사는 불충하게도 퇴진했으나 민관군은 항전했음을 밝힌다.

선조 임진·정유의 왜란은 우리 민족 역사상 나라 존망의 위급함이 보다 더한 때는 없었습니다. 왜적 20만 대적의 초정지(初程地)였던 우리 고장 부산의 각 진성의 책임자인 부사와 첨사를 비롯 민관군은 동요 없이 항전하여 나라 위한 대의에 순국하였으나 유독 이곳 경상좌수사는 불충하게도 퇴진함에 좌수영성은 왜적의 발굽에 쉽게 유린당하였던 것입니다.

이때 아무런 책임도 없는 서민임에도 자신을 앞세우지 않고 일사보국(一死報國)의 단성(丹誠)으로 7년간 시종일관 항전 토적하다가 끝내 순국하신 숭고한 분들이 바로 이곳 수영의용단에 모신 스물다섯 분들입니다.

원수 일본 제국주의자들은 36년간 이분들의 사적을 소멸시키기 위하여 향사조차 올림을 방해하였던 것입니다. 이는 누구에게도 원망할 바 못 되며 다만 우리 국력이 약하였던 까닭이었을 뿐입니다.

이제 세계 속에 한국 선진조국 창조의 기치 높이 세워 매진할 제6공화국이 출범하는 오늘 우리는 스스로 총화 단결하여 순국충렬의 숭고한 호국정신을 드높이 받들어 영원할 조국 번영에 한 가닥 이바지하는 뜻에서 의용충혼숭모회를 창립함에 동참하신 여러분께 한없는 환희를 함께함을 영광으로 여기면서 발기인의 한 사람으로서 충정을 표하는 바입니다. 대단히 감사합니다.

1988년 2월 2일
창립발기회 대표 김기배

창립총회는 이태길 당시 동천고 교장의 의용제인 공적 표천으로 시작했다. 이태길 교장은 애국지사였기에 그럴 자격이 충분했다. 향토사 정립의 주역 토향회 김무조 회장(경성대 교수)가 축사를 했고 정병호 남구청장은 격려사를 했다. 강명위 수영기로회장이 만세삼창을 했으며 강 회장과 김무조 회장, 이태길 교장이 고문으로 천거됐다. 그리고 그해 3월 5일 사회단체 등록을 마쳤다.

숭모회 설립 목적은 창립총회에서 채택한 정관에도 잘 나타난다. 정관 제3조는 숭모회 설립 목적을 '우리 민족역사상 미증유의 국난이었던 임진왜란 때 창의항전하다 순국한 경상좌수영의 25의용제인의 순국정신을 기리고 숭의장용(崇義奬勇)하여 시민의 호국정신 앙양에 기여'라고 단호하고 분명한 어조로 밝힌다.

뜨거웠던 언론의 반응

지역 언론의 반응은 뜨거웠다. 설립 취지가 뜨거웠으니 언론의 반응이 뜨거운 건 어쩌면 당연한 귀결이었다. 숭모회 발족을 알리는 당시 신문기사를 인용한다. 부산일보 1988년 2월 4일 기사다. 문화부장과 논설위원 등을 지냈던 이진두 기자가 썼다. 제목은 '임진왜란 때 순절한 25인의 호국 넋 기려'이다. 국제신문은 복간하기 전이라 실리지 못했다. 국제신문은 1989년 2월 복간했다.

'임진왜란 때 수영에서 왜적과 대항, 장렬한 죽음을 당한 25명의 충의정신을 기리는 수영 의용충혼숭모회(義勇忠魂崇慕會)가 지난 2일 창립됐다.

사회단체로 활동할 이 모임의 발기인 대표 김기배씨는 『선비는 나라가 위태롭고 어려울 즈음에 의(義)를 분발하여 열혈단심으로 몸을 돌보지 않고 나라를 위해 순절하면 이는 진실로 탁월한 대절(大節)』이라면서 『내 고장의 충의』를 빛내 이들을 기리는 모임을 갖는 것은 향토민의 호국 정신 함양을 도모함과 아울러 선양의 도량으로 가꾸어 후대에 길이 빛나게 이어 주고자 함』이라고 창립취지를 밝혔다.

25의용단은 부산시 유형문화재 기념물 제12호로 모셔져 있다.

이들 호국의 영령들은 20만 왜군이 조선침략의 발굽을 먼저 디딘 이곳에서 장한 의기를 드날리고 산화한 충절의 넋이다.

좌수영을 지키던 장수는 패주했는데 성안의 젊은이 25인이 오직 대의를 위하여 일어나 7년 동안 수륙에 서적을 토멸하는데 앞장섰다.

이들의 공훈은 한동안 묻혔다가 난리가 끝난 선조 41년(1608) 난리에서 살아남은 뜻있는 지방민들이 동래부사 이안눌에게 알려 세상에 드러나게 됐다.

그 후 순조 9년(1809) 오한원 동래부사는 그들의 후손들에게 원호를 시행하고 철종 4년 (1853) 경상좌도 수군절도사 장동식 장군이 이곳을 택하여 단을 쌓고 돌에 이름을 새겨 비를 세우고 제사(齊舍)를 지어 봄가을로 제향을 받들어 오늘에 이어오고 있다.

「의용단 쌓고 스물다섯의 비 세우니//장산의 양지쪽이요 영해(英海)의 물가로다/충렬지를 본받아 정방록을 만드신/동악 공(동악 이안눌)을 사모하고 오 부백(오한

수영 의용충혼숭모회 발족을 알리는 부산일보 기사(1988년 2월 4일)
부산일보 문화부장과 논설위원 등을 역임했던 이진두 기자가 썼다.

원 부사)께 감사하네/내음 그윽한 향불 비로소 올리오니/꿋꿋한 혼백이여 의지할 바이로다/높은 산 깊은 바다와 함께 영원히 바뀌지 않으리.」비명(碑銘)은 언제나 읽는 이로 하여금 가슴 뜨겁게 한다.〈斗〉'

숭모회 목적은 크게 두 가지였다. 하나는 의용제인을 제대로 기리는 것이고 다른 하나는 범시민적 숭모였다. 출범 이후 이 두 목적을 달성하는 방향으로 사업의 초점을 모았다. 시민을 대상으로 설립 취지문과 의용단 소개문을 배부한 것 등도 그러한 노력의 하나였다. 취지문과 소개문을 차례로 소개한다. 지금은 찾아보기 힘든 자료들이다.

취지문

무릇 군자는 나라가 위태롭고 어려울 즈음에 의를 분방하여 의혈단심으로 몸을 돌보지 않고 나라를 위해 순절하면 이는 진실로 탁월한 대절(大節, 대의를 위하여 목숨을 바치는 절개)이다.

생전에 세운 공은 죽은 후에도 반드시 천추만대(千秋萬代)까지 미치는 것이니 이 때문에 영광스러운 이름은 무궁한 것이다.

20만 왜적이 침략의 발굽을 먼저 디딘 임진왜란 당시 동래부의 충렬공 송상현 부사는 조의(朝衣)를 입고 종용히 의에 나아가 죽었고, 부산진의 충장공 정발 첨사는 흑의를 입고 종횡무진 힘껏 싸우다가 순절하였으며, 다대진의 윤흥신 첨사는 첫 번 닥친 적을 물리쳤다가 다시 내습한 적을 종일토록 쏘다가 활 전대를 품고 운명하여 나라 위한 대의와 맡은 바 소임을 의연하게 다하였으나, 안타깝게도 이곳 경상좌수사 박홍은 좌수영이 지닌 중한 책임을 저버리고 단신 도주하였으니 통탄을 금할 바 없었다.

그러나 좌수영 성안의 젊은 장정 스물다섯 분은 오직 대의를 위하여 분연히 일어섰다. 이분들은 아무런 책임 없는 서민들이었지만 죽음을 맹세하고 절의를 온전히 하였으며 능히 의리를 분발하여 7년간 수륙에서 적을 토멸하고 생명을 버려 구차하게 죽음을 모면하는 것을 즐겨하지 않으니 이는 오직 나라에 충성하는 의리와 임전무퇴의 용맹을 떨쳐 생사의 난간을 잊어 버린 것이었다.

이와 같이 창의순국(倡義殉國)한 위대한 공훈도 책임관원이 퇴진하였음에 전사(戰史) 기록의 뒤안길에 파묻히었다가 난리가 끝난 17년 후인 선조대왕 41년(1608) 난리에서 살아남은 몇몇 지방민들이 동래부사에게 스물다섯 분의 드러나지 않았던 공로를 알림으로써 뒤늦게나마 싸워 세운 공의 자취를 소상히 살핀 바 이안눌 부사는 '싸워 세운 이들의 공은 이루 말로써 다할 수 없도다'라 하고 공적의 대요(大要, 대략의 줄거리)를 정방록에 수록하고 '의용' 두 자를 나무판에 써서 이분들의 집 대문 위에 높이 달게 하고 표창하였다.

인(仁)은 부자 사이보다 더 큼이 없고 의는 나라를 위함보다도 더 무거움이 없다. 공들은 일찍이 자신을 품었으나 마침내 펴지 못하고 몸이 칼날과 살촉에 미란(糜爛)하니 충의자(忠義者)의 추한(追恨)이 무궁하도다.

그러나 한목숨으로 수백 년의 망상(網常)을 버티었으니 위로는 해와 별과 더불어 빛을 다투고 아래로는 산악으로 더불어 함께 우뚝 솟아있지 않은가.

비록 조정에서의 추증, 서훈에는 빠뜨려져 그늘에 가리어 있었으나 공들의 의기와 나라 위한 용맹과 정성은 우리 민족이 살아 있는 한 멸하지 않으니 순조대왕 9년(1809) 오한원 동래도호부사는 공들의 후손들에게 원호를 시행하고 지방의 교훈을 세워 백대(百代)의 윤리도덕을 진작하였고, 철종대왕 4년(1853) 경상좌도 수군절도사 장인식 장군이 이곳을 택하여 단을 쌓고 굳은 돌에 이름 새겨 비 세우고 재사(齋舍)를 지어 춘추로 제사 드리게 하여 오늘에 이어 오고 있다.

장인식 장군이 세운 의용제인비문의 끝에 다음과 같이 기록하고 있다.

"아아! 이곳 수영은 남쪽 국경의 목구멍과 같은 곳이요, 영남 좌도의 요충지라 단을 쌓아 제사 드리고 비를 세워 기록함은 숨은 공을 드러내어 후세에 권면하도록 하려는 것이니 어찌 헛되이 떠벌려 눈길과 소리를 높이는 것에만 그칠 것인가."라 하고 이어서 "모두가 석단에 백성들의 소리를 시로 적어 새기기를 원함으로 한 수의 시를 읊어 이어 놓으리라."

　　의용단 쌓고 스물다섯의 비 세우니
　　장산의 양지쪽이요 영해(英海)의 물가로다
　　충렬사를 본받아 정방록을 만드신
　　동악공을 사모하고
　　오 부백께 감사하네.
　　내음 그윽한 향불 비로소 올리오니
　　꿋꿋한 혼백이여, 의지할 바이로다
　　높은 산, 깊은 바다와 함께 영원히 바뀌지 않으리

라고 기술하여 지방의 교훈을 세워 호국정신을 드높였다.

공들의 몸은 죽었으되 갸륵한 순국정신은 영원히 죽지 아니하고 살아 있지 않은가.

선진국으로 도약하는 웅지 펴는 오늘 스물다섯 분의 의기를 숭상하고 용맹을 권려하여 향토민의 호국정신 앙양을 도모함과 아울러 선양(宣揚)의 도량으로 가꾸어 후대에 길이 빛나게 이어 주고자 함을 본회 취지로 삼는다.

서기 1988년 초춘(初春)

사단법인 수영 의용충혼숭모회

의용제인(義勇諸人) 무순

김옥계 이희복 정인강 최한련 최송업 최한손 최수만 최영내 박기수 최막내 김팽량
김달망 박응복 김덕봉 심남 이실정 이은춘 김허롱 정수원 주난금 박촌 김종수 신복
김진옥 이수

의용단 소개문

• 이곳 25의용단(부산시 기념물 제12호, 1972. 6. 26 지정)은 조선시대 선조대왕
(1592) 때 일본의 일방적 침략전쟁인 임진왜란 당시 7년 동안 우리 고장을 지키기 위
해 왜군과 목숨을 바쳐 싸운 25인의 호국정신을 기리기 위해 쌓은 제단으로 문화재로
지정되어 있습니다.

• 이곳은 조선시대 경상좌도(경상남북도)를 관할한 수
군(해군)의 본영(총지휘자가 있는 군진)이 위치한 곳
으로 군사적으로 중요한 지역이며 왜적의 침입에 대비,
성곽을 쌓고 수군이 주둔하였으나 왜군이 침략하자 사
령관이던 경상좌수사 박홍은 싸우지 아니하고 달아났
음으로 성은 함락되고 성안의 백성은 왜적의 더러운 발
굽에 짓밟혔습니다.

• 그러나 이곳에 모신 25분은 내 고장과 내 나라를 내
가 지키겠다는 각오로 죽음을 맹세한 후 왜병이 물러
갈 때까지 7년 동안 물과 뭍에서 싸우고 순국하신 분
들입니다.

• 이분들의 행적과 공적이 알려진 것은 임진왜란이 벌
어진 지 17년 후인 1609년 동래부사 이안눌이 지방민
들의 청원에 따라 공적을 조사하여 정방록(공적 기록
부)에 기록하고 의용(義勇)이란 두 글자를 나무판에
새겨 그분들의 대문 위에 높이 세워 포상함으로써 알려
졌습니다.

• 이로부터 200년 후인 1809년 동래부사 오한원이 이
분들의 후손에게 보훈을 행하였고 그후 1853년 경상
좌수사 장인식 장군이 비를 세우고 단을 쌓아 의용단

이라 이름하고 25분의 호국정신을 받들고 넋을 위로하기 위해 해마다 봄가을 두 차례 제사를 지내기 시작하여 오늘날까지 이어 오고 있습니다.

• 1974년 박영수 부산시장이 비바람에 낡은 비석과 외삼문, 담장 등을 보수, 현 상태로 정화하였으며 현재는 수영고을 유지들이 제사와 관리를 맡아오고 있습니다.

수영 의용단에 모셔진 25의용 비석
의용 한 분에 비석 한 기라서 모두 25기의 비석이 의용단 뜰 양쪽에 세워져 있다. 25기와는 별도로 의용제인비가 있다.
ⓒ이인미

의용단, 1972년 부산시 기념물로 지정

소개문에서 밝힌 대로 의용단은 1972년 부산시 기념물로 지정된 성역화 구역이다. 1974년 하반기 경내 정화사업을 벌였다. 1853년 세운 지 120년이 지나 풍마세우(風磨洗雨)된 의용단을 시비 928만 원을 들여 단장했다. 그때 시장이 박영수였다. 수영 원로들의 건의를 받아들인 박영수 시장은 1974년 12월 낡은 비석단 3곳을 정비했다. 비석단 근처에 따로 의용제인비(義勇諸人碑) 25기를 건립하고 외삼문 1동과 한식 담장을 새롭게 설치했다.

1983년 봄에는 향사를 치르는 절차 등을 수영기로회에서 새롭게 내놓으면서 25의용단의 임진전사(戰史)유적지 지정을 추진했다. 구청도 호응해 25의용단 정화사업안을 부산시에 문서 보고했지만 재정 부족을 이유로 보류됐다. 비(碑)를 서남향에서 남향으로 이전하고 내삼문·외삼문, 재실 등을 확충하는 내용이었다.

1995년 들면서 성역화 사업에 불이 붙었다. 남구에서 독립해 수영구가 그해 개청했다. 잃었던 이름 '수영'을 비로소 되찾았다. 수영에 뿌리를 둔 이들은 모두들 반겼다. 선친 역시 그랬다. '잃었던 고향을 되찾은 기분'이라고 했다. 일흔이 되는 해라 고희 선물이라고도 여겼다. 수영의 원로와 구민, 그리고 선친은 마음을 한데 모았다. 수영 역사 찾기 범시민운동의 일환으로 25의용 충절을 드높이는 정화사업을 벌였다.

그 와중에 수영공원 정상 중앙에 있던 수영기로회 단층 양옥 건물은 철거돼 공원 부지로 편입됐다. 그 자리엔 수영고적민속예술보존협회 부속 건물이 들어섰다. 전망 좋고 시원해 수영 토박이 원로들이 즐겨 찾던 기억 속의 공간 하나는 그렇게 사라졌다. 그때가 밀레니엄 새천년으로 환호하던 2000년이었다.

지금도 30평짜리 아담했던 건물이 생각난다. 사방으로 창문이 트여 그렇게 시원할 수 없었다. 소나무에 둘러싸여 나무의 기운이 기로회를 감싸는 것 같았다. 철거되면서 보상비는 전혀 책정되지 않았다. 수영을 위하는 일에 동참한다는 마음의 발로였다. 이후 기로회 경로당은 수영구청이 주선한 17평 전세 아파트로 들어갔다. 수영의 한 전통 수영기로회를 생각하는 입장에선 아쉬운 대목이다. 수영을 위하는 일에 선뜻 동참했던 만큼 수영의 미풍양속이랄지 전통은 조명돼야 하고 기억돼야 한다.

1999년 9월에는 기초적이면서 대대적인 사업계획을 세웠다. 기존의 의용사는 저습

지에 있어서 배수가 제대로 이루어지지 않았다. 나무가 잘 자라지 않았다. 더구나 의
용제인비가 노천에 방치되다시피 있어서 제향에도 어려움이 따랐다. 원로들이 나서
서 이를 개선해 나갔다. 선친이 그토록 바라던 일이었다. 그 두 해 전 타계하지 않았
다면 누구보다 앞장섰을 선친이었다.

수영 25의용단 전경. 맨 안쪽이 본전에 해당하는 의용사(義勇祠)다.
의용사 마당 양쪽에 25기의 의용 비석이 세워져 있다. ©박영표

그 정신, 그 기개, 그 위용

드디어 새천년. 정화사업이 본격적으로 추진됐다. 수영구와 부산시가 적극 나섰다. 공사는 2000년 5월 10일 시작했다. 25의용 위패를 새로이 제작하고 이를 모시는 사당 의용사(義勇祠)와 내삼문인 영회문(永懷門), 외삼문인 존성문(存誠門), 관리사인 전사당(典祠堂)을 건립했다. 주차장까지 공을 들였다. 이로써 수영 25의용단은 거듭 났다. 25의용이 국난에 처한 조국을 지키고자 나섰던 그때부터 400년이 지나서 그 정신, 그 기개, 그 위용이 우리 앞에 우뚝 섰다.

의용제인비는 현재 수영사적공원 의용단 경내에 모셔져 있다. 1853년 재실을 만들어 매년 봄(음력 1 · 2 · 3월) 가을(7 · 8 · 9월) 마지막 정일(丁日) 향사를 지내 왔다. 정일은 일진의 천간이 정으로 된 날이다. 일제강점기에는 주민들이 숭모회를 조직해 야간에 제향했다. 1977년 이후 수영민속보존회 주재로 춘추 2회 제향했고 2006년부터 추계 향사만 모신다.

의용단 경내를 걷는다. 성역인 만큼 서늘하면서 장중한 기운이 감돈다. 뜰에는 의용제인비와 25명의 이름을 새긴 비석이 좌우로 배열되어 있다. 배열은 충렬사 신위 순서와 좀 다르다. 왼쪽에는 정인강, 최송엽, 최수만, 박지수, 김팽랑, 박응복, 심남, 이은춘, 정수원, 박림, 이수, 신복 비석이 중앙을 향해 나란히 서 있고 오른쪽에는 김오계, 이희복, 최한연, 최한손, 최막내, 최끝량, 김달망, 김덕봉, 이실정, 김허롱, 주난금, 김종수, 김진옥 비석이 나란히 서 있다.

이 이름 하나하나는 우리가 천년만년 기억해야 할 이름이고 영영세세 기려야 할 이름이나. 이 이름들은 천년만년, 영영세세 수영이 정신으로, 수영의 기개로, 수영의 위용으로 두고두고 이어질 것이다. 그러나 이 어찌 수영의 정신, 기개, 위용으로 그칠 것인가. 부산의 정신, 부산의 기개, 부산의 위용으로 천년만년, 영영세세, 두고두고 이어질 것이다.

소유권 이전등기 송사 휘말려

이젠 맨 처음 밝혔던 '호사다마' 송사 이야기를 해야겠다. 2000년대 들어 수영기로회 건물과 대지를 두고 벌어진 소유권 이전등기 청구사건을 말한다. 5년 남짓 법정에서 공방이 벌어져 생각만 해도 진저리나고 더군다나 끝이 안 좋았다. 그래서 가능하면 끄집어내지 않으려고 했지만 기록으로는 남겨두는 게 옳겠다 싶다. 재판 결과는 지금도 승복하기 어렵다. 소송을 제기한 원고의 처사가 천부당만부당했고 피고였던 우리의 상식과 법의 판단은 그 간격이 너무나 컸다.

원고가 누구라고 밝히지는 않겠다. 그가 수영기로당 건물과 대지를 대상으로 소송을 제기한 것은 2001년이었다. 1967년 8월 건물과 대지를 샀다며 소유권 이전등기를 법원에 청구했다.

그러나 이는 어불성설이었다. 기로당 건물과 대지는 어느 한두 명의 소유가 아니라 일제강점기 우리 할아버지 김봉희를 비롯한 34명이 조합체로 취득한 공동 재산이었기에 그가 샀다는 시점인 1967년 무렵에는 34명의 후손 수백 명이 명의신탁 상태였다. 더구나 후손들은 경향 각지에 흩어져 있었으므로 그들 전원을 찾아내 명의신탁을 해지해 매수했다는 주장은 일반의 상식에 크게 어긋나는 주장이었다.

이에 34명의 후손을 비롯해 명의신탁자들은 공동으로 원고의 주장에 대응했다. 피고로 나선 이는 한둘이 아니었다. 어떤 때는 김학문 외 18명이었고 어떤 때는 김차문 외 178명이었다. 당사자 모두가 분기탱천했다. 나도 피고로 재판에 임했다. 나를 비롯한 피고들은 답변서와 증인인증서 · 준비서면 제출, 반대신문 등의 방법으로 원고의 사리에 어긋난 주장에 조목조목 반박했다.

법원의 판단은 그러나 우리의 기대에 크게 어긋났다. 원고의 손을 들어줬다. 그렇긴 해도 법원의 결정이 사건의 진실이라는 데는 동의할 수 없다. 오심은 얼마나 많으며 법원의 판단과 사건의 진실이 다른 경우는 우리 주위에서 얼마나 허다하게 일어나고 있는가. 10년이 더 지난 일이지만 분한 마음은 지금도 여전하다. 소를 제기했던 원고는 2018년 타계했다. 망자를 두고 진실게임을 벌이고 싶지는 않다.

다만, 그런 일이 있었다는 걸 알고는 있어야 한다는 게 내 생각이다. 한 세대, 두 세대 세월이 지나가면서 기억에서 점점 멀어지겠지만 기록만은 남겨둬야 한다. 부당한 일이 다시는 일어나지 않기를 바라는 마음이며 우리 다음 세대가 부당한 피해를 입지 않기를 바라는 마음이다. 피고였던 우리가 제출했던 답변서와 항소 답변서를 인용한다.

답변서

사건번호 2001 가단 11457호

원고 000

피고 김차문 외 178명

위 당사자 간의 부산지방법원 2001가단11457호 소유권 이전등기 청구사건에 대하여 피고 송원직, 피고 김학문은 아래와 같이 답변서를 제출합니다.

〈답변 요지〉

원고 청구를 기각한다. 소송비용은 원고의 부담으로 한다라는 평결을 앙구합니다.

〈답변 사실〉

1. 이 건 부동산인 수영기로당(耆老堂) 건물 및 대지는 피고들의 선대 34명이 약 80년 전인 1922년 1월 25일 조합체로 취득한 합유재산입니다. 그런데 원고는 위 피고가 취득한 45년 후인 1967년 8월 5일에 이르러 당시 경향 각지에 산재한 위 34명의 상속후손 수백 명 전원을 찾아내 "1967년 8월 5일자로 위 명의신탁을 해지함과 동시에 부동산을 소외(訴外) 전00에게 대금 550,000원에 매도를 하고 원고는 그 후경 동 소외인으로부터 매수"하였다고 주장하고 있습니다. 이 원고 주장을 일언이폐지하면 어불성설입니다.

즉 원고에게 매도한 소외 전00이 매수한 1967년 8월 5일 당시 피고 선대 34명의 후손 상속인은 수백 명에 달하였을 것이고 그들은 대부분 수영을 떠나 경향 각지에 신재하였을 것이 분명하므로 당시 전산망 없이 이들 수백 명의 상속후손 전원을 찾아내 이 건 부동산 매매동의를 얻을 수 없을 것임은 경험법칙상 명백한 사실입니다.

그리고 또 원고는 그들 수백 명 피고에게 '명의신탁을 해지'하였다고 주장하고 있으나 이 역시 당시 전국 각지에 산재한 수백 명 피고들을 찾아내 명의신탁을 해지할 수 없었을 것임도 경험법칙상 명백한 사실입니다.

그렇다고 보면 원고는 그 주장 자체에서 이 건 피고인 수백 명의 합유 상속재산에 대한 피고 전원의 매매 동의를 얻는 것이 경험법칙상 불가능함이 명백하므로 원고의 이 건 청구는 기각을 면치 못할 것이고 그뿐 아니라 원고가 주장한 당시 경향 각지에 산재한 수백 명 피고들을 전산망 없이 찾아내 '명의신탁을 해지'하였다고 하는 주장 자체도 경험법칙상 불가능한 사실이므로 원고 청구는 '신탁해지' 없이 매수한 점으로도 기각을 면할 수 없는 것입니다.

2. 그런데 이 건 부동산이 피고 외 178명의 합유재산이므로 민법 제265조에 의한 보존행위로서 피고는 원고의 이 건 소유권 이전등기 청구에 대하여 상 피고 177명의 답변도 이를 대위하여 함께하는 바입니다.

3. 피고들 선대 34명이 이 건 부동산을 조합체로 취득 합유한 사실을 밝히고자 합니다. 즉, 이 건 부동산을 피고들 선대 34명이 취득한 1922년 당시는 1910년 한일합방으로 조선왕조 500년의 전통적 봉건사회 계급구조가 붕괴된 지 12년밖에 되지 않았으므로 향반계급의 자존심이 심히 훼손되자 이를 달래기 위하여 향반끼리 모여 즐기는 기로당 건립사업이 전국적으로 확산되고 있었던 것입니다. 특히 수영은 성벽으로 둘러싸인 해군 요새 영문(營門) 소재지로서 수사(水使)가 통치하고 있었으므로 유달리 무반(武班)과 상반(常班)의 계급구조가 명백하였던 것입니다.

따라서 수영지역 향반의 계급 향수는 유달랐을 것이나 빈곤한 고을로 쉽사리 기로사업을 하기 어려웠던 것입니다. 그때 마침 수영성내에 면사무소가 있는 남촌 면장으로 전국적으로 우수표창까지 받은 김봉갑 공이 수영성 동문을 헐게 되자 그 석재를 팔아 얻은 돈 80만 원으로 이 건 기로당 건물 및 대지를 매입하여 이를 1925년 1월 25일자로 위 피고 등 선대 34명의 이름으로 등기한 것입니다.

이는 곧 김봉갑 면장이 피고 선대 34명이 출자하여 조합체로서 소유하는 합유재산으로 한 것이라 할 것입니다. 그리고 김봉갑 면장은 계속하여 남면 일대의 유지 100여 명으로부터 738원을 기부 받아 수영 기로사업 유지비로 충당한 것입니다.(증거 대정 8년 1919년 조각 제작한 수영기로당 현판)

따라서 이 건 부동산은 피고들의 공유나 총유가 될 수 있는 것입니다.

2001년 5월 6일 피고 송원직, 피고 김학문

항소답변서

사건번호 2004 나 9333호

원고(항소인) 상동

피고(피항소인) 김학문 외 18명

위 당사자 간 귀원 2004 나 9333호 부동산 소유권 이전등기 청구의 항소사건에 관하여 항소인 측이 청구 취지 및 원인 정정신청을 하였으므로 피항소인 김응문 등은 그 정정신청에 대하여 다음과 같이 답변합니다.

 다음

1. 원고의 피고들에 대한 청구를 모두 기각한다.
2. 소송비용은 원고의 부담으로 한다라는 판결을 구합니다.

<청구원인 정정에 관한 답변>

1. 항소인은 수영기로회가 청구 취지의 부동산을 매입해서 소외 김봉갑, 이순우 2명에게 차명등기를 하고 이들을 포함 34명에게 다시 명의 갱신해서 대여했다면서 소유권 수탁자 34명의 후손들은 권리의무를 포괄적으로 승계하였으니 중간등기를 생략하고 항소인에게 직접 이전등기를 해야 한다고 되풀이 주장하고 있습니다.

2003년 이전의 등기부등본에 의하면 부산 수영구 수영동 141-1 대지 107평은 1916년 5월 16일 소외 고 최수봉(대산수봉) 명의로 되었습니다. 최수봉 씨는 당시 717원에 다른 부동산과 함께 이 대지를 일본인 사채업자 산서심무위(山西甚無衛)에 저당 사채를 빌려 쓰고 다음해에는 일본인 중교겸야랑(中橋兼治郎)에게 이 땅을 저당, 사채를 빌려 쓰고 이를 갚지 못해 소유권이 1918년 7월 일본인에게 이전된 다음 다시 매입한 일도 있습니다.

최 씨가 자금 사정이 계속 어렵게 되자 1919년에는 이 대지를 소외 김봉갑(금송장전)에게 당시 590원으로 저당, 1할 5부의 사채를 빌려 쓴 것까지 나타나 있습니다. 끝내 소외 최수봉 씨는 1922년 수영구 수영동 141-1 107평 대지를 김봉갑 씨와 이순우 씨 2명에게 매도한 것입니다.

말할 것도 없이 이 대지의 원소유주는 34명 중 한 명인 최수봉이며 역시 공유지분 34명에 포함된 김봉갑, 이순우 양인이 최수봉 씨로부터 매입한 깃이지 수영기로회가 최 씨로부터 매입한 땅에 2명의 명의를 차용 등기했다는 것은 당치도 않은 허구일 뿐입니다.

1967년 당시 수영기로회 회장 송준현은 소외 전00에게 이 땅을 매도한 뒤 수영기로회가 잔금을 받지 못하자 수영기로회가 이 땅의 소유주라는 판결을 부산지방법원에 구했지만(기로회 측 소송 대리인 송병진 변호사) 당시 재판부는 34명의 개인지분 공유라는 판시를 함으로써 기로회측이 패소한 바 있습니다.

2001년 5월 1일 김부돌 당시 수영기로회 회장, 박덕우 전 기로회 회장, 김학문 씨 등은 이 사실을 확인하기 위해 기로회 측 소송 수임 송병진 변호사를 면담한 바 있습니다. 그때 송 변호사는 수영동 141-1번지 대지 354m²가 수영기로회 소유라는 판결을 구했지만 패소한 사실이 있다고 확인한 바 있습니다.(확인서 제출했음)

또한 피항소인 김응문도 2001년 송병진 변호사를 만난 기회에 소송사건 번호를 몰라 그 판결문을 찾지 못했다고 하자 그 판결문을 송 변호사께서 당시 수영기로회에 넘겨 주었지만 세월이 오래되어 보관되어 있지 않다고 했습니다.

이 부산지방법원의 판시에 따라 항고인 측은 오랜 세월 동안 명의이전을 요구치 못하다가 이제 와서 동질의 사실을 가지고 다시 소송을 제기하는 것부터가 법정을 어지럽히는 일일 것입니다.

더구나 항소인은 1967년 10월 5일 당시 기로회장 송준현으로부터 소외 전00이가 일괄 매입했다면서 000, 전00, 추00 3인이 김석규 지분공유자와 이중으로 매입계약을 체결, 1976년에 가서 이전등기를 한 것은 항고인 스스로가 이전청구 대상의 대지가 기로회 소유가 아니고 개인지분 공유라는 법원의 판시를 알고 있었다는 증빙도 되는 것입니다.

그리고 이때 매입자인 000, 전00, 추00 3명 모두 수영동 142번지 동일주소이며 000, 전00은 매매 이후 13년 뒤 혼인신고를 했고 추00은 매입지분을 동일주소 거주자인 정00에게 증여하고 이 증여된 지분을 전00이 매입했다는 뒤엉킨 과정은 모두가 당시 수영기로회와의 계약이 부당했음을 인정하는 사실일 뿐입니다.

당시 수영기로회장 송준현은 지분공유자 34인 중 유일한 생존자며 총회 회원들은 대지 소유와는 대부분 무관한 사람들입니다. 따라서 마땅히 송준현은 지분공유자의 동의와 증빙서류를 징구하고 난 다음 매도행위를 했어야지 회장의 임의대로 수의계약까지 한 것은 계약 효력을 가질 수 없는 일입니다. 소외 전00도 송준현 기로회 회장과 계약 전 매매처분권 유무를 확인했어야 하는 것입니다. 잔금 청산에 대한 영수증 등을 전혀 찾아볼 수 없는 것은 당시 패소로 매매 이행조차 진행되지 않았음을 보여주는 것입니다.

2. 항소인 측의 취득시효 완성에 의한 소유권 이전등기를 청구하겠다는 주장에 대해서 항소인 측은 전혀 취득시효 완성 요건을 갖추지 못했습니다.

1987년 11월 5일자로 취득시효 완성 운운은 전혀 근거가 없는 소리입니다.

첫째로 소외 전00과 송준현 기로회 회장과의 이전청구 대지의 매매가 성립될 수 없는 상태에서 항고인은 소외 전00에게 70만 원을 주고 그 땅을 매수했으며 현물 인도 운운하는 것은 어느 것 하나 법적인 당위성이나 상식적 당위성도 갖지 못했습니다. 따라서 항소인의 대지 점유는 공연(公然)하지도 않은 불법부당 점유입니다.

1967년 당시 공중에 뜬 매매증을 갖고 대지를 무단 점유했으니 1987년 7월이면 취득시효가 완성, 항소인의 땅이 되었다는 주장도 어림없는 소리입니다. 1980년 전00과 혼인신고도 않은 상태에서 항소인이 1967년부터 점유를 했다면 점유 자체가 부당 점유이며 그것이 오늘까지 계속되었다 해도 불법 점유인 이상 평온하고 공연성을 잃은 것입니다.

또한 그동안 소유권 이전 분쟁이 계속된 상태에서 점유부터 시작했다면 떳떳하고 타당해야 할 점유 요건을 갖추지 못했습니다.

점유의 계속성도 확인되기 어렵습니다. 주거지가 1967년에는 미국 로스앤젤레스와 부산 동래구 수영동 142번지, 최근에는 경북 안동시 정하동 312의 2 정록식당으로 되어 있어 계속성마저 잃고 있습니다.

〈준비서면에 관한 답변〉

1. 항소인은 원심 당시 피고 숫자가 179명인데 응소를 하지 않은 49명을 제외한 130명이 패소, 그들 지분이 항소인의 소유로 확정되고 더욱이 항소인의 증인이 된다는 주장은 아전인수격 궤변에 그친다고 할 수 있습니다.

명의이전 청구를 할 때는 후손들의 권리 의무의 포괄적 사항을 주장하면서 개인 사정에 따라 응소치 못한 130명의 권리는 포괄적 개념에서 제외하는지 이해를 못 하겠습니다.

또한 이분들이 응소하지 못한 이유를 항소인의 주장에 동의하는 것으로 매도하는 것은 어불성설입니다. 막대한 소송비용, 생업에 따른 시간적 여유, 그리고 법률에 대한 이해 부족과 청구부지 성격에 대한 이해 부족 등 여러 가지 이유들이 있을 것인데도 항소인 주장에 동의한다고 판단하는 것은 지나친 착각입니다.

2. 항소인은 본건 재산에 대해 34명의 차명등기를 끝까지 주장하지만 34명의 지분 공유자가 이를 매입, 수영기로회에 영구 사용권을 준 것입니다. 34명의 선조들은 이 땅을 어느 누구도 매도할 수 없고 항소인 같은 분이 탐하지도 못하게 방어 장치를 해둔 것이 그 근본취지입니다.

3. 소외 건물과 본 사건 토지의 성격을 동일시할 수 없는 것입니다. 기로회 건물은 건물대로 사정이 있고 대지는 대지대로 그 성격이 다릅니다.

4. 본건 소송의 핵심은 신축회당 건립 문제와 그 재원의 정당성에 관한 판가름이 아닙니다. 토지 지분 공유권 이전청구의 법적인 당위성을 가리는 것입니다.

5. 항소인은 소외 광안동 108의 2 및 동소 108의 3 대지의 판매 경위를 논하지만 본건 소송과는 무관한 일입니다. 다만 상기 부동산을 피항소인이 직접 등기이전 절차를 이행하였다고 단정하는 데 대해 어이가 없습니다. 피항소인은 소외 상기 대지에 대해 금시초문이며 직접 등기이전 운운은 더더욱 모르는 일입니다.

항소인은 허위사실 조작에 대한 책임을 져 주시기 바랍니다. 더구나 '벙어리처럼 말 한마디 안 한다'는 등 이 사건과 관계없는 언어 장애인들의 마음에 심한 상처를 서슴없이 입히는 항소인들의 잔인성에 경악할 뿐입니다.

항소인의 청구는 부당계약, 부당점유, 부당소송을 바탕으로 하고 있어 마땅히 기각될 것이 틀림없습니다.

2005년 7월 18일 위 피항소인 김응문

독당

경상좌수영 최고사령관이 주재한 국가의례 '독제'

경상좌수영의 최고사령관이 주관하던 제사는 25의용단 향사 말고 하나 더 있었다. 독제(纛祭)였다. 규모나 역사는 독제가 훨씬 앞섰다. 의용단 향사는 지방의례인 반면 독제는 국가의례였다. 좌수영에서 최고사령관인 수사가 의용단 향사를 소홀히 하면 지역민에게 원성을 사거나 비난받는 것으로 그치지만 독제를 소홀히 해서 조정에 알려지면 아닌 말로 '모가지가 날아갔다.' 당장 파직이었다.

독제는 독을 앞에 두고 지내는 제사였다. 독(纛)은 깃발이었다. 소꼬리나 꿩 꽁지로 장식한 큰 깃발을 독 또는 둑이라 했는데 그냥 깃발이 아니었다. 임금이 행차하면 대가(大駕) 맨 앞에 내세우는 큰 깃발이었고 대장 휘하 전 군대가 출전하면 그 맨 앞에 내세우는 깃발이었다. 그러므로 위엄이 대단했다.

독(纛)이 어렵게 여겨진다면 한강 유원지 '뚝섬'을 연상하면 된다. 뚝섬 지명 유래가 독(纛)이다. 뚝도, 둑도, 독도라고도 불리는데 한자 표기가 纛島(독도)다. 독도로 불린 데는 여러 가지 이유가 있다. 그 중 하나가 조선 임금 행차와 관련이 있다. 임금이 여기서 사냥할 때면 독 깃발을 벌판에 꽂았다. 그런 연유로 '독도(纛島)' 또는 뚝섬으로 불렸다. 한국 최초의 상수도 시설이 1908년 여기 들어선 뚝도수원지다. 일제강점기엔 뚝섬 일대 행정구역이 고양군 독도면 서독도리·동독도리였다.

독제와 같은 조선의 국가 제사는 19세기 말엽 대부분 폐지되거나 축소됐다. 구식, 구제도로 봤던 까닭이다. 그러나 경상좌수영 독제는 현재도 이어진다. 예전에 행하던 독신의 신격을 모신 독당에서 정기적으로 제사를 지내온다. 수백 년 동안 영남 동해안과 남해안의 상당한 해역 수호에 중추적 역할을 담당한 경상좌수영 독제의 진승은 우리 수영의 문화적 특성이자 깊이라고 할 수 있다.

수영사적공원 이전 사당(사진 위)과 지금 사당(아래)
이전 사당은 독신묘와 성주신당이 한 지붕 아래 한 건물이었고 이후 사당은 독신묘와 수영산신당이 두 지붕 두 건물이
란 게 가장 큰 차이다.

용이 여의주를 문 '위풍당당 깃발'

왕을 상징하는 깃발보단 못했겠지만 경상좌수영 독 깃발은 위용이 대단했다. 경상좌수영을 관장하는 수사는 정3품 무관 당상관이며 대장군. 요즘으로 치면 해군 사령관을 상징하는 깃발이니 군대의 기상이랄지 위엄 같은 게 서렸다. 경상좌수영 독 깃발은 용이 여의주를 물고 있는 형상이었다. 보기만 봐도 오금이 저렸다. 그 깃발이 저만치 보이면 백성은 무릎을 꿇었으며 적은 도망가거나 항복했다.

아쉬운 점은 현재 수영사적공원 독신묘에 모신 독 깃발, 독기(纛旗)가 원형이냐는 데는 의문이 있다는 점이다. 일제가 조선에서 득세하면서 자기들에게 맞섰던 좌수영성과 좌수영성 독기를 온전히 놔둘 리 없었다. 조선군대를 상징하는 모든 깃발이 수난을 당했듯 좌수영성 독기 또한 태워졌거나 찢어졌을 것이다.

지금 독신묘에 모신 독기는 황실을 상징하는 용을 수놓아 위용이 대단하다. 하지만 현대 들어 제작한 것이라 원형이라고 단언할 순 없다. 일전에 수영향우회에서 나에게 독기에 대한 자문을 구했다. 향우회에서 수영의 상징으로 독기를 내세우고 싶은데 원형이 맞느냐는 자문이었다. 이것이 '좌수영성 독기'의 원형이라고 말할 수 있는 날이 얼른 왔으면 한다.

수사가 독을 선두에 세우고 출정하는 장면은 어땠을까. 위풍당당하고 감동적이었을 것이다. 출정하는 장면을 담은 그림이나 기록은 남아 있지 않으나 출정과 다름없는 경상좌수영 수군 훈련 장면을 담은 홀기(笏記, 혼례나 제례 때 의식의 순서를 적은 글)가 남아 있어 당시 위용을 상상할 수 있다. 서울 규장각이 소장하는 〈수조홀기(水操笏記)〉에 그런 것들이 나온다.

'수조(水操)'는 강이나 바다에서 수군을 훈련하는 것을 말한다. 〈내영지〉에도 나온다. 수군 훈련인 수조와 휘하장교들의 근무평가인 전최(殿最)를 언급한다. 수조와 전최는 경상좌수사는 물론 조선팔도 모든 수사의 대표 업무였다. 수영의 지리 등을 담은 〈내영지〉는 1850년 경상좌수영에서 펴냈다. 2001년 부산시에서 국역 〈내영지〉를 펴냈지만 지금은 구하기가 쉽지 않다. 수영구청에서 보완하고 덧붙여 개정판을 내면 어떨까 싶다.

수영의 소중한 유산 '수조홀기'

경상좌수영 〈수조홀기〉 역시 우리 수영구청이 펴냈으면 하는 소중한 유산이다. 규장각이 공적인 기관인 만큼 협조는 원활하게 이뤄지리라 본다. 〈수조홀기〉는 조선 후기 통제영과 수영에서 해상훈련인 수조를 원활하게 하기 위해 그 절차를 기록한 병서다. 수군 훈련은 봄과 가을 실시했다. 이를 각기 춘조(春操)와 추조(秋操)라 했다. 봄에는 두 개 이상 수영이 모여 합조(合操) 형식으로 훈련하는 것이 원칙이었다. 이러한 훈련을 하기 위해 각 영별로 훈련의 절차를 기록한 문서가 〈수조홀기〉였다. 수군 지휘관이 훈련할 때 휴대하고 다니면서 훈련이 제대로 이루어지고 있는지 확인하려고 만들었으므로 대부분 병풍식 수첩 형태였다.

경상좌수영에서 〈수조홀기〉를 펴낸 건 수영이 가진 지역성이랄지 특수성을 고려해서다. 수군 훈련은 17세기에서 18세기 후반까지는 주로 〈병학지남〉이란 병법서를, 그리고 정조 9년(1785) 발간한 〈병학통〉이란 병법서를 참고했다. 하지만 이 둘은 수군 훈련의 일반적인 절차를 규정한 것으로서 각 수영 별로 특수한 상황을 반영하지 못했다. 이에 조선 팔도 각 수영에서는 지역 사정과 병법서에 기록된 절차를 고려하여 수영 별로 훈련 절차를 기록한 문서를 만들었다. 이것이 〈수조홀기〉다.

〈수조홀기〉는 전국 수영에서 발간했으므로 여러 종류였다. 현재 공식적으로 학계에 보고된〈수조홀기〉는 모두 7종이다. 이중 경남 통영의 통제영 수조 절차를 담은 것이 6종, 부산 수영의 경상좌수영 수조 절차를 담은 것이 1종이다. 간행 시기는 18세기가 1건, 19세기가 6건으로 19세기 것이 많다. 경상좌수영의 〈수조홀기〉는 18세기 중엽 발간된 것으로 학계 보고된 책 중에서 시기가 가장 빠르다. 수영구의 또 다른 문화자산이 될 수 있는 대목이다.

내영총록(萊營摠錄)
조선 후기 경상좌수영 수조홀기가 실린 〈내영초록〉 표지. 모두 5책이 있으며 책마다 제목이 다르다. 수조는 봄과 가을 실시했다. / 규장각 한국학연구원 소장

훈련 늦게 도착하면 곤장, 심지어는 파직

〈수조홀기〉에 나오는 수군 훈련 절차는 엄숙하고 장중하다. 하나하나 각을 세워서 절도 있게 행해졌다. 통영의 전령을 받아 거행한 경상좌수영 수군 훈련은 기회(期會), 점고(點考), 사조(私操), 정조(正操), 시사(試射), 호궤(犒饋)의 순으로 진행했다. 기회는 수사 휘하의 수군 진보(鎭堡)에 명령을 내려 지정된 날에 좌수영에 집합하는 절차였다. 기일에 맞추어 도착하지 않으면 안 오는 수에 따라 경을 쳤다. 점고는 집합한 병사와 군기(軍器)를 일일이 점검하는 절차였다.

기일에 맞춰 도착하지 않으면 매를 맞거나 가두었다. 매를 맞는 관리나 갇히는 기간은 안 오는 수에 따라 달랐다. 20명이면 좌수사를 파직했다. 내용은 다음과 같았다.

- 1명 : 미도(未到, 기일에 맞추어 도착하지 않음), 색리(色吏, 해당 사무를 담당하는 하급 관리)에게 장(杖)을 침
- 2명 : 향색(鄕色, 향청에서 해당 사무를 담당하는 사람)에게 장을 침
- 4명 : 향색에게 장을 치고 벌방 3개월
- 4명 : 향색에게 장을 치고 벌방 3개월
- 10명 : 수령을 나포하여 오고 향색에게 장을 치고 벌방 5개월
- 20명 : 수령에게 장을 친 다음 파직하여 내보내고 향색에게 벌방 10개월

수군조련도 병풍

조선 후기 수군의 훈련 장면을 그린 8폭 병풍이다. 삼도수군통제사영은 봄과 가을 정기적인 대규모 훈련을 펼쳤다. 이때는 하삼도인 경상도와 전라도, 충청도 수군이 모두 집결하였다. 특히, 봄 훈련인 춘조(春操)에는 3만여 군인이 통영에 집결했고 판옥선과 거북선 등 500여 병선을 동원했다.

국립해양박물관 소장

수군조련도 병풍에선 조선 후기 수군의 편제를 확인할 수 있다. 세부적으로 묘사

한 각 전선은 수군 깃발을 앞뒤로 갖추고 깃발에는 선단의 위치와 소속 지명이 나

온다. 전선의 앞 선두(船頭) 부분은 수군 깃발을 통해 이 전선이 어디 소속인지 알

게 했고 선미(船尾) 부분은 흑색 바탕에 구분이 가능한 글자를 표시했다.

수군 훈련 끝나면 술과 음식 베풀어

수조와 말이 비슷한 사조와 정조는 〈수조홀기〉의 핵심이었다. 사조는 본 훈련을 하기 전에 열리는 예비훈련이었고 정조는 본 훈련에 해당했다. 시사는 훈련이 끝난 다음 날 군졸들의 기예를 겨루는 행사였다. 시사에서 일등 하면 혜택을 부여했다. 호궤는 훈련이 끝난 장병들에게 술과 음식을 베풀어 노고를 위로하는 절차였다. 호군(犒軍)이라고도 했다.

경상좌수영 〈수조홀기〉는 가치가 높다. 그냥 높은 게 아니라 '거의 유일할' 정도로 가치가 높다. 우리 수영에서 조선시대 수군 훈련을 어떻게 실시했는지 구체적으로 알 수 있는 자료가 이 책 말고 또 어디에 있을까 싶다. 수조뿐 아니라 당대 병력 규모, 창고 현황 등도 함께 기록되어 있어 우리 수영이 어떻게 운영됐는지 알 수 있어 〈수조홀기〉가 가진 역사적, 문화적 가치는 이만저만이 아니다. 이제는 우리 수영구청이 나설 때고 수영문화원, 나아가 대한민국 해군이 나설 때다.

규장각 소장 경상좌수영 〈수조홀기〉 가운데 몇 가지를 소개한다. '좌수사가 영파당에서 군례를 받는 기회 절차'와 '수영성 동문 밖 대변루로 이동하는 좌수사의 기마 행군' 그리고 '수영강 하구의 정조'다. 영파당(寧波堂)은 경상좌수영 객사고 동문 밖에 있던 대변루(待變樓)는 말 그대로 난리를 대비해 망보던 누각이었다.

소개하는 글은 2019년 11월 22일 수영포럼 도시개발분과위원회에서 주최한 〈경상좌수영 문화가치 복원 방안〉 세미나에서 부경대 사학과 신명호 교수가 발표한 논문에서 인용한 것이다. 나는 토론자로 나섰다. '경상좌수영 복원과 정비는 꼭 이루어져야 한다'는 주제로 부경대 사학과 이근우 교수와 토론했다.

좌수사가 영파당에서 군례를 받는 기회 절차

- 기회 새벽녘에 좌수영의 선창에 모인 함선은 각각 대포 한 발을 쏘고 항구에 결진한다.
- 좌수사는 수시로 군령을 하달한다. 두 번째 나팔이 울린 후 함선에서 하선한 여러 장수들은 수영성으로 들어와 원문 밖에서 대기한다. 기수대와 군악대는 제자리에 정렬한다.

- 세 번째 나팔이 울린 후 동헌에 있던 좌수사는 몸을 일으킨다. 취타를 멈춘다.
- 좌수사가 동헌에서 객사인 영파당으로 가고 교의(轎椅, 가마)에 앉는다.
- 집사가 일을 아뢴다. 소취타를 연주한다. 징을 울리면 취타가 멈춘다.
- 선대솔군관이 기둥 밖으로 와서 선다. 다음에 통인, 급창이 서고, 다음에 지구관이 기둥 안에서 군례를 거행한다. 다음에 중군이 두 무릎을 꿇고 한 번 읍한다. 다음에 대솔군관이 기둥 안에 와서 선다. 다음에 기패관이, 다음에 전습기패관 등이 기둥 안에 와서 선다. 다음에 병선감관이 기둥 안에 와서 선다. 다음에 군기감관이 기둥 밖에 와서 선다.〈이하 생략〉
- 중군이 승장포를 발포하겠다고 아뢴다. 일어나라 명령하면 즉시 일어나 물러간다. 승장포를 세 번 발포하고 징을 울리며 대취타를 연주하면 반당이 먼저 함성을 지른다. 뇌자, 잠제뇌자가 크게 세 번 함성을 지른다. 끝나면 뇌자 1명이 앞으로 나와 무릎을 꿇고 "개문(開門)"이라고 크게 외친다. 기수가 즉시 깃발을 휘두르고 물러난다. 징을 치면 취타가 멈춘다.
- 중군이 승기(升旗)를 아뢴다. 일어나라 명령하면 즉시 일어나 물러간다. 대포를 한 발 발포하고 북을 치고 징을 울리는데 공히 세 번 한다. 승기한다.
- 좌측 친선(親船)의 함장과 우측 친선의 함장, 탐선(探船)의 함장, 포수초관, 좌측의 선봉장, 우측의 선봉장 등이 좌우로 나뉘어 원문으로 들어와 영파당의 기둥 밖에서 군례를 거행한다. 다음에 좌사(左司) 파총과 우사 파총이 기둥 안에서 군례를 거행한다. 두 무릎을 꿇고 두 번 읍한다. 다음에 좌사 초관과 우사 초관, 다음에 좌수영에 소속된 5척 병선의 함장, 다음에 좌사와 우사에 소속된 병선의 함장 등이 기둥 밖에서 군례를 거행한다.〈이하 생략〉
- 집사가 군례가 끝났음을 아뢴다.
- 좌수사가 교의에서 평상(平床)으로 바꿔 앉는다. 징을 울리면 취타가 그친다. 군관, 집사, 대변군관, 기패관 등만 자리에 서고 나머지 장수들은 각각 정해진 자리로 돌아갈 것을 중군에게 명령한다.

수영성 동문 밖 대변루로 이동하는 좌수사의 기마 행군

- 두 번째 나팔이 울린 후 변기치(邊旗幟, 주변 깃발)가 세 줄로 나누어 선다. 세 번째 나팔이 울린 후 좌수사가 영파당에서 일어나 원문을 나와 말을 탄다. 대포를 세 번 발포한다. 집사가 아뢴다. 징을 울리고 대취타를 연주한다. 수영성 동문 밖의 선창문 밖

에 이르러 말을 멈춘다. 징을 울리면 취타가 멈춘다. 영기(令旗)를 상준(相准, 대조하여 확인)한 후에 중군의 포가 한 번 발포되고 나팔이 울리면 깃발을 점호한다. 함성을 세 차례 지른 후 선창의 문을 연다. 집사가 또 아뢴다. 징을 울리고 취타를 연주하면 각 함선도 또한 취타를 연주한다. 좌수사가 행군하여 대변루에 이르면 징을 울리고 취타가 그친다. 나팔을 불면 변기치가 좌우로 늘어선다. 대포를 세 번 발포한 후 좌수사는 말에서 내려 곧바로 대변루의 평상에 앉는다.〈이하 생략〉

수영강 하구의 정조

- 앞에 생략
- 중군이 좌수사에게 숙정포를 발포하겠다고 아뢴다. 즉시 숙정포를 세 번 발포하고 숙정패를 세운다.
- 중군이 본선으로 돌아가 호포를 울리고 남백황신기(藍白黃神旗)를 드리운다. 각 함선은 호응한다. 탐선이 두 차례 비상상황을 보고한다. 좌선봉, 우선봉, 중군, 좌수사의 함선이 차례로 호응하여 발포한다.
- 중군이 호포를 울리고 북을 치고 나팔을 불고 징을 울리고 대오를 정렬하라는 나팔을 분다. 그러면 각 함선은 앞뒤로 일자형 진형으로 정렬한다.
- 좌수사가 호포를 울리고 홍신기(紅神旗)를 드리워 앞으로 향하게 하면 앞쪽의 각 함선들이 나가 싸운다. 한참 후에 징을 울리면 그친다. 호포를 울리고 황신기와 백고초기(白高招旗)를 드리워 앞으로 향하게 하면 좌수영의 거북선이 나가 싸운다. 호포를 울리고 흑신기(黑神旗)를 드리워 앞으로 향하게 하면 뒤쪽의 각 함선들이 나가 싸운다. 한참 후에 호포를 울리고 주장사명기(主將司命旗)를 드리워 앞으로 향하게 하면 수영의 모든 함선이 나가 싸운다. 앞쪽과 뒤쪽의 함선들이 서로 싸운다. 좌수사가 호포를 울리고 북을 치고 천아성 나팔을 불면 파궁수가 일제히 발사한다. 나팔이 그치지 않으면 함성도 그치지 않는다. 한참 후에 징을 세 차례 치면 전투를 그친다.
- 뒤에 생략

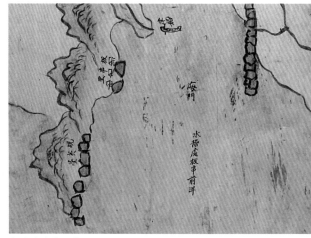

수영 앞바다 고지도
수영 앞바다가 나오는 고지도. 첨이대와 민락본동에 해당하는 판곡리가 보인다. 수영 바다 한가운데 보이는 한자는 7자. '수조처판곶전양(水操處板串前洋)'이다.
판곶리 앞바다가 수군 훈련장소란 뜻이다.

수군 대부분은 생업에 종사한 방군 防軍

〈수조홀기〉에 등장하는 조선 수군의 군선은 여럿이다. '기회 절차'에 좌·우 친선과 탐선이 등장하고 '수영강 하구의 정조'에 좌선봉, 우선봉, 중군, 좌수사의 함선과 거북선이 등장한다. 경상좌수영 병선 내지 전선은 얼마나 있었을까. 그것을 기록한 사료는 곳곳에 있다. 수영을 중심에 둔 고지도(이 책 부록 '수영의 고지도' 참조)에도 나오고 18세기 중엽 발간 〈수조홀기〉, 1740년 발간 〈동래부지〉에도 나온다. 여기선 1850년 발간 〈내영지〉에 나오는 경상좌수영 군선을 소개한다.

〈동래부지〉나 〈내영지〉에 나오는 군선 수는 차이가 없다. 책 발간 시기가 10년 차이에 불과해서 그러리라. 요즘과 달리 배 한 척 만드는 데는 엄청난 공력이 들었다. 전투에 나가는 군선은 더욱 그랬다. 군선 수에 차이는 나지 않지만 〈동래부지〉가 동래부의 입장에서 기록한 반면 〈내영지〉는 좌수영의 입장에서 기록했기에 내용이 구체적이고 촘촘하다. 이때는 방어지역에서 경북 바다가 빠졌다. 울산까지가 방어지역이었다.

다대포에서 울산까지 전체 군선은 꽤 많았다. 전투를 직접 치르는 전선(戰船)이 15척이었고 정탐선(偵探船)이 1척, 수군을 태운 병선(兵船)이 16척, 사후선(伺候船)이 33척이었다. 수군이 맡은 직책은 다양했지만 대부분 방군(防軍)이었다. 평시에는 생업에 종사하다가 1년 중 일정기간 윤번으로 각 지역의 병영(육군) 또는 수영(해군)에 들어가 방어의 직무에 종사하는 민간인 겸 군인이었다.

경상좌수영의 구성원 신분과 하는 일은 다 달랐다. 〈내영지〉에 나오는 신분과 인원, 그리고 군선과 수군의 수효, 군량미 수량은 다음과 같았다.

원員은 고위직, 구□는 노비

수군절도사 무관 정3품, 대솔군관(帶率軍官, 대장을 호위하고 수행하는 군관) 9원(員) 중 계청(啓請, 조정에 장계를 올리어 허락을 받음) 5원, 화사(畵師, 화가) 1원, 사자(寫字 , 글씨 쓰는 사람) 1원, 액내(額內, 확정된 인원수의 허용 범위 이내) 대변군관(待變軍官, 만약의 변고에 대비하여 항상 대기하는 상비군의 군관) 100인(人), 액내 기패관(旗牌官, 장군의 명령을 받들어 명령을 시행하고 진을 펼치는 직무를 수행하는 상비 군관) 50인, 영리(營吏, 사무 담당 하급 관원) 38인, 마도(馬徒, 말 담당 하급 관리) 7인, 진무(鎭撫, 각 진영에 소속된 서리) 40인, 지인(知印, 관아 도장 관리 공무원 또는 심부름꾼, 여기선 잔심부름꾼) 33인, 관노(官奴, 관아 소속 남자 종) 15구(口, 구는 노비 수를 헤아리는 단위였다. 원員은 정식 관원을 헤아리는 단위, 인人은 정액 외의 품계를 가진 사람과 중인을 헤아리는 단위, 명名은 병졸의 수를 헤아리는 단위), 비(婢, 관청 소속 여자 종) 11구, 사령(使令, 관청에서 잔심부름하는 사람) 27명, 군뢰(軍牢, 군대에서 죄인을 다루는 군졸) 24명.

그리고 속관(屬官)으로 우후(虞侯, 수영의 부사령관. 정4품 무관), 부산첨사, 다대첨사, 서생첨사, 울산부사, 기장현감, 포이만호, 두모만호, 개운만호, 서평만호가 있었다. 역학(譯學, 통역 담당) 1인, 별차(別差, 동래 왜관의 출입을 관장하던 특별 통역관) 1인이 있었다.

수영 현대아파트 입구에 있는 '선상탄(船上嘆)' 시비
'선상탄'은 조선 3대 시인 노계 박인로 작품으로 임진왜란이 끝난 직후인 1605년 경상좌수영에 수군으로 복무하면서
쓴 시다. ⓒ이인미

부산 수영과 휘하부대 군선·수군의 수효, 군량미 수량

본영(本營, 수영)

- 1호 전선 1척 : 감관 1인, 군기감관 1인, 지구관 6인, 기패관 2인, 도훈도 4인, 포수 초관 1인, 사부(射夫) 18인, 교사 5명, 포수 24명, 능로군(노 젓는 군사) 111명, 기수군(旗手軍) 106명, 쟁고수 13명, 친병 작대(의장병) 144명, 가왜군(가상 적군) 121명, 각 읍 소재 납포방군(포목 바쳐 징집 면제 군사) 1,404명, 무학사부 106명, 첨격사부 12명. 선상(船上) 쌀 30섬, 찐쌀 5섬, 미숫가루 3섬.
  - 정탐선 1척 : 선장 1인, 사부 10인, 포수 10명, 능로군 15명
  - 병선 2척 : 선장 2인, 사부 20인, 포수 20명, 능로군 30명
  - 사후선 5척 : 능로군 25명

- 2호 전선 1척 : 우후선 감관 1인, 군기감관 1인, 기패관 2인, 가정(加定, 정원 외 추가 인원) 기패관 3인, 도훈도 1인, 사부 18인, 교사 5명, 포수 24명, 능로군 120명, 기수군 40명, 액내 대변군관 20명, 기패관 5인, 각 읍 소재 납포방군 1,080명, 무학사부 106명, 첨격사부 12명. 선상 쌀 23섬, 찐쌀 4섬, 미숫가루 2섬.
  - 병선 1척 : 선장 1인, 사부 10인, 포수 10명, 능로군 15명.
  - 사후선 2척 : 능로군 10명.

- 3호 전선 1척 : 선장 1인, 기패관 2인, 가정 기패관 3인, 도훈도 1인, 사부 18인, 교사 5명, 포수 24명, 기수군 12명, 능로고 120명, 각 읍 소재 납포방군 1,080명, 무학사부 106명, 첨격사부 12명. 선상 쌀 20섬 7말, 찐쌀 4섬, 미숫가루 2섬.
  - 병선 1척 : 선장 1인, 사부 10인, 포수 10명, 능로군 15명.
  - 사후선 2척 : 능로군 10명.

- 4호 전선 1척 : 선장 1인, 기패관 2인, 가정 기패관 3인, 도훈도 1인, 사부 18인, 교사 5명, 포수 24명, 기수군 12명, 능로군 120명, 각 읍 소재 납포방군 756명, 무학사부 106명, 첨격사부 12명. 선상 쌀 25섬, 찐쌀 3섬, 미숫가루 1섬.

• 병선 1척 : 선장 1인, 사부 10인, 포수 10명, 능로군 15명.
• 사후선 2척 : 능로군 10명.

부산진

– 1호 전선 1척 : 감관 1인, 기패관 2인, 가정 기패관 3인, 도훈도 1인, 사부 18인, 교사 5명, 포수 24명, 능로군 120명, 각 읍 소재 납포방군 1,134명, 무학사부 106명, 첨격사부 12명. 선상 쌀 23섬, 찐쌀 4섬, 미숫가루 2섬.
• 병선 1척 : 선장 1인, 사부 10인, 포수 10명, 능로군 15명.
• 사후선 2척 : 능로군 10명.

– 2호 전선 1척 : 선장 1인, 감관 1인, 기패관 2인, 가정 기패관 3인, 도훈도 1인, 사부 18인, 교사 5명, 포수 24명, 기수군 12명, 능로군 120명, 각 읍 소재 납포방군 1,080명, 무학사부 106명, 첨격사부 12명. 선상 쌀 14섬, 찐쌀 3섬, 미숫가루 1섬.
• 병선 1척 : 선장 1인, 사부 10인, 포수 10명, 능로군 15명.
• 사후선 2척 : 능로군 10명.

다대포

– 1호 전선 1척 : 감관 1인, 기패관 2인, 가정 기패관 3인, 도훈도 1인, 사부 18인, 교사 5명, 포수 24명, 능로군 120명, 각 읍 소재 납포방군 1,080명, 무학사부 106명, 첨격사부 12명. 선상 쌀 48섬, 찐쌀 6섬, 미숫가루 2섬.
• 병선 1척 : 선장 1인, 사부 10인, 포수 10명, 능로군 15명.
• 사후선 2척 : 능로군 10명.

– 2호 전선 1척 : 선장 1인, 감관 1인, 기패관 2인, 가정 기패관 3인, 도훈도 1인, 사부 18인, 교사 5명, 포수 24명, 기수군 12명, 능로군 120명, 각 읍 소재 납포방군 1,080명, 무학사부 106명, 첨격사부 12명. 선상 쌀 23섬, 찐쌀 4섬, 미숫가루 2섬.
• 병선 1척 : 선장 1인, 사부 10인, 포수 10명, 능로군 15명.
• 사후선 2척 : 능로군 10명.

서생포

– 전선 1척 : 감관 1인, 기패관 2인, 가정 기패관 3인, 도훈도 1인, 사부 18인, 교사 5명, 포수 24명, 능로군 120명, 각 읍 소재 납포방군 1,080명, 무학사부 106명, 첨격사부 12명. 선상 쌀 52섬, 찐쌀 4섬, 미숫가루 2섬.

- 병선 1척 : 선장 1인, 사부 10인, 포수 10명, 능로군 15명.
- 사후선 2척 : 능로군 10명.

포이포

– 전선 1척 : 감관 1인, 기패관 2인, 가정 기패관 3인, 도훈도 1인, 사부 18인, 교사 5명, 포수 24명, 능로군 120명, 각 읍 소재 납포방군 1,080명, 무학사부 106명, 첨격사부 12명. 선상 쌀 21섬 5말, 찐쌀 3섬, 미숫가루 1섬.

- 병선 1척 : 선장 1인, 사부 10인, 포수 10명, 능로군 15명.
- 사후선 2척 : 능로군 10명.

개운포

– 전선 1척 : 감관 1인, 기패관 2인, 가정 기패관 3인, 도훈도 1인, 사부 18인, 교사 5명, 포수 24명, 능로군 120명, 각 읍 소재 납포방군 1,080명, 무학사부 106명, 첨격사부 12명. 선상 쌀 20섬 9말, 찐쌀 3섬, 미숫가루 1섬.

- 병선 1척 : 선장 1인, 사부 10인, 포수 10명, 능로군 15명.
- 사후선 2척 : 능로군 10명.

두모포

– 전선 1척 : 감관 1인, 기패관 2인, 가정 기패관 3인, 도훈도 1인, 사부 18인, 교사 5명, 포수 24명, 능로군 120명, 각 읍 소재 납포방군 1,080명, 무학사부 106명, 첨격사부 12명. 선상 쌀 18섬 1말, 찐쌀 3섬, 미숫가루 1섬.

- 병선 1척 : 선장 1인, 사부 10인, 포수 10명, 능로군 15명.
- 사후선 2척 : 능로군 10명.

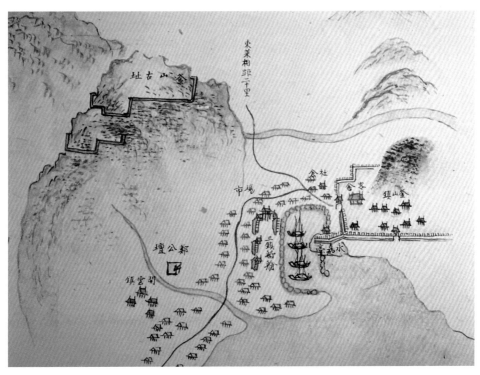

고지도에 나오는 두모포진

현재 좌천동과 범일동 일대다. 바로 옆에 부산진과 영가대가 보인다. / 규장각 한국학연구원 소장

서평포(西平浦)

– 전선 1척 : 감관 1인, 기패관 2인, 가정 기패관 3인, 도훈도 1인, 사부 18인, 교사 5명, 포수 24명, 능로군 120명, 각 읍 소재 납포방군 1,080명, 무학사부 106명, 첨격사부 12명. 선상 쌀 38섬, 찐쌀 3섬, 미숫가루 1섬.

• 병선 1척 : 선장 1인, 사부 10인, 포수 10명, 능로군 15명.

• 사후선 2척 : 능로군 10명.

기장현

– 전선 1척 : 대장(代將) 1인, 감관 1인, 군기감관 1인, 기패관 2인, 가정 기패관 5인, 도훈도 1인, 사부 20인, 교사 10명, 포수 24명, 능로군 120명. 선상 쌀 38섬, 찐쌀 3섬, 미숫가루 1섬.

• 병선 1척 : 선장 1인, 사부 10인, 포수 10명, 능로군 15명.

• 사후선 2척 : 능로군 10명.

울산부(蔚山府)

– 전선 1척 : 대장(代將) 1인, 감관 1인, 군기감관 1인, 기패관 2인, 가정 기패관 5인, 도훈도 1인, 사부 20인, 교사 10명, 포수 24명, 능로군 120명. 선상 쌀 23섬, 찐쌀 4섬, 미숫가루 2섬.

• 병선 1척 : 선장 1인, 사부 10인, 포수 10명, 능로군 15명.

• 사후선 2척 : 능로군 10명.

〈내영지〉 '수조' 조항에는 수군 훈련할 때 전선의 배치 방법과 역할도 나온다. 다음과 같다.

> 수조는 통영의 전령을 받아 거행함. (좌수사가 총사령부가 되고) 부산진은 우사 파총(右司 把摠, 종4품 무관), 다대진은 좌사 파총, 기장현과 울산부는 후초관(後哨官), 부산진과 다대진의 2호 전선은 전초관, 두모포와 서생포는 우초관, 개운포와 서평포는 좌초관이 됨. 해골선(海鶻船, 영조 때 창안된 전선. 좌우 뱃전에 날개 모양의 널을 대어 송골매와 같은 모양을 하였다. 골은 송골매를 뜻한다)은 정탐하고 4호 전선이 쳐들어온 뒤, 3호 전선은 우선봉, 포이진은 좌선봉이 됨. 수조를 정지할 때는 우후가 각 읍과 진을 순시하면서 활쏘기를 시험함.

수조는 수군 훈련, 전최는 수군장교 고과

좌수사 휘하 장교의 근무 성적을 평가하는 '전최'는 어떻게 했을까. 이 역시 〈내영지〉에 나온다. 여기서 언급한 7진은 칠진 제체를 말한다. 이 책 앞부분 '어마무시했던 초광역 군사 대도시, 수영'에서 밝혔다.

> 7진의 변방 장수 실제 성적을 섣달에 순영(巡營, 종2품 감사가 봉직하던 감영. 경상감영은 대구에 있었음)과 통영에 함께 의논한 뒤 장계를 만들어 올림. 중군영(직할부대의 장수)의 고과는 합의 의논에 넣지 않음. 본영 3호·4호 전선 선장과, 기장·울산 수군의 대장(代將)과, 부산진과 다대진의 제2전선 선장은 단지 등급만 매김. 본영과 각 진 및 기장·울산 수군의 장관(將官)의 50개월 근무연한이 차면 장계를 올려 체문(帖文, 관청에서 직책을 임명하는 내용의 문서)을 받았는데 지금은 척문(尺文, 지방 관청에서 중앙의 본조에 보고하고 그 사실을 확인하는 문서)만 병조에 보고함.

〈내영지〉에는 독제(纛祭)에 대한 언급도 있다. 앞서 밝혔듯 경상좌수사가 주관하는 독제는 국가의례였으므로 언급이 없을 수 없었다. 독제에 대한 언급은 짧지만 군사 기록인 〈내영지〉에 실렸다는 자체로서 독제를 대하는 당시의 인식은 충분히 짐작할 수 있다. 〈내영지〉에서 제사 지내는 규정을 실은 '사전(祀典)' 조에 독제가 유일하게 실렸으므로 더욱 그러하다.

그때는 그랬다. 〈내영지〉가 나온 1850년 이때만 해도 25의용단은 아직 없었고 따라서 향사도 치르지 않았다. 의용(義勇) 두 글자를 각 사람의 대문에 걸고 〈정방록〉에 표를 해두는 정도였다. 의용단 향사는 1853년에 와서야 비로소 거행됐다. 장인식 경상좌수사가 좌수영성 성내에 '의용제인비(義勇諸人碑)'를 세워 의용단이라 하고 재실 의용사(義勇祠)를 세우면서 봄가을 향사를 지내기 시작했다.

봄에는 경칩, 가을에는 상강

'독제 : 봄철에는 경칩, 가을에는 상강에 거행함. 염소와 돼지는 각 읍에서 바침.' 〈내영지〉에서 독제를 설명하는 구절이다. 한문은 춘경칩추상강설행 위양돈각읍납(春驚蟄秋霜降設行 爲羊豚各邑納)이다. 양과 돼지는 생물(生物)이었다. 조정에선 독제 지낼 때 생물을 제물로 바치는 걸 세종 15년(1433) 이미 금지했다. 그런데도 지방에선 지켜지지 않았음을 엿볼 수 있다.

아무튼 독제는 매년 두 차례 거행됐다. 봄 경칩과 가을 상강 때였다. 조선시대는 그랬고 고려 때는 매년이 아니라 매달 두 차례 거행됐다. 그만큼 중요시했다. 조선시대 독제 주관자는 한양과 지방이 달랐다. 한양은 병조판서가 주관했고 육군부대가 설치된 병영, 수군부대가 설치된 수영은 지방관이 주관하였다.

독 깃발은 존엄의 극치였다. 독 깃발에 신(神)이 깃들었다고 믿었다. 가장 높고 가장 깊숙한 곳에 사당을 지어 독 깃발을 모셨다. 독 깃발을 모신 사당을 독당, 독묘(纛廟), 독사(纛祠), 독단(纛壇)이라고 했다. 둑당, 독묘, 둑사, 둑단과 같은 말이다. 독신을 제대로 모시지 않으면 백전백패였으니 조정에서도 독당 관리에 신경을 곤두세웠다.

독제 제례상
독제는 존엄의 극치였던 독 깃발을 모시는 제사였다. 독 깃발엔 신이 깃든다고 믿어 가장 높고 가장 깊은 곳에 사당을 지어 보관했다. ©통영시청

조선왕조실록에 37번 언급돼

그런 정황은 〈조선왕조실록〉 곳곳에 나온다. 인터넷에서 〈조선왕조실록〉에 들어가 '독제(纛祭)'를 검색하면 관련 정보가 37건이나 뜬다. 세종 때가 8건으로 가장 많고 중종 7건, 성종 5건, 명조와 정조 3건, 선조 2건 등이다. 이 중에서 〈세종실록〉에 나오는 세종 12년(1430) 11월 12일 세 번째 기사를 소개한다. 이 기사에는 양과 돼지를 제물로 사용한다고 나오는데 3년 후 2월 7일 〈세종실록〉에는 '예조에서 독제의 음복·음복소에 쓰는 잡물과 생육을 없앨 것에 관해 아뢰'자 '그렇게 하라(從之)'고 했다는 기록이 보인다.

예조에서 아뢰기를 "이제 교지를 받자온즉, 서반(西班, 무관)에서 호군 이상은 독제를 지낼 때에 재계(齋戒)를 드리지도 않고 배제(陪祭, 담복淡服을 입고 제사를 지내는 것. 담복은 탈상한 후 입는 엷은 옥색의 상복)도 드리지 않는 것은 옳지 못한 듯하니 옛 제도를 조사하여 들이라고 하셨습니다. 〈홍무예제〉를 자세히 보니 '모든 지방의 수어관(守禦官, 외적 침입 막는 관리)은 모든 관청 청사 뒤에 대를 쌓고 기독묘(旗纛廟)를 세운다. 군아(軍牙, 병기)와 여섯 독신의 신위를 설치하여 놓고 봄철의 제사는 경칩 날에 지내고 가을철의 제사는 상강 날에 지낸다. 제물은 양 1마리, 돼지 1마리, 비단 1필인데 흰 빛을 사용하며 축문 1장, 향·촛불·술·과일을 놓는다. 제사가 있기에 앞서 모든 관리는 하루 동안 재계를 드리고 제사지내는 날이 되면 수어장관은 무관복 차림으로 삼헌(三獻)의 예를 집행한다. 만일 군대를 출동할 때에는 기독(旗纛)을 내어 제사를 지내며 군대가 돌아왔을 때에는 그대로 묘(廟) 안에 들여둔다. 의주(儀注)는 사직에서와 같다'라고 하였습니다. 우리나라에서 모든 제사 지내는 의식에는 헌관과 여러 집사 이외에 배제관(陪祭官)이란 것이 따로 없사오니 〈홍무예제〉에 의하여 헌관과 여러 집사자 이외에 다른 무반은 배제를 허락하지 마시기 바랍니다." 하니, 왕이 그대로 따랐다.

마을 생긴 게 산 아래 정자 같아 '산정 山亭'

지금 수영에 해당하는 경상좌수영 독당 또는 독묘는 어디에 있었을까. 인용한 〈세종
실록〉에 '모든 관청 청사 뒤에 대를 쌓고 기독묘를 세운다'고 했으니 관청이 모여 있
던 수영성 가장 깊숙한 곳에 있었을 것이다. 수영구가 2020년 9월 제작해 배포한 '경
상좌수영 관아배치도'에도 수영성 가장 안쪽에 독당이 있는 것을 볼 수 있다. 이 책
제1장에서 언급한 〈내영지(萊營誌)〉에는 독당의 위치에 대해 구체적으로 언급하는
대목이 나온다.

'독당은 산정에 있다.' 〈내영지〉 '단묘(壇廟)' 조항에 나오는 독당 위치다. 한문 원문은
'纛堂在山亭(독당재산정)'이다. 산정(山亭)은 산에 있는 정자를 연상하기 십상이지만
대부분은 마을 생김새에서 비롯한 지명이다. 지형이 산 아래 정자와 같다고 해서 산
정(山亭)이라 했다. 주변 풍광이 빼어나 삼복 무더위에는 술과 음식을 마련해 계곡이
나 산정을 찾는 풍류가 있었다. 조선팔도에 그렇게 생긴 마을이 많았으므로 산정이
란 지명도 곳곳에 있었다. 경남 함안, 전남 영암과 장흥, 충남 공주 등 곳곳이 산정이
었다.

'동래군 남수리 271번지'. 전문가들이 지목하는 경상좌수영 독당이 있던 곳이다. 1912
년 제작한 지적원본에 이 번지를 언급하면서 지목을 제사 지내는 곳인 '사(社)'로 표
기했는데 거기에 독당이 있었다고 한다. 그러니까 1912년 그 무렵만 해도 지목에 표
기될 정도로 독당은 건재했다. 남수리 271번지는 현재 수영사적공원 수영민속관 남
동쪽 화장실 근처라고 전문가들은 진단한다.

일세가 늑세하면서 수영성은 성벽이 헐리고 관아가 뜯기는 수모를 당한다. 독당이
라고 예외일 수 없었다. 대장의 기를 모신 곳이었기에 수모는 더 심했다. 갈기갈기
찢겼고 헐렸다. 그러나 25의용을 비롯한 수영 사람의 강단과 반일정신을 익히 알기
에 완전히 없애지는 못했다. 그래서 옮긴다고 옮긴 곳이 천연기념물 곰솔나무 아래
였다. 거기서 2017년까지 있었다.

부산 천연기념물 일곱 가운데 수영에 둘

수영사적공원 천연기념물 곰솔나무. 400년 넘는 이 소나무는 우리 수영의 보호수며 수영구민의 보호수다. 이 자리에 조선 수군이 주둔하던 그때도 그랬다. 전투에 나갈 때면 이 나무에 대고 무사귀환을 빌었고 무사히 귀환해서는 고맙다고 빌었다. 100m 되지 않는 거리에는 또 다른 천연기념물인 푸조나무가 있다. 조선시대 수영 사람들은 곰솔나무를 군신목(軍神木), 수신목(水神木)으로 떠받들었고 푸조나무를 지신목 (地神木)으로 떠받들었다.

참고로, 부산에는 천연기념물이 몇이나 있을까. 부산이 광역대도시라서 꽤 되지 싶어도 얼마 되지 않는다. 그 이유가 첫째는 천연기념물의 급이 대단히 높아서다. 천연기념물은 지방이 아니라 국가가 지정하는 문화재니 급이 높을 수밖에 없다. 둘째는 개발에 의해서다. 파헤치고 뭉개지고 하면서 천연기념물 이상의 가치를 지닌 경관이며 유적이 훼손되거나 손상을 입었다.

부산에 있는 천연기념물은 모두 일곱. 그중에 둘인 400년 곰솔나무, 500년 푸조나무가 우리 수영에 있다. 이 하나만 봐도 수영은 천연기념물의 도시며 자연생태의 도시라고 자부할 수 있다.

내가 지금 선 곰솔나무 아래는 몇 년 전까지만 해도 사당이 있었다. 정면 2칸의 기와지붕 사당이었다. 2칸 중에서 왼쪽 한 칸은 독신묘(纛神廟)였고 오른쪽 한 칸은 성주신당(城主神堂)이었다. 독신묘와 독당은 같은 말. 산정(山亭)에 있던 독당이 일제강점기 이리로 옮겨왔다. 성주신당은 송씨할매당이라고도 했다. 2017년 옮기기 전 송씨할매당 상량문에는 1936년 음력 11월 초3일 중건(重建)했다고 적혀 있었다.

송씨할매당에는 비록 일본식으로 중건된 사당이긴 했지만 수영 사람 비분강개한 마음이 담겼다. 독당도 그렇지만 할매당 앞에 서면 주먹을 불끈 쥐었고 마음을 다잡았다. 송 씨 할머니는 일제강점기 수영 주민이었다. 하루는 산에 나무를 하러 갔다가 일본 군인에게 희롱을 당하자 분기탱천해 싸웠고 군인을 물리쳤다. 순사도 호랑이 같던 시절에 군인을 그랬으니 장하고 장하다며 마을 사람들이 세운 사당이 송씨할매당이었다.

수영고당(水營古堂). 독당과 성주신당이 나란히 있을 때 두 제당을 합쳐 수영고당이

라고 했다. 현재 남문 초입에 있는 천연기념물 곰솔나무 아래 있었다. 수영고당 제사
는 1년에 한 번, 음력 섣달그믐 자정에서 정월 대보름 전 사이에 수영향우회 주관으
로 지냈다. 수영고당은 위상이 대단히 높았다. 문화재관리국이 1969년 발행한 〈민속
자료보고서〉 제39호 '부락제당(部落祭堂)'에 수록된 남한 전체 14,566곳, 부산 39곳 당
사 가운데 여기 수영당사(堂祠)만 선택하여 수록했을 정도다. 독당과 송씨할매당은
일제 저항의 상징이었다. 그러기에 수영향우회에서 매년 제사를 지내 오고 있다.
최한복 선생이 지은 〈수영유사〉에 이 무렵의 홀기(笏記)가 간략하게 나온다. 다음과
같다.

삼신재배 분향재배 강신재배 초헌재배
아헌재배 삼헌재배 사신재배 첨작재배

산정(山亭)에 제당이 유하여 매년 (음) 정월 초순에 정기제(定期祭)와 영내 기도 시
에 임시제로서 동장이 주제자(主祭者)가 되어 금일까지 향화(香火)를 부절(不絶)하
니 그 신위는 양위로 분하여 있다. 일위는 토지신이요, 일위는 독신이니 수사 수기
신(手旗神)이다.

수영사적공원 천연기념물 푸조나무 ©이인미

수영사적공원 천연기념물 곰솔나무 ©이인미

기념비에 새겨진 선친 함자 석 자

수영고당은 네 차례 보수했다. 목조 기와지붕이니 세월의 무게를 견디기엔 한계가 있었다. 1936년 중건 이후 세 차례는 모두 광복이 되고 나서였다. 1960년대 초와 1981년 중수(重修), 그리고 2003년 개수(改修)였다. 그러다 2017년 원래의 자리로 찾아가자는 여론에 힘입어 이전, 복원했다. 지금은 그러한 일이 있었다는 기념비와 안내판이 곰솔나무 아래 세워져 있다.

'수영고당의 유래', '(구)수영고당의 이전.' 기념비와 안내판 명칭이다. 여기 올 때마다 기념비를 보고 안내판을 들여다본다. 그냥 보는 게 아니라 양주동 신생 표현대로 한 글자 한 글자 '안광(眼光)'이 지면(紙面)을 뚫을 듯' 쳐다본다. 기념비에는 선친 성함이 나오고 안내판에는 내 이름이 나오는 까닭이다. 1960년대 중수(重修)와 1981년 증수(增修)는 선친이 도맡았고 2003년 개수(改修)는 내가 도맡았다. 그게 고맙다고 세워 준 비석이고 안내판이다. 안내판 문구를 인용한다. 좀 쑥스럽다.

(구)수영고당의 이전

현재의 사각형 부지는 2017년 9월까지 수영고당이 있었던 부지였다.

수영고당의 창건은 400여 년 전(임진왜란 이전)으로 추정되며 일제 때 왜병에게 항거한 송 씨 할매의 정신을 기리는 '송씨할매당'이라는 산신당(山神堂)과 경상좌수영이라는 병영의 군기를 모신 '독신묘(纛神廟)'가 함께 하나의 건축물을 구성하고 있었는데, 건축물의 위치가 관련 문헌상 일치하지 않고 건축물의 건축양식이 한국 전통가옥의 양식에 벗어난다는 문화재 전문위원의 의견에 따라, 현재의 위치에서 25의용사 뒤 '수영동 363번지'에 신축하여 이전하였다.

오른쪽의 비석은, 오래된 수영고당을 1981년 중수(重修)하였던 애향인(愛鄕人) 김기배(金己培) 씨의 공덕과 2003년 개수(改修)하였던 그의 아들 김종수(金鍾秀) 씨의 공덕을 기리기 위하여 현재의 상태로 유지하기로 하였다.

(구)수영고당의 이전 안내판

수영고당의 유래비 옆에 선 저자의 선친

수영 고당의 유래비 ⓒ이인미

장승과 솟대 자랑하러 갔다가 독당까지

하루는 수영구청 강 모 국장이 나를 불러서 갔다. 부산시장 방문을 앞두고 수영고당이 말끔하게 보이도록 페인트칠을 해야 한다며 걱정했다. 그래서 선뜻 내가 맡겠다고 나섰다. 페인트칠은 그리 어려운 일이 아니라고 생각했다. 그런데 그게 아니었다. 페인트가 아니라 단청을 해야 했다. 그때만 해도 나는 단청 단 자도 모르는 문외한이었다. 여기저기 물어보고 전문가를 수소문해서 일을 마무리했던 기억이 새롭다.

수영고당을 돌본 데는 당시 수영고적민속보존회 방광성 이사장의 영향도 컸다. 어느 날 방 이사장은 나를 불러선 "장승과 솟대가 예전에는 있었는데…" 하며 말끝을 흐렸다. 그래서 구청 담당자와 의논해 여기저기 자투리 예산과 내 돈을 들여 장승과 솟대를 새로 세웠다. 자랑도 할 겸 보고하러 갔다가 방 이사장에게 더 큰 짐을 떠안게 되었다.

방 이사장은 나를 보더니 대뜸 이런 말을 했다. "수영고당은 자네 선친께서 중수하여 지금까지 잘 왔는데 지금 기와가 내려앉고 그러니 복원해 보라"는 것이었다. 선친 이야기가 나오니 내뺄 재간이 없었다. "제가 죽기 전까지 꼭 복원해 놓겠습니다." 얼마 뒤 당시 구청 노규래 문화공보과장과 의논했다. 노규래 과장은 문화공보과 주무 시절부터 좌수영에 많은 관심을 가지고 특히 독당에 신경을 많이 썼다.

수영고당 일을 내 일처럼 하게 된 또 다른 계기도 있었다. 장승 세울 때보다 훨씬 이전인 2003년 정초였다. 1월 26일쯤으로 생각한다. 그날 아침 노 과장에게 다급한 전화가 걸려왔다. 그때 노 과장은 주무였다. 누군가가 수영고당 앞에서 신을 받기 위해 굿했는데 신을 못 받자 화가 나서 고당의 문과 깃발 등을 파손했다는 거였다. 그래서 연산경찰서에 연행돼 있다는 거였다. 나는 형식적으로나마 수영고당 관리자, 당지기였다.

파손 현장을 살펴보았다. 엉망이었다. 문짝은 떨어져 나가고 깃발과 깃대, 신위 등은 한마디로 가관이었다. 연행된 자는 마흔 살 수영구민 양 모 씨였다. 왜 그랬는지 알아보니 측은지심이 일었다. 수영고당에서 영험이 있다고 해 그리했는데 신을 못 받아 술 마시고 홧김에 그랬단다. 얼마나 많은 이가 영험을 받길래 그런 소문이 났을까, 한편으론 뿌듯했다. 원상회복 각서를 받고 내 책임 하에 사태를 매듭지었다.

사실 수영고당에서 신기를 받으려는 사람은 늘 있었다. 수영향우회가 제대로 제사를 지내기 전까지는 선친과 함께 구정이나 보름날에는 청소하려고 수영고당을 찾았다. 그럴 때면 문틈으로 젊은 남자 사진이 몇 장씩 보이곤 했다. 군에 입대하거나 원양어선, 해외파견 나가는 가족 또는 연인의 안녕을 수영고당에서 빌었다.

새 수영 제 40 호 2000년 6월 1일 목요일 (3) 우리

4백여년 세월동안 수영마을의 안녕을 빌어준
수영공원 '송씨할매당'을 찾아서

아치형의 좌수영성 남문 안으로 들어서면 첫번째로 시야에 들어오는 신당이 있다. 어떤 아픔이라도 포근히 감싸주고 어루만져주는 너그러운 할머니 품속 같은 송씨할매당.

가진 할매의 장한 일을 기리기 위해 할매당에 송씨할매를 모시게 되었고 그 뒤부터 송씨할매당이라 불려졌다고 전해진다. 그래서인지 특히 남성들을 위한 소원을 빌면 송씨할매가 잘

▲ 올 봄, 사재를 들여 할매당을 곱게 단장한 김종수씨. 선친 김기배씨가 지역을 위해 발벗고 나서서 일했던 것에 비하면 자신이 한 일은 비할 바가 못된다고 강조한다.

싸움터에 나갈 때마다 할매당에 기원의식 가져
남성을 위한 소원 빌면 효험있다는 전설
미담 살아 있는 관광명소로 발전시켜야

임진왜란 이전에 창건되어 지금까지 4백여년이란 세월 동안 수영마을의 안녕을 빌어준 자태의 송씨할매당은 일명 수영 고당(姑堂)·수영 할매당·산정(山亭)머리 할매당이라 불리며, 장구한 세월이 흐르는 동안 파손되기를 거듭, 지난 '97년 작고한 애향인 김기배씨에 의해 1981년 신축되었고 새천년 4월, 그의 아들 김종수씨가 지금의 모습으로 새롭게 단장하였다.

할매당은 우리 병사들이 싸움터에 나갈 때마다 무사히 이기고 돌아오기를 빌었던 곳이라 한다. 그후 일제시대 때, 산에 땔감을 하러 갔다가 자신을 희롱하는 일본군인을 과감하게 물리친 수영동에 살고 있던 송씨 성을

도와주어 효험이 더욱 크다는 속설도 있다.

최근까지 동네 아낙네나 이웃 무속인들이 이곳을 찾아와 촛불을 켜놓고 소원을 비는 일도 종종 있었다.

제사는 일 년에 한 번 지내는데 제일은 음력 섣달 그믐 자정이다 수영기로회 회원들이 그동안 맡아왔다. 팔작기와지붕으로 된 당사는 두 칸의 방으로 이루어졌는데 정면에서 바라보아 오른쪽 방의 문 위에 성주신당(城主神堂)이라는 문패가 붙어 있으며 안의 제단에는 구멍을 뚫어 거기에 여의주를 물고 있는 용을 그린 누런 신기(神旗)가 세워져 있다. 한편, 왼쪽방의 문 위에는 독신묘(篤神廟)라는 문패가, 제단 위에는 마른 명태

한 마리가 세워져 있다.

"생전에 아버님께서는 때때로 할매당에 저를 데리고 가서 그곳을 깨끗하게 청소하셨습니다. 또, 어떤 날 새벽에는 정한수와 명태를 새것으로 준비하여 바꿔 놓곤 했습니다. 그래서인지 지금도 할매당 곁에 세워져 있는 비석에 쓰여진 선친의 함자를 대하면 애향심을 가지고 열심히 살아야겠다는 책임감을 느낍니다." 대를 이어 할매당을 살피는 김종수씨의 말이다.

현재 민락동에 '동흥농장'을 운영하며 지역발전을 위해 노력하는 김종수씨. 할매당을 보수 단장하기로 결심한 지난해 말부터 그는 불교미술전문가를 찾아다니며 자문을 구하는 등 심혈을 기울였다.

오랜 시련의 역사를 거치는 동안 우리 수영의 땅과 사람을 지키는 네 마음자리가 되어온 할매당. 그 미담이 널리 알려져 유서깊은 수영공원과 함께 더욱 빛나고, 후손들의 앞길을 환하게 밝혀주기를 빈다.

◀ 할매당은 앞면길이 3.6m, 옆면길이 2.54m, 높이 3.26m이고 팔작기와지붕에 블록벽, 나무문으로 된 두 칸의 방이 있다. 방안에는 각각 신기

수영구청 신문 〈새수영〉 40호에 실린 수영사적공원 송씨 할매당 관련 기사
사재를 들여 할매당을 돌봤던 저자의 선행을 소개한다. ©수영구청 신문

'전국 굿 경연대회'를 수영에서!

나도 익히 그런 영험을 봤다. 내 솔직한 내심을 밝히자면 영험을 익히 봤기에 수영고당 일에 더 매달려 왔는지도 모른다. 나는 슬하에 딸 하나, 아들 하나를 두었다. 딸을 낳고서 아들을 얼마나 기다렸는지 모른다. 딸은 딸대로 사랑스러워도 우리 연배에 아들은 아들 이상이었다. 선친도 말씀은 안 했지만 눈빛만큼은 간절했다.

드디어 경사가 생겼다. 선친이 수영고당 증수를 도맡았던 그해 아들이 태어났다. 공사를 마치고 두어 달쯤 지나서인 1981년 6월 25일 아들 재한이가 태어났다. 그보다 기쁜 일이 어디 있겠나 싶었다. 세상이 달라 보였고 수영고당이 달라 보였다.

이참에 하고 싶은 말이 있다. 전국 무속인 경연대회를 열면 어떨까 싶다. 굿을 수영을 대표하는 예술로 승화시키는 계기도 되리라 본다. 잘 아는 무속인들은 당지기인 나를 찾아와 굿하려고 하니 문을 열어달라고 부탁했다. 수영 사적공원 일대는 한때 무속인이 부산에서 가장 많았다. 100군데가 넘었다. 무속인들은 부산에서 여기가 제일 세다고 했다. 수군과 그 가족의 영혼이 곰솔나무며 푸조나무며 수영성을 맴돈다고 했다. 맴도는 영혼을 달랠 겸 굿 경연대회를 제안한다.

용두산공원과 오륜대에서 기념 촬영한 저자와 저자의 선친, 그리고 저자의 선친과 저자의 아들 재한이(사진 왼쪽부터)
용두산공원 동상의 주인공인 충무공 이순신과 수영강 원류 오륜대는 둘 다 수영과 연관이 깊다.

사재 들여 장승 세워

선친은 지극정성으로 수영고당을 모셨다. 내가 어릴 때도 그랬다. 어린 나를 자주 데려가서는 깨끗하게 청소하는 모습을 보이셨다. 어떤 날 새벽에는 정화수를 갈고 명태를 새로 달기도 했다. 한마디로 정성이 극진했고 마음이 곡진했다. 그 후 선친의 공덕을 기리는 비석이 세워졌고 비석에 새겨진 선친 함자를 보면서 지역을 위해서 열심히 살아야겠단 마음이 솟았다.

앞서 말한 장승도 그런 마음으로 건립에 힘을 보탰다. 장승이 없던 것은 아니었지만 지나치게 희화화한 게 누가 보더라도 말이 나왔다. 보존회 방광성 이사장의 권유도 있고 해서 제대로 된 장승 모시기에 나섰다. 장인을 수소문해 경남 고성 탈박물관 관장이자 한국장승학교 대표인 이도열 선생에게 의뢰해 천하대장군 1기와 지하여장군 1기를 제작해 건립했다. 주제는 '기쁨과 위엄'이었다. 제막식은 2015년 3월 5일 가졌다. 동문 바로 안쪽, 수영사적공원에서 수영고당으로 가는 오솔길 양옆에 선 장승이 그 장승이다.

수영사적공원 장승에는 비하인드 스토리가 있다. '옛날엔 장승이 있었는데 없어서 아쉽다'는 방 이사장 말씀을 기억해 뒀다가 구청 담당에게 전달했고 일부 확보된 예산에 내 사재를 충당해 수영고당 앞에 설치키로 하였다. 그때 문화공보과장으로 새

수영사적공원에 새로 조성한 장승
2015년 3월 개막식을 했다. 남문에서 수영산신당으로 가는 오솔길 양옆에 세워져 있다. ©이인미

로 부임해 이 소식을 접한 노규래 과장이 나를 찾아와 "회장님! 장승은 마을 어귀에 세워야지 왜 성안에 세우느냐?"고 건의해 현 위치로 바뀌었다. 키도 줄어들었다. 애초 5m 소나무였으나 키를 줄이고 몸집을 더 키웠다.

그런데 장승 건립이 다가 아니었다. 장승 건립은 어쩌면 더 큰 일의 전초에 불과했다. 본격 사업이랄 수 있는 수영고당 이전 문제와 마주치게 되었다. 그동안 해왔던 보수 작업은 이전 작업에 비하면 일도 아니었다. 그만큼 엄청난 돈이 들고 과정도 복잡한 일이었다.

관계자들은 보존회 방 이사장 방에서 회의를 가졌다. 수영고당 철거와 이전 복원에 대한 의견 수렴과 동의를 위한 회의였다. 방 이사장, 수영향우회 분, 수영구청 과장과 담당자, 그리고 내가 참석했다. 방 이사장은 나의 의사를 존중해 주었다. 수영고당은 선친이 공을 들였으며 아들인 내가 관리해 왔다는 이유였다. 뿌듯했다. 방 이사장 지원에 힘입어 내 의사를 밝혔다. 수영성에 대해 약간이라도 기억하는 우리 세대가 살아 있을 때 하루라도 속히 옛 모습을 복원해 다음 세대에 물려주자고 역설했다.

사실 수영고당 이전은 시대적 요청이었다. 일제가 득세하면서 제자리에서 쫓겨난 독신묘를 원래 자리로 돌려놓아야 했다. 일제강점기를 거치면서 왜색 일변도로 뒤바뀐 구조며 단청도 바꾸어야 했다. 그렇게 해서 다음 세대에 물려줘야 나도 마음이 편해질 것 같았다.

당시 수영구청 담당과장은 노규래 문화공보과장이었다. 노 과장은 충정과 취지에 누구보다 공감했다. 예산 확보에 적극 나서서 1억3천만 원을 확보했고 추가로 5천만 원을 더 확보했다. 마침내 사업을 시작할 수 있었다.

사업 시작에 앞서 사업설명회가 열렸다. 보존회 방광성 이사장 빙에 7~8명이 참석했다. 부산시 문화재위원인 부산대 건축학과 서치상 교수와 조흥복 선생을 비롯한 수영 토박이 어른 몇 분, 그리고 나였다. 5대째 수영 토박이 조흥복 선생은 중요무형문화재 제43호 수영야류 기능보유자이기도 하다. 회의는 사업 설명과 현장 답사를 거쳐 자문의견서를 채택했다. 자문의견서는 수영구청에 전달했다. 자문의견서 내용은 다음과 같다.

조씨할배당·송씨할매당 정비에 대한 자문의견서

수영고당(일명 송씨할매당)은 철종 원년(1850)에 편찬된 〈내영지〉의 '단묘' 조항에 언급될 만큼 오래 전부터 존속해 왔던 사당임에 틀림없다. 독당(지금은 독신당으로 부른다)의 현재 위치는 대정 원년 지적원본(1912년 제작)에서 '271번지(이후 다른 지번에 합필되어 사라짐)'라 하고 그 지목을 '사(社)'로 표기한 곳으로 비정된다.

• 〈내영지〉 단묘 조에 독당 말고는 '성황사가 동문 밖에 있다' 했고 또 '용두신사가 구락리(지금의 정과정 유적 근처에 있던 마을)에 있다'고 했을 뿐이다. 따라서 지금 '성주신당'으로 현판을 단 일명 송씨할매당은 원래 없었다고 보는 것이 옳다. 실제로 송씨할매에 얽힌 이야기도 일제강점기 시절 이야기다.

• 지금 수영고당 건물은 일본식으로 보이는 각형(角形) 서까래 등을 사용했으며 전반적으로 한국건축 전통법식에 어긋난다. 1972년 조사 때 발견된 상량문도 1936년으로 적혀 있으므로 독당 옆에 한 칸을 더 내어 송씨할매 위패를 모신 것은 일제강점기 때의 일임이 분명하다.

• 독당은 〈내영지〉 단묘 조에 기록되는 등 역사가 유구하고 원래 위치도 어느 정도는 비정이 가능하다. 따라서 지금 송씨할매당과 함께 모신 건물을 수영고당이라고 하는 것은 옳지 않다. 독당은 옛 경상좌수영 역사의 한 페이지를 장식하지만, 송씨할매당은 경상좌수영이 혁파되고 성곽이 철거된 이후 한 개인의 일에서 연유된 것이다. 두 신격의 연륜과 가치, 의미, 형평성 등 모든 점에서 부적절하다.

• 건물도 일제강점기에 지어진 형식에다 대충 시멘트 콘크리트로 짓는 등 한국전통 건축법식에서 어긋나고, 특별한 경우가 아니면 홀수 칸으로 짓는 원칙에도 어긋난다. 무엇보다도 지금 건물의 위치는 사당이 들어설 수 없는 곳이다. 이곳은 동문에서 원문(轅門)을 거쳐 객사와 동헌으로 통하는 중앙로 바로 옆으로 각종 관아시설이 있던 곳이다. (이는 앞서 인용한 '모든 관청 청사 뒤에 대를 쌓고 기독묘를 세운다'고 한 〈세종실록〉 기록과도 배치된다.)

• 따라서 1912년 지적원본에서 '사(社) 271번지'로 표기된 곳을 조사하여 이전 복원

할 위치를 정하는 것이 옳다. 원래 위치는 현재 수영민속관 남동쪽에 있는 화장실 근처로 비정된다. 건축 형식은 정면 1칸, 측면 1칸의 한식지붕을 올린 전통 목조건축으로 이전 복원하는 것이 바람직하다. 다만, 푸조나무 등 국가지정 문화재에 의한 현상변경 허용기준에 따라 건축행위가 제한되는 곳이므로 관련 법규의 검토가 필요하다. (이 대목은 여러모로 아쉽다. '사 271번지 이전과 복원'을 강력히 주장하였으나 사적공원과 보호수 보호, 건축행위 제한 등의 이유로 뜻을 이루지 못했다.)

• 일명 조씨할배당은 서문 밖에 있는데 그 유래가 전혀 확인되지 않는다. 『내영지』의 「단묘」조에 기록된 성황사는 동문 밖에 있다 했고 용두신사는 지금의 정과정 유적지 근처에 있다 했으므로 지금의 조씨할배당 위치와 일치하지 않는 등 두 경우 모두 이와 관련이 없다.

• 조씨할배당 건물의 상량문에는 대정 12년, 즉 1934년으로 적혀 있다. 이러한 사당은 마을을 수호하는 당집인 것이 일반적이며 지금처럼 한 가문의 조상을 신격화해서 모시는 경우는 거의 없다. 주민들의 이야기도 마을 당집으로 있던 것이 어느 때부턴가 조씨할배당이란 이름으로 바뀌었을 가능성을 피력하고 있다. 실제로 1912년 지적원본에서 지금의 위치에 지목을 '사'로 표기한 필지를 발견할 수 없다. 일제강점기인 1934년에 주민들이 마을을 수호하는 당집으로 처음 세웠을 가능성이 크다.

• 조씨할배당 건물도 수영고당과 마찬가지로 일본식으로 보이는 각형 서까래 등을 사용했으며 전반적으로 한국건축 전통법식에 어긋난다. 칸 수도 정면 2칸, 측면 1칸으로 측면 1칸을 제기고(祭器庫)로 사용하는 것은 잘못이다.

• 원래 사당에는 위패만 모시고 제사용품 등은 별도의 제기고나 집안에 모시기 때문이다. 이 밖에도 담장은 흉물스럽기 짝이 없고 주변 축대 등은 일본 견치식 쌓기로 되어 있다. 이는 오랜 동안 왜구로부터 동남해안을 지켰던 경상좌수영이란 역사문화 유산과 조화되도록 한국건축 전통법식에 따라 정비되어야 한다.

• 금번 복원 정비 때 수영고당 한 칸에 조성된 독당을 원래 위치에 분리해서 이전 복원하는 것이 옳다. 그 대신 한 칸의 송씨할매당은 조씨할배당의 성격과 흡사하므로

둘을 합치는 것도 좋은 방안일 것이다.

• 즉, 지금의 조씨할배당 위치에 정면 1칸, 측면 1칸의 한식기와를 올린 사당으로 짓고 그 안에 두 위패를 함께 모시는 식이다. 다만 두 위패를 모시는 만큼 칸 치수를 약간 더 넓히고 주변 담장과 대문, 식재 등도 동시에 정비해야 할 것이다.

• 이상은 독당의 연원이 오래되었을 뿐만 아니라 그 성격도 다른 신격과 판이하므로 일제강점기에 생겼을 송씨할매당 및 조씨할배당을 분리해서 복원, 정비하는 데 초점을 맞춘 것이다. 다만 현재의 여건으로 독당의 부지를 확보하기 어려우면 세 신격을 하나의 건물, 즉 지금의 조씨할배당 건물을 2칸 정도로 지어서 한 칸에 독신을 모시고, 다른 한 칸은 일반적인 마을 동제를 지내는 당집의 성격으로 두 신격을 모시는 것을 대안으로 검토할 필요가 있다.

사업 진행과정에서 문제가 없지는 않았다. 막상 시작해 보니 기존 예산으론 전체 도면대로 공사를 진행하기가 난감했다. 공사 담당자는 지금 예산으론 공사가 무리라고 연신 애로를 토로했다. 솔로몬의 지혜가 필요했다. 단안을 내렸다. 일단 건축물만 완성하는 쪽으로 의견을 내었다. 돈이 꽤 들어가는 단청은 다음으로 미루었다. 어차피 목재가 건조해야 단청이 가능했다. 그럭저럭 공사를 마무리할 수 있었다.

신축사당 준공식(2018. 2. 20) ©부산여성신문

솔직히 말하면 나는 단청 문외한이었다. 내 전공과도 거리가 있었다. 하지만 지금은 단청이라면 몇 마디 정도는 보탤 수 있다. 계기가 있었다. 한 번은 수영구청 회의에 참석했더니 부산시장이 수영사적공원을 방문할 예정인데 수영고당이 남루해서 단청을 해야 한다는 거였다. 도와 드려야겠다는 마음으로 그 일을 자원하면서 단청이란 말을 처음 알게 되었다.

그런데 주위에는 단청하는 이가 없었다. 민락동 옥련선원을 비롯해 타지 절에도 수소문했으나 찾을 수 없었다. 결국 전화번호부를 뒤져 불교미술 탱화 전문가를 알게 됐다. 안목이 높고 단청의 색감이 대단히 좋았다. 그런 인연으로 수영 무민사 공사를 소개해 주기도 했다.

이런저런 우여곡절을 거쳐 공사는 착착 진행되었다. 마침내 2018년 2월 20일 감격의 준공을 맞았다. 그날 준공식에 참석해 테이프 커팅하면서 만감이 교차했다. 실무 최일선에서 수영고당 이전과 준공 전 과정을 지켜본 이로서 이날의 감격을 어찌 다 글로 나타내랴. 언론 기사 둘을 소개하는 거로 그날의 감격을 대신한다. 하나는 이전을 추진한다는 2016년 국제신문 기사이고 하나는 준공식을 개최한다는 2018년 부산일보 기사이다.

수영 무민사
단청의 색감이 점잖으면서 두드러진다. 저자가 찾아낸 불교미술 탱화 전문가가 무민사 단청을 맡았다. ⓒ이인미

국제신문(2016년 10월 19일, 김영경 기자)

수영사적공원 '독신당' 이전 추진

군대 출정 무사안녕 기원 장소…구, 복원과정서 위치 잘못 확인

부산 수영사적공원에 있는 '독신당(纛神堂)'이 다른 장소로 옮겨진다. 이 사당은 조선시대 군대 출정 전 무운을 기원하는 곳이다.

수영구는 사적공원 내 노후 사당 정비를 추진하던 중 수영고당 내부 독신당의 현 위치가 최초 건축 장소와 다르다는 사실이 확인돼 이전을 준비하고 있다고 18일 밝혔다. 이전 비용은 총 1억8000여만 원이다.

독신당은 400여 년 전 지어져 조선시대 좌수영 군대가 출정하기 전 무사안녕을 기원하던 사당이다. 일제강점기 때 일본군에 항거한 송씨할매의 업적을 기릴 목적으로 1936년께 지어진 송씨할매당과 함께 수영고당 내에 있다. 일제강점기 때 철거됐던 독신당은 송씨할매당이 만들어지면서 복원된 것으로 추정된다.

하지만 독신당을 송씨할매당 복원과 함께 만든 탓에 정확한 위치 등 고증에 미흡했던 것으로 드러났다. 당시 사당 정비사업 자문단으로 참여한 부산대 서치상(건설융합학부) 교수는 "1912년 수영구 지리원도(동래영지)를 보면 독신당을 나타내는 곳에 사(社)-271번지라는 표기가 있는데 그 표기가 공원 내 민족예술관 인근에서 발견됐다"며 "이에 따르면 독신당은 현 위치에서 50m 아래쪽에 있었을 것으로 추정된다"고 말했다.

수영구는 독신당을 원래 자리로 옮기려 했지만, 원위치로 추정되는 곳은 푸조나무 등 국가지정문화재가 있어 건축행위가 제한돼 이전이 힘들다. 이에 독신당을 송씨할매당과 함께 공원 내 또 다른 사당인 당산할배당과 합치는 방안을 논의하고 있다. 당산할배당을 두 칸으로 개축해 한 칸에는 독신을, 다른 한 칸에는 당산할배와 송씨할매 두 신격을 모시고 수영고당을 철거할 예정이다.

수영구 관계자는 "공원 곳곳에 있는 사당들을 합치는 게 미관상 좋다"며 "정확한 일정은 정해지지 않았지만, 이달 안으로 전문가 자문과 주민 수렴 과정을 거쳐 이전작업을 진행할 계획"이라고 말했다.

부산일보(2018년 2월 19일, 디지털본부)

수영구, 수영사적공원 내 신축사당 준공식 개최

수영구에서는 수영사적공원내 노후사당인 수영고당과 조씨할배당을 각각 철거하고 조씨할배당 부지에 2개 사당을 신축하는 공사를 완료하여 오는 20일 준공식을 개최한다고 밝혔다.

역사적 유래에서 보면 '수영고당'은 경상좌수영의 군부대 출정 깃발을 모신 사당으로 건립되었으나, 일제강점기 때 왜병을 물리친 송씨 할매의 장한 정신을 기리기 위해 수영고당을 한 칸 더 내어 송씨할매의 위패를 모셔왔으며, '조씨할배당'은 일제강점기때 주민들이 마을을 수호하는 신당으로 세웠을 것으로 추정된다.

이번 정비는 노후사당인 수영고당(일명 송씨할매당이리 불림)과 조씨할배당을 2017년 2월부터 문화재청과 전문가의 자문을 받아 정비를 시작하였고, 기존 조씨할배당 부지에'독신묘'와 '수영산신당'이라는 2개동을 신축하게 되었다.

신축된 2개 사당은 군대의 출정깃발을 모신 사당을 의미하는 '독신묘'(우측 건축물)로, 송씨할매와 조씨할배의 위폐를 같이 모시는 '수영산신당'(좌측 건축물)으로 명칭을 정하였다.

수영구 관계자는 수영 지역을 수호하는 마을사당을 정비함으로써 지역주민이 안전하고 행복한 삶을 누릴수 있도록 하는데 도움이 되었으면 한다고 밝혔다.

옛 독신묘와 성주신당 앞에서

수영구 52곳 가운데 첫 경로당 '민락경로당'

잠시 쉬어갈 겸 민락경로당 이야기를 하고 넘어가야겠다. 민락경로당은 광안리해수욕장 이면도로에 있는 이층 건물이다. 수영구 52곳 경로당 가운데 가장 먼저 자체 건물을 가진 경로당이란 의미를 갖고 있다.

경로당 입구에는 돌 비석이 3기 세워져 있다. 1기도 아니고 2기도 아니고 3기나 된다. 그만큼 이야깃거리가 많다. 비석 3기 가운데 둘은 공적비고 하나는 경로당 준공 기념비다. 제각기 사연이 있다. 이 자리를 빌려 그 사연을 밝히지 않으면 영영 묻힐까 봐 짚고 넘어간다.

공적비 2기의 명칭은 오른쪽부터 각각 '회장 김흥경 공적비', '회관건립공적비'다. 경로당 모퉁이에 세운 준공 기념비는 경로당 건물이 1985년 3월 준공했으며 건물 기증자가 경남진흥주식회사 배종성 대표이사라고 밝힌다.

민락경로당 공덕비
민락경로당은 수영구 52곳 경로당 가운데 가장 먼저 자체 건물을 가진 경로당이다.

'회장 김흥경 공적비'에 나오는 김흥경 선생은 민락경로회 회장으로 이북 피란민 출신이었다. 광안리 해변이 가진 아름다움에 매료돼 재산을 민락경로당에 기증하고 경로당에 정착했다.

'회관건립공적비'에는 선친 함자가 새겨져 있다. 회관이 건립되도록 갖은 애를 쓴 분들 함자가 나오는데 회관건립추진위원회 위원장이 선친이었다. 공적비 뒷면에 공적비 세운 내력이 다음과 같이 나온다.

1984년도에 해안 축조공사를 하던 경남진흥주식회사는 공사 애로사항을 위원장 김기배 씨와 부위원장 최진동 씨의 도움으로 해결되어 공사가 무사히 준공됨에 감사의 보답으로 사장 배종성 씨는 현 회관을 건립 기증하여 후대 회원의 안식처가 마련되었으므로 두 분의 공적을 영원히 기리기 위하여 이 비를 세움.

2005년 12월

민락경로당 회관 건립
공적비 제막

민락동 민락경로당 입구에 회관 건립에 힘을 아끼지 않은 고 김기배 어르신과 최진동씨의 공적비가 세워졌다. 경로당 어르신들은 동네 유지와 주민 90여명이 참석한 가운데 2월 15일, 공적비 제막식을 가졌다.

"땅을 기증하신 김흥경씨 공적비는 경로당 입구에 이미 세워져 있어. 살아생전 하자는 회원들의 요청에 의해 이번에 20년 전 회관 건물 건립에 앞장선 두 분의 공적을 기리는 비를 세우게 되었지."

현재 민락경로당 회장을 맡고 있는 고남진 할아버지는 늦게나마 공적비를 세우게 되어 다행이라고 말씀하신다.

민락경로당은 우리구 52곳 경로당 장 가장 먼저 자체 건물을 건립하였다. 1984년 민락 해안 매립 공사를 추진중이던 경남진흥 주식회사는 먼지와 대형 공사차량으로 인근 주민들과 마찰이 끊이지 않았다. 이때, 회관건립추진위원회 위원장 김기배씨와 부위원장 최진동씨를 중심으로 경남진흥 주식회사와 여러 차례에 걸친 합의 끝에 회관을 신축, 무상 증여 받게 된 것이다.

건평 81평, 2층 규모의 민락경로당. 적극적인 자치활동으로 모범경로당으로 인정되어 보건사회부장관 표장을 받기도 한 이곳은 현재 60여분 어르신들의 안식처 역할을 톡톡히 하고 있다.

민락경로당 회관 건립과 공적비 제막 소식을 다룬 수영구청 신문 〈새수영〉
경로당을 지은 경남진흥은 광안리 해안축조 공사를 맨 처음 벌인 향토기업이다.

광안리 축조공사 1호 '경남진흥'

경남진흥주식회사는 광안리 해안 축조공사를 맨 처음 벌인 향토기업이다. 1984년 그 때는 광안리 민락동 해안 축조공사를 벌이던 초창기라서 애로점이 많았고 민원도 꽤 발생했다. 공기는 늘어났고 대형 공사차량이 수시로 드나들면서 먼지와 소음, 사고의 위험도 컸다. 주민과 시공사 사이에 중간지대가 필요했다. 그래서 결성한 게 민락경로당 건립 추진위원회였다.

노인 인구 증가에 따른 안식처 확보는 당시 사회적 화두였다. 선친이 위원장을 맡은 추진위는 여러 차례 회합을 통해 양쪽을 설득하고 합의 도출을 도모했다. 그리하여 마침내 경로회에선 부지를, 시공사에선 건물 준공이란 대원칙을 이끌어 내었고 경로당 준공에 이르렀다. 그러한 공적을 인정받아 '제7대 회장 고남전 외 회원 일동' 명의로 2005년 연말 공적비를 세웠다.

선친은 김해김씨 경파(京派) 종중회의 종친회 발전에 기여한 공도 컸다. 가야문화 복원을 위한 지원도 아끼지 않았다.

사회복지법인 한국아동복지회 특별회원, 국제로터리 366지구(地區) 회장 등도 맡아 봉사하고 헌신하는 삶을 실천했다. 세계인의 이해와 우호 증진에 기여한 공로로 국제로터리재단 감사패를 받기도 했다. 1975년 3월에는 사단법인 수영고적민속보존회 고문으로 추대돼 전통문화 계승과 확충에 기여했다.

민락초등학교 교정 세종대왕 동상과 교문에도 선친의 마음이 담겼다. 수영초등학교 도서실 확장, 수영중학교 가사실습 시설도 그렇다. 선친이 민락초등학교 육성회장을 맡았듯 훗날 나 역시 같은 학교 운영위원장을 맡았다. 이 모두는 선친이 가신 길을 뚜벅뚜벅 따라 가려는 마음에서 비롯한 것이다.

국민훈장 석류장과 국민포장

선친이 가신 길을 따라가려는 마음을 고맙게도 나라에서 알아봐 줬다. 국민훈장과 국민포장을 받았던 것이다. 국가에서 주는 훈장과 포장을 받은 건 민주평화통일자문회의 부산수영구협의회장, 한국자유총연맹 수영구지회장, 수영구통합방위협의회 친목회장 자격으로 받은 거지만 그 뿌리는 한국반공연맹 초대 남부지부장을 맡았던 선친의 헌신과 봉사, 지역사랑 오로지 그것이었다. 선친의 그런 정신, 그런 가치관이 없었다면 국민훈장은 고사하고 국민포장도 받지 못했다.

국민훈장 석류장은 2017년 12월 서울 백범김구기념관에서 받았다. 민주평통 회원으로서 기울인 노고를 인정받았다. 나는 2003년 11기 자문위원으로 위촉돼 15기와 16기 수석부회장, 17기와 18기 협의회장직을 수행했다. 군사대도시 수영의 아들답게 나름대로는 투철한 국가관과 사명감으로 협의회 활성화와 역량 강화에 매진했다.

특히, 통일 후계세대인 청소년의 통일가치관 정립에 남다른 열정을 기울였다고 자부한다. 통일아카데미열차 DMZ 견학 등을 추진했다. 수영구민 나라사랑 안보체험 등 통일운동 확산에도 열정을 기울였다. 남들 다 하는 것 따라하는 정도였지 싶은데 나라에서 주는 '훈장'이란 큰 상을 받았다. 지금 생각해도 흥감할 따름이다.

태극무늬 바람개비 설치로 '전국 표창'

국민포장은 이보다 훨씬 앞선 2009년 9월 받았다. 한국자유총연맹 연맹본부에서 열린 창립 제55주년 기념식에서 받은 상이었다. 1990년 한국자유총연맹 운영위원으로 입회해 20년 가까이 기여한 공로를 인정받았던 것이다.

나는 2002년부터 2011년까지 이 연맹의 수영구지부장을 지냈다. 각종 대회와 행사를 통해 회원 화합과 조직 활성화를 도모했다. 관내 학교 통일교육, 탈북자 강연회, 전방 시찰 등을 펼쳐서 지역주민 안보교육에도 적극 나섰다. 2012년에는 수영구통합방위 협의회 친목회장을 맡았다. 태극무늬 바람개비 설치 등으로 전국 표창을 받았다. 호국문화진흥위원회 이사로 활동했으며 2016년에는 한불수교 130주년을 기념해 프랑스 파리에서 열린 '한국전 참전용사를 위한 평화음악회'에도 참여했다.

2002년 한국자유총연맹 부산 수영구지부장 취임을 기념하며 가족과 함께한 저자
2011년까지 10년간 지부장을 맡아 충절의 도시 수영을 대내외적으로 알렸다.

'향토 지킴이' 유지 받들려는 각오

이 모두는 '향토 지킴이'로 이름 높았던 선친 유지를 받들고자 하는 각오에서 시작했다. 선친의 그 정신, 그 가치관을 이어 받아서 회장을 맡았고 단체 회장으로서 당연히 해야 할 일에만 몰두하지 않았다. 지역문화 발전과 계승은 우리 세대의 몫이라 여겨 궂은 일, 손에 물 묻히는 일도 꺼리지 않았다. 수영고당과 장승의 개축도 그런 각오의 발로였다. 수영문화원 부원장, 부산시장애인체육회 이사, 수영구장학회 이사, 민락동 주민자치위원장을 맡은 것도 다 그런 마음이었다.

水營城

수영성

부산광역시
념물 제8호

左
水
營
址

호국정신과 반골기질의 바탕 '25의용'

나는 민주평화통일자문회의 부산수영구협의회 회장을 맡고 있다. 맡으려고 해서 맡은 것은 아니었다. 주변의 권유도 있었고 당시는 맡겠다고 나서는 이가 없기도 했다. 그렇긴 해도 25의용에 바탕을 둔 호국정신이랄지 반골기질이랄지 그런 게 태생적으로 내 몸에, 내 마음에 스며들어 있는 게 작용했다고 본다. 대표가 되기 이전에도 그랬지만 단체가 단체인 만큼 지역의 안녕과 안보를 도모하는 행사나 모임에 자주 참석해 왔다.

해군부대 방문도 그런 행사 가운데 하나였다. 2019년 2월 11일 수영구통합방위협의회 직전 친목회장 자격으로 구청장과 회원들과 함께 남구 백운포 해군작전사령부를 방문해 부대 현황 브리핑을 듣고 함정 견학과 항해 체험을 하였다. 수영은 조선시대 경상도 수군의 핵심이었기에 명분 내지는 당위성 같은 게 있었다. 그러나 기대와 달리 실망만 안았다. 실망은 컸다. 한마디로 '답이 없었다.'

작전 상황실에서 브리핑을 듣고 소개를 비롯한 일련의 행사를 마친 뒤 질의 시간을 가졌다. 처음부터 나는 수영구통합방위협의회 직전 친목회장으로 명단이 넘어갔는데 누군가가 점 하나를 잘 찍어주는 바람에 갑자기 작전회장이 되어 제일 높은 자리 딱 중간에 배치되었다.

아무도 질문을 하지 않아 준비해 간 둑방에 대해 읽어 내려갔으나 별 반응이 없었다. 혼자 경 읽는 신세였다. 내 자신이 부끄러울 정도였다. 이런 분위기에서 내가 왜 '둑방, 둑방' 그러는지 자괴감마저 들었다.

수영은 25의용이란 전쟁 영웅을 배출한 성역이며 국방 최일선에서 나라를 지켰던 호국의 성소였지 않은가. 그러나 군인들 잘못만은 아니었다. 그렇게 되도록 만든 우리 잘못이 컸다.

남구 백운포 해군작전사령부를 공식 방문한 저자
수영은 조선시대 경상도 수군의 핵심이었고 국방 최일선에서 나라를 지켰던 성소였기에 해작사 방문은 의미가 깊었다.

전쟁 영웅 배출한 성역이며 호국의 성소

수영을 제대로 알리려면 수영성 복원이 먼저라는 생각도 들었다. 뭔가 손에 잡히고 눈에 들오는 게 있어야 알 게 아닌가 싶었다. '백문이 불여일견'이 그냥 생긴 말이 아니었다. 어떻게 복원할 것인가. 콘텐츠도 중요하고 방향성도 중요하다. 단지 군사시설 몇을 복원해서 끝날 문제가 아니고 공원을 확장하는 방향으로 가서도 풀리는 문제가 아니다.

어떻게 복원할 것인가. 나만 그런 마음을 가진 게 아니었다. 그런 마음을 가진 이들이 의외로 많았다. 수영을 사랑하고 수영의 미래를 생각하는 마음은 누구나기 같았다. 그런 마음으로 세미나가 열렸다. 수영포럼 도시개발분과위원회 주최로 2019년 11월 22일 수영구청 대회의실에서 열린 세미나 '경상좌수영 문화가치 복원 방안'이 그것이다.

이 세미나는 성황을 이뤘다. 수영성 복원에 대한 지역민의 간절한 마음을 확인하는 자리였다. 이날 세미나에서 부경대 사학과 신명호 교수가 주제 발표를 했고 내가 민주평통 수영구 회장 자격으로 부경대 사학과 이근우 교수와 함께 토론자로 나섰다. 신명호 교수는 수영성이 지닌 역사적 의미와 문화적 가치를 고증과 자료로 역설했다.

'경상좌수영 문화가치 복원방안' 세미나 장면(2019년 11월 22일)
부경대 사학과 신명호 교수가 주제 발표를 했고 저자와
부경대 사학과 이근우 교수가 토론자로 나섰다.

일제가 청일전쟁 승리하면서 수영 해체

수영성은 1592년 임진왜란이 일어나면서 크게 허물어졌다. 하지만 젊은 피가 들끓던 군부대였던 만큼 꾸준히 복원됐고 확장됐다. 그러나 파국은 한꺼번에 들이닥쳤다. 청일전쟁에서 승리한 일제가 조선의 국군을 해체하면서 1895년 전국의 수영도 해체 했다. 지금 우리가 말하는 수영인 경상좌수영이라고 피해갈 수 없었다. 성내 관아는 뜯겨 나갔고 반듯한 화강암 4대문과 성벽은 무너져 내렸다. 이 모두는 조선의 호국 정신, 수영의 항일정신에 침을 뱉으려는 일제의 간계에서 비롯한 것이었다.

수영구가 남구에 속해 있을 때 발간한 남구지(南區誌)는 일제의 간계를 적나라하게 드러낸다. 요컨대 다음과 같은 대목이다.

> 그렇다고 그러한 시설을 직접적으로 철거 또는 파괴할 때는 주민의 저항을 사게 되었 다. 그래서 지역을 현대화한다는 미명 아래 시가지 계획을 세워 그 시설물과 건물을 철거·파괴하였는데(…) 오늘날의 수영동은 거의 전부가 좌수영성 안이었는데 그 수영 동을 시가지를 계획한다 하여 좌수영성 안의 그 많은 건물을 파괴하여 길을 내고 집터 를 정비하여 좌수영성을 헐었다. 헐린 좌수영성 성벽의 석재는 새로 짓는 집의 주춧돌 과 담장이 되고 하수구의 담벽이 되었다.

해방이 되고 나서도 수영성 복원은 요원했다. 남의 나라 일인 양 등한시했다. 먹고살 기에 급급했던 그 시절, 역사 복원은 호사가의 미사여구로 치부했다. 그리고 복원하 기엔 너무 나가 버렸다. 성이 있던 자리는 민가가 들어섰고 길이 들어섰다.

성 자체도 그랬다. 수군 본영의 위풍당당했던 4대문은 남문만 남았고 성벽을 올렸던 네모반듯한 화강암은 뿔뿔이 사라졌다. 혹은 있는 집에 고급석재로 팔렸고 혹은 여 염집 축대로 쓰였다. 훗날 제대로 된 복원을 위해 구청에서 흩어진 성벽 돌을 모으고 있다고는 하지만 요원하다.

그래도 멈출 수 없는 수영성 복원

그래도 수영성 복원은 멈출 수 없다. 조선의 정신을 복원하는 일이고 수영의 정신을 복원하는 일이기 때문이다. 2005년 그 무렵 도시철도 수안역을 지으면서 임진왜란 희생자의 유골이 수없이 나왔듯 수많은 희생자가 묻혔을 수영성을 이 시대를 사는 우리가 어찌 '나 몰라라' 할 수 있을 것인가.

2019년은 뜨거웠다. 일본과 경제 전쟁이 벌어지면서 일본제품 불매와 반일이 시대의 화두로 떠올랐고 시대의 정신으로 부각했다. 일본 맥주는 매장에서 아예 사라졌고 '소부장'으로 불리던 소재와 부품, 장비 같은 산업의 뿌리는 몰라보게 튼실해졌다. 수영성 복원도 우리 시대의 정신으로 접근해야 한다. 수영성 복원은 또 다른 형태의 반일이고 극일인 까닭이다.

성을 복원하려면 우선 실체를 제대로 알아야 한다. 실체를 제대로 알아야 제대로 복원할 것이 아닌가. 다행스럽게도 수영성 원형은 여러 곳에 기록으로 전해진다. 고문서로, 고지도로 수영성 원형에 다가갈 수 있다. 단편적으론 이미 숱한 자료가 나와 있다.

믿는 구석은 있다. 수영성 연구자가 적지 않고 지역 사학계에서도 수영성을 비중 있게 다룬다. 수영성 복원에 대한 주민과 지자체의 관심도 부쩍 높아지는 추세다. 단편적으로 나와 있는 자료를 하나하나 모으고 연구자와 지역 사학계의 고증, 그리고 우리 수영 사람의 관심이 한데 어우러져 수영성 복원은 어떤 형태로든 이루어지리라 믿는다.

그런 의미에서 최근 제작한 '경상좌도수군절도사영 관아배치도'는 대단히 값지다. 수영구는 도시재생 뉴딜사업의 하나로 조선시대 해안 방어의 중심이던 경상좌수영의 관아배치도를 2020년 9월 완성하는 값진 진전을 이뤘다. 이는 '지적원도' '경상좌도수영관아배설조사도' '경상좌수영성지 종합정비계획 보고서'를 근거로 제작한 것으로서 위치·지번·건물 용도를 파악해 40여 관아 건물을 이미지화하고 문화새 전문위원의 자문을 통해 보완·수정 작업을 거쳐 완성했기에 의미가 더욱 깊다.

① 장 대【將臺】
전투시 지휘가 용이한 지점에
축조한 장수의 지휘처소

② 중영내아【中營內衙】
우후부인의 거처

③ 우후영【虞候營】
중영의 책임자인 우후의 집무처
【별호-세검헌】

④ 객사【客舍】
국왕의 전패를 모시고 초하루와
보름에 망궐례를 지내는 곳.
사신들의 숙소
【별호-영파당】

⑩ 내 아【內衙】
절도사 부인의 거처

⑪ 하변통방【下番通房】
수령의 신변에서 호출에 응하던
청지기인 30인의 근무처

⑫ 비장청【裨將廳】
절도사를 따르며 일을 돕는
하급무관의 근무처

⑬ 중영군관청【中營軍官廳】
수교, 감관, 군관, 병선장 등 근무처

⑭ 중영관청【中營官廳】
색리의 근무처

⑮ 군기고【軍器庫】
무기를 보관하던 창고

⑯ 원 문【轅門】
군영과 진영, 군문 혹은 관청의 바깥문

⑰ 영리청【營吏廳】
병, 리, 형, 예, 계서 등 영리 근무처

⑱ 호방【戶房】
군량미 확충담당 근무처

⑲ 중영길청【中營吉廳】
이방, 색리들의 근무처

⑳ 교 방【敎房】
기녀들의 기예를 가르치던 곳
【별호-부용당】

㉑ 중영집사청【中營執事廳】
수집사, 집사, 초관의 근무처
【별호 연무당】

㉒ 군뇌방【軍牢房】
군대의 죄인을 다루는 병졸들의
근무처

㉓ 관뇌방【官牢房】
민간의 죄인을 다루는 병졸들의
근무처

㉔ 군관청【軍官廳】
수교, 좌병교, 우병교 등 근무처
【별호-창화헌】

㉕ 병교청【兵校廳】
좌병교, 우병교 근무처
【병교:우두머리 군관】

㉖ 길 청【吉廳】
아전들의 관청

㉗ 사령방【使令房】
집무를 보는 하급관원 방장,
도사령 근무처

㉘ 장관청【將官廳】
수집사, 집사등의 근무처
【별호 집사청】

㉙ 수성청【守城廳】
수영성을 지키는 군관들의 근무처

㉚ 교사청【敎師廳】
교사변장, 교사 근무처

㉛ 공인청【工人廳】
장인, 목수, 음악인 근무처

㉜ 무사청【武士廳】
무사별장, 무사 근무처
【무사:마병인 별무사】

㉝ 포수청【砲手廳】
병화포와 총기를 사용하는
포수 근무처

㉞ 별포청【別砲廳】
총과 화약을 다루는 수군 근무처

㉟ 화약고【火藥庫】
화약보관창고

㊱ 진 창【賑倉】
흉년에 곡식을 나눠주고 이자를
받아 구휼에 보태는 기관

㊲ 중영선소【中營船所】
선박의 건조 및 수리를 하던 곳

㊳ 척분정【滌氛亭】
주사들이 비상사태를 대비하는 곳

㊴ 비우당【備虞堂】
병선을 관리하는 수군감관의
근무처

㊵ 선 창【船艙】
병선, 전선 등 배를 매어두는 곳

㊶ 빙 고【氷庫】
얼음을 보관하던 곳

㊷ 어구정【禦寇亭】
무사의 재주를 시험하는 곳

※【지적원도】,
【경상좌도수영관아배설조사도】,
【경상좌수영성지 종합정비계획보고서】를
근거로 작성한 추정 배치도임

※ 도시재생 뉴딜사업 콘텐츠 발굴의
일환으로, 2020년 9월
수영구 창조도시교육추진단에서
제작하였습니다.

경상좌도수군절도사영 관아배치도

좌수영성은 현재의 수영사적공원을 감싸는 형태다.
일제에 의해 원형을 상실했지만 학계와 관계기관의 복원 노력은 꾸준했다.
수영구청은 도시재생 뉴딜사업의 하나로 2020년 좌수영성 관아배치도를 제작했다.
관아의 위치·지번·건물 용도를 파악해 40여 건물을 이미지화하고
자문을 거쳐서 완성도가 높다. / ⓒ부산광역시 수영구청

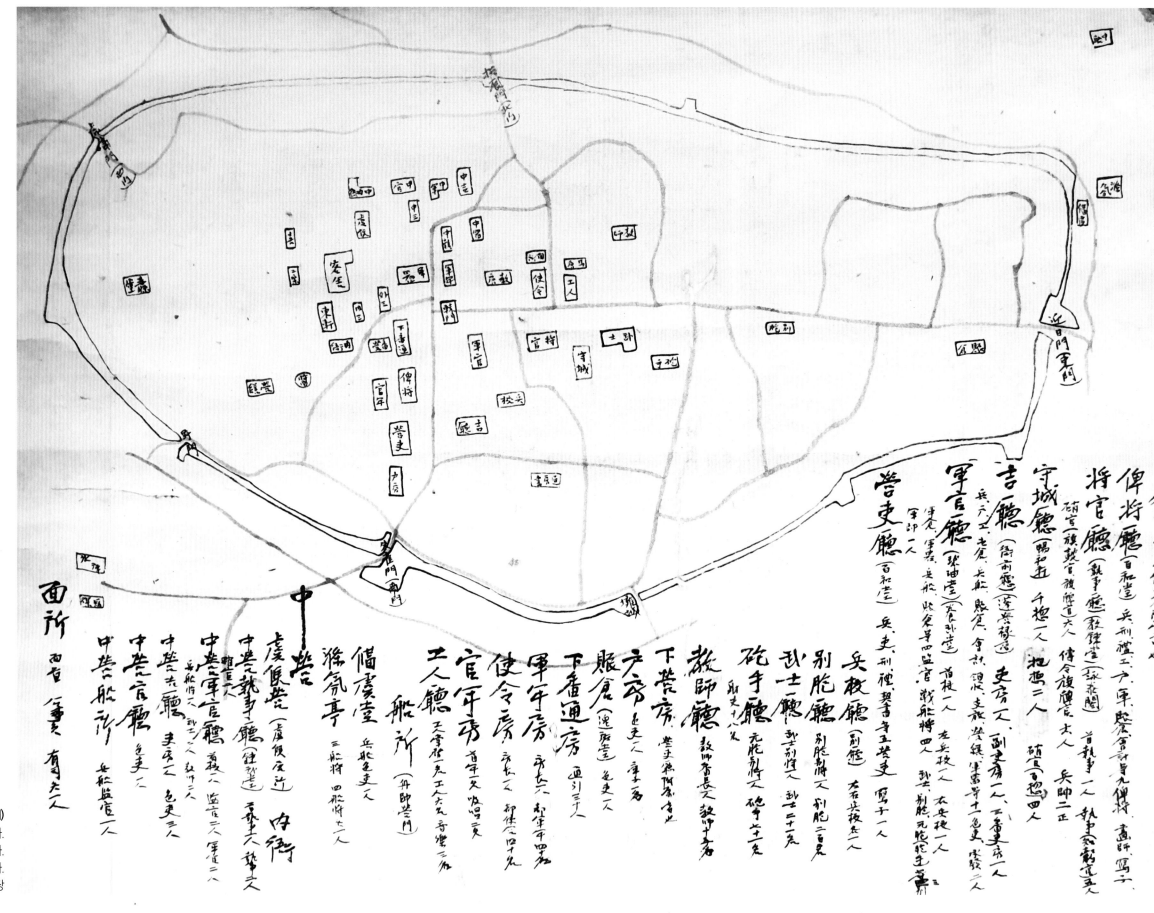

경상좌수영 관아배설 조사도(慶尙左水營 官衙排設 調査圖)
좌수영성 원문에서 서쪽 방향으로 가면서 외삼(外三), 내삼(內三)이 있다.
그 안쪽에 객사가 있으며 객사 좌우에 동헌과 우후영이 있다.
가장 깊숙한 곳에는 독당이 있다. 독당을 신성시했음을 짐작할 수 있다.
부산 개항기 전후 제작 추정. / 부산시립박물관 소장

투박한 선이 설계용 T자보다 정교

고문서나 고지도에 나오는 수영성은 어떤 모습일까. 거기에 실린 지명은 어떤 게 있을까. 고문서에 나오는 수영은 지극히 단순하지만 한 마디 한 마디가 백 마디, 천 마디 말보다 깊고 무거우며 고지도에 나오는 수영은 지극히 단순하지만 아무렇게나 그은 듯 보이는 투박한 선이 설계용 T자로 그은 섬세한 선보다 정교하다.

고문서에 나오는 수영성 실체를 소개한다. 찾아보면 수영성 자료는 많아 여기서는 대표적인 고문서 둘에서 인용한다. 시대마다 성벽의 길이라든지 병력 수 등에 약간의 편차가 있지만 큰 틀에서 보면 거기서 거기다. 상상력을 발휘하면 수영성 실체를 이해하는 데는 큰 무리가 없지 싶다.

> 좌수영성 : 동래부(府)의 동남쪽 10리에 있다. 수사(水使)가 있는 곳이다. 성의 둘레가 9,198척, 높이가 16척으로 성내에 3개의 우물이 있다. - 1740년 발간 〈동래부지〉

> 수영성 : 석축(石築), 둘레 1,193보(步), 높이 13척(尺), 성첩(城堞) 34타(垜), 옹성(甕城) 3곳, 치성(雉城) 7곳, 동문 문루 2층, 남문 문루 2층, 북문 문루 2층, 포루(鋪樓) 3곳, 모두 기와지붕. 성안 우물 3곳 있음. - 1850년 발간 〈내영지〉

- 1보(步): 여섯 자(6척), 181.8cm
- 1척(尺): 30.3cm
- 성첩(城堞): 성가퀴. 성벽 위에 덧쌓은 낮은 담. 여장(女墻)이라고도 함.
- 타(垜): 살받이터. '화살받이'라는 의미이며 성 위의 담에 활이나 총을 쏠 수 있도록 갈라놓은 자리를 말한다. 여첩(女堞)이라고도 함.
- 옹성(甕城): 큰 성문을 지키기 위하여 성문 바깥에 쌓은 작은 성. 성문을 공격하는 적을 측면과 후방에서 공격할 수 있는 시설.
- 포루(鋪樓): 포를 설치하고 쏠 수 있도록 견고하게 만든 시설물.

성첩이니 옹성이니 말이 어렵다. 170년 전에 쓰던 말이라서 그러려니 하자. 그러나 인터넷 검색하면 모두 나오는 말이다. 200년, 300년 저쪽에 있는 말도 그렇다. 아득한 저쪽에 있는 말 같아도 실상은 지금 이쪽에서도 충분히 이해 가능한 말들이다.

좌수영성 남문 복원 투시도

수영성 복원은 부단하게 추진해야 할 시대적 과제다. 조선의 정신을 복원하는 일이고 수영의 정신을 복원하는 일이기 때문이다.
/ 경상좌수영지종합정비계획 보고서 (부산광역시 수영구청, 2011.11) 발췌

200년, 300년 전 그때와 지금이 다르지 않아

수영성이 나오는 고지도는 부록에 모았다. 고지도를 보노라면 지금 우리가 흔히 쓰는 지명이 그때도 쓰였음을 확인하는 즐거움이 크다. 200년, 300년 전 그때와 우리가 사는 지금이 다르지 않으며 200년, 300년 전 거기가 우리가 사는 여기와 다르지 않음을 확인하는 즐거움을 누려 보길 바란다.

그때 거기와 지금 여기. 그 둘은 다르지 않다. 시공간을 가르며 이어지는 같은 장소이며 같은 운명체다. 그렇게 해서 그때 거기와 지금 여기는 하나로 이어진다. 미래도 마찬가지일 것이다. 어제가 있어 오늘이 있고 오늘이 있어 내일은 있다. 어느 누구도 어제 없는 오늘이 없고 오늘 없는 내일이 없다. 내가 이 책을 내는 이유이기도 하다. 어제를 되돌아보며 오늘을 사는 자세와 마음을 추스르며 그리하여 내일로 나아가자는 마음이 이 책의 시작이고 끝이다.

다음은 부경대 신명호 교수의 세미나 논문 '경상좌수영 문화가치 복원 방안' 중에서 수영성 대목만 간추린 내용이다.

역사전시관인 수영사적원에 전시된 좌수영 모형
수영성은 기본적으로 군사시설이지만 군인 가족과 일반인 등 적어도 수천 명이 생활했던 공간이었다. ⓒ김종수

동래 수영을 줄여 '내영 萊營'

수영성은 동래 수영, 영좌수영(嶺左水營), 유영(柳營) 등으로 불렸다. 석성으로 둘려 있었다. 2,168m에 이르는 둘레와 약 4m 높이의 석성 안팎에는 수천 명에 이르는 군사와 지역민이 거주하였다. 수군 장졸과 향리, 그 가족과 관속 노비, 일반인 등 적어도 수천 명이 운집한 군영이자 생활공간이 수영성이었다.

수영성에는 영저(營底)라고 하는 영역이 있었다. 이곳에는 거주민이 있었다. 철종 1년(1850)에 편찬된 〈내영지〉에 의하면 당시 영저 민호(民戶)는 657호였다. 대략 1호당 5명으로 추산하면 영저 민호의 총인구는 대략 3,300명 정도 된다. 영저는 수영성을 둘러싸고 있는 최대 20리 이내 영역이었고 민가는 대체로 바닷가에 있었다.

수영성은 기본적으로 군사시설이지만 성안과 성 밖의 역할과 기능이 판이하게 달랐다. 수영성 내부는 원문(轅門)을 기준으로 원문 안쪽과 바깥 영역으로 구분하였다. 원문은 영문(營門) 또는 군문(軍門)을 말했다. 원문 안쪽에는 객사와 동헌, 내아, 우후영, 중내아 등이 있었고 바깥에는 장관청, 포수청, 길청이 있었다.

조선시대 객사 客舍 는 왕을 상징

조선시대 객사는 왕을 상징하는 전패를 모신 곳이었고 동헌은 경상좌수영의 최고사령관인 좌수사의 집무처였다. 객사와 동헌 영역을 특별히 상영(上營)이라고 하였다. 좌수영에서 최고의 영역이란 뜻이다.

반면 우후영은 경상좌수영의 부사령관인 우후(虞侯)의 집무처로서 중영(中營)이라고 불렸다. 객사와 동헌이 있는 상영에 비해 아래 등급의 영역이란 뜻이었다. 상영의 내아는 좌수사의 가족이 거처했고 중영의 중내아는 우후의 가족이 거처했다.

원문 바깥에 있는 장관청, 포수청, 길청 등은 하급 지휘관, 수군, 향리 등이 머무는 곳이었다. 향리 등의 실무직과 수군 장교 등의 무관이 근무하는 곳으로 전반적으로 중인 신분층의 근무지였다.

민가는 이곳보다 더 아래쪽에 있었다. 수영성 안의 둔전(屯田, 관아에 딸린 밭. 주둔병의 군량을 지급하기 위하여 조성)을 경작하는 농민의 거주지였다. 결국, 경상좌수영은 수영성과 원문에 의해 원문 안쪽은 상영과 중영으로 구분되고 원문 바깥은 중인 영역과 민간 영역으로 구분됐음을 알 수 있다.

수영사적공원 좌수사 선정비
맨 앞에 보이는 비석이 우후 선정비다. 우후는 좌수사보다 한 계급 아래로 부사령관에 해당한다.

동쪽과 서쪽 가리키는 '신좌을향 辛坐乙向'

경상좌수영 원문은 수영성 내부의 교차로에 해당하는 곳에 있었다. 남문과 북문을 연결하는 도로, 그리고 동문과 객사를 연결하는 도로가 만나는 지점에 원문이 있었다. 경상좌수영 원문과 관련해서 주목할 점은 원문을 비롯하여 객사, 동헌, 우후영이 모두 동향이란 사실이었다. 이는 원문 안 영역의 기능이 동쪽과 직결되었기에 나타난 결과였다.

경상좌수영 북쪽에는 온천천, 동쪽에는 수영강, 그리고 남쪽에는 바다가 있다. 따라서 경상좌수영에서 가장 높은 지점은 서쪽이다. 배산임수라는 측면에서 볼 때 경상좌수영은 서쪽에서 동쪽을 향하는 구도가 된다. 이런 구도에서는 가장 중요한 시설물들이 서쪽에 들어서게 되고 아울러 서쪽의 시설물들은 동쪽을 향하게 된다. 이 책 부록 〈수영 고지도〉의 '1872 군현지도 경상좌수영 영지도형' 제목 아래 표기한 '신좌을향(辛坐乙向)'이 서쪽과 동쪽 방위를 가리키는 말이다.

경상좌수영에서 가장 중요한 시설물들은 앞서 언급한 대로 원문 안의 객사와 동헌, 우후영이었다. 경상좌수영에서 가장 높은 지점이 서쪽이므로 객사와 동헌, 우후영은 서쪽에 자리하였다. 즉 객사와 동헌, 우후영은 서쪽의 높은 곳에서 동쪽의 낮은 곳을 내려다보는 구도였다.

경상좌수영 동쪽에는 선창, 즉 수군기지가 있었다. 따라서 원문, 객사, 동헌, 우후영이 모두 동향으로 되어 있는 이유는 유사시 좌수사, 우후가 선창으로 즉시 출동한다는 상징성을 나타내기 위해서였다.

제풍루에서 척수루로, 다시 수항루로

경상좌수영 원문은 숙종 29년(1703)에 처음 창건됐다. 명칭은 제풍루(臍風樓)였다. 이후 숙종 4년(1718)에 중수되면서 척수루(滌愁樓)로 바뀌었다가 다시 수항루(受降樓)로 바뀌었다. 제풍루는 풍파를 가라앉힌다는 뜻이고 척수루는 근심을 씻어버린다는 뜻이며 수항루는 적의 항복을 받아낸다는 뜻이다.

원문이 본래 행궁 또는 군영을 상징하기에 경상좌수영의 원문에 이런 명칭이 붙은 것은 당연하다 하겠다. 경상좌수영 원문에 루(樓)라는 글자가 들어있는 이유는 2층 누각이기 때문이다. 〈정자 정(亭)이 붙으면 단층이다.〉

부산시립박물관이 소장하는 '경상좌수영 관아배설 조사도(慶尙左水營 官衙排設 調査圖)에 의하면 원문에서 서쪽 방향으로 가면서 외삼(外三), 내삼(內三)이 자리하고 그 안쪽에 객사가 있으며 객사의 좌우에 동헌과 우후영이 자리하고 있다.

외삼은 외삼문이고 내삼은 내삼문이란 의미다. 이는 객사 앞쪽에 있는 내삼문, 외삼문, 그리고 원문이 바로 삼문이란 의미다. 객사 앞에 삼문을 설치한 이유는 객사에 왕이 계신다는 상징성 때문이었다. 객사의 명칭은 영파당(寧波堂)이었다.

상공에서 본 수영사적공원
경상좌수영 관아배설 조사도에는 동헌과 우후영 등 각종 관아 건물이 성내에 있었다. ©박영표

좌수사의 집무처 '동헌'

객사의 좌우에는 동헌과 우후영이 자리했다. 동헌은 왕을 대신하여 경상좌수영에 상주하는 좌수사의 집무처다. 동헌은 관운당(管雲堂), 제승당(制勝堂), 운주헌(運籌軒) 등으로 불렀다. 동헌 주변에는 내아(內衙)가 있었다. 내아는 좌수사의 부인과 가족을 위한 건물이었다.

우후영은 경상좌수영의 부사령관인 우후의 집무처다. 세검헌(洗劍軒)이라 불렀다. 우후영인 세검헌 주변에도 역시 우후의 부인과 가족을 위한 중내아(中內衙)가 있었다. 이처럼 원문 안에 있는 상영과 중영, 즉 객사와 동헌, 우후영은 근본적으로 왕과 좌수사, 우후의 집무 공간을 상징하였다.

경상좌수사는 왕을 대신하여 휘하의 모든 수군들을 지휘하는 것이 기본적인 임무였다. 이와 관련하여 〈내영지〉 '군무(軍務)' 조항에는 수조(水操)와 전최(殿最) 두 가지가 실려 있다. 수군 훈련인 수조와 휘하 장교들의 근무평가인 전최는 경상좌수사의 대표 업무였다.

이 밖에도 좌수사가 할 일은 많았다. 봉수와 봉산을 관리했고 육지에서 강무(講武)도 거행해야 했다. 공문서 결재, 보고서 작성, 활쏘기 훈련, 손님 접대 등도 빼놓을 수 없었다. 그렇긴 해도 가장 중요한 업무는 앞에 언급한 수조였다.

경상좌수사가 집무하던 좌수영은 군사령관이 주재하는 군영이었다. 전통시대 군영을 상징하는 시설물은 성벽이었다. 경상좌수영 역시 사방이 성벽으로 둘러싸여 있었다.

수영성 동서남북에 '2층의 성문'

수영성의 동서남북에는 2층의 성문이 있었다. 동문은 영일문(迎日門), 서문은 호소문(虎嘯門, 호소는 호랑이가 으르렁대는 소리), 남문은 주작문(朱雀門), 북문은 공진문(拱辰門, 공진은 '사방의 사람들이 임금의 덕화에 귀의하여 복종한다'는 뜻)이었다. 이들 성문에는 각각 문루가 있었다. 동문의 문루는 관해루(觀海樓), 서문의 문루는 호소루(虎嘯樓)였다.

수영성의 원문 바깥 영역은 원문과의 거리, 그리고 도로와의 관계에 따라 달라졌다. 원문 가까이에는 수군 지휘관과 향리의 근무지가 있었다. '경상좌수영 관아배설 조사도'에 의하면 원문 동쪽 방향에 군관과 장관(將官) 등의 근무지가 있었다. 원문에서 동쪽 방향으로 멀어지면서 무사청, 포수청, 별포청 등 수군 근무지가 있었다.

청마다 고유의 명칭이 있었다. 장교와 관련된 관아시설로 군관청, 장관청, 수성청, 비장청이 있었는데 군관청은 벽유당(碧油堂), 장관청은 집사청(執事廳), 수성청은 창화헌(暢和軒), 비장청은 백화당(百和堂)이라 했다. 별포청, 무사청, 포수청은 병졸 관련 시설이었다. 무사청은 세검당(洗劍堂), 포수청은 우무헌(右武軒)으로 불렸다. 원문의 남쪽 방향에는 길청(吉廳, 관아의 실무관리인 아전이 집무를 보던 장소), 호방 등 향리의 근무지가 있었다. 이 외에 수영성 안에는 부용당(芙蓉堂)이라고 하는 교방(敎坊)과 공인방(工人房)이 있었다. 교방에는 관기 중에서 음악과 무용을 담당하던 자가 근무했다. 공인방에는 기술자가 근무했다.

수영사적공원 남문
수영성 동서남북에는 애초 2층의 성문이 있었다. 주작문으로 불린 남문은 본래 위치를 잃고 현재 동쪽을 바라본다.
©이인미

동쪽은 군사기능, 남쪽은 행정기능

이런 구도는 수영성이 원문을 기준으로 동쪽 방향은 군사적 기능을 중심으로 하고 남쪽 방향은 행정적 기능을 중심으로 하였기에 나타났다. 즉, 동문인 영일문 밖에 좌수영성의 선창이 있기에 원문에서 영일문으로 통하는 도로를 따라 수군과 관련된 각종 시설물이 배치되었던 것이다. 더 중요한 수군 시설물은 원문에 더 가깝게 배치했다.

이에 비해 원문에서 남문인 주작문으로 통하는 도로를 따라서는 행정과 관련된 시설물을 배치했다. 영저 민호의 백성과 관련된 대민업무를 군사업무와 충돌되지 않도록 처리하기 위해서였다. 그 아래쪽은 수영성 성내의 둔전과 그 둔전을 경작하는 민간인 거주 공간이었다. 결론적으로 원문 바깥 영역의 기능은 수군 관련업무, 행정 관련업무, 그리고 둔전과 관련된 민간인 거주와 관련되었다고 하겠다.

수영성 바깥 영역은 영저 민호가 거주하던 영역이었다. 이곳은 수영성에서 최대 20리였으며 대부분 어촌이었다. 이들은 경상좌수영 수군으로 차출되기도 하였고 경상좌수영에서 필요로 하는 각종 물품을 조달하기도 하였다. 예컨대 경상좌수영에서 궁중에 바치는 진공(進供)이나 방물(方物) 등에 필요한 물품을 조달하였다.

〈내영지〉에 의하면 경상좌수영의 진공은 단오 때 백첩선(白貼扇, 흰 종이에 흰 대살을 발라 만든 쥘부채) 20자루, 칠첩선(漆貼扇, 옻칠한 쥘부채) 10자루, 칠유첩선(漆油帖扇, 기름칠해서 만든 특별 부채) 100자루, 백유첩선(白油帖扇, 참기름 칠해서 만든 특별 부채) 200자루였다. 동지 때는 청어 169동음(冬音, 두름. 1두름은 20마리)이었다.

현재 수영성 남문 앞에 있는 우물(사진 위)과 망미동 병무청 주차장 자리에 있는 통일신라 추정 우물
성을 지을 때 여느 시설보다 중시했던 게 식수원인 우물이었다.

사슴가죽 · 노루가죽 · 상어가죽…

방물은 정월초하루에 사슴가죽 1벌, 활집 동개(동개는 활과 화살을 넣어 등에 차고
다니도록 만든 가죽 제품) 3부, 노루가죽 5벌, 점찰가죽(占察皮, 상어가죽) 3벌, 수달
피 1벌이었다. 동지에는 사슴가죽 1벌, 점찰가죽 1벌, 노루가죽 1벌이었다. 왕의 탄생
일에는 사슴가죽 1벌, 점찰가죽 1벌, 수달가죽 1벌이었다.

고풍스러운 고지도
호랑이가 금방이라도 튀어나올 것 같은 고지도. 경상좌수영에서 조정에 부채며 청어, 사슴가죽 등등을 바치던 시절을
떠올리게 한다. (팔도총도 / 규장각 한국학연구원 소장)

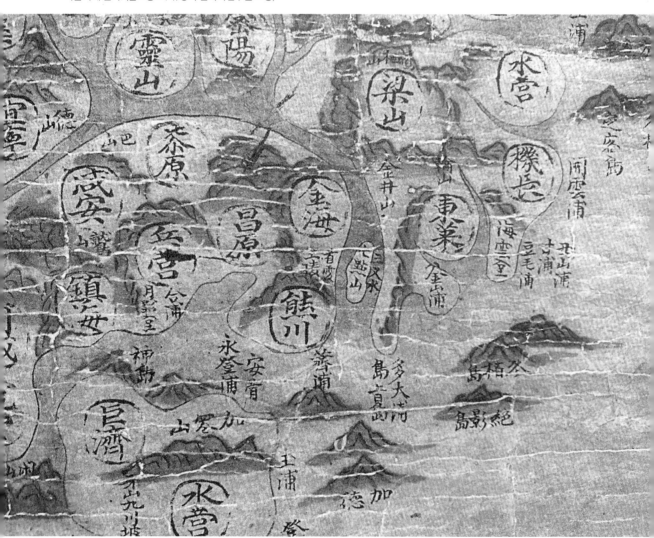

일제가 득세하면서 경상좌수영은 의도적으로 파괴되고 멸실됐다. 경상좌수영이 가진 가치를 철저하게 말살하는 정책을 폈다. 경상좌수영이 폐지된 구한말 이후와 일제강점기에 경상좌수영 관아 건물과 토지 등은 아무런 원칙 없이 개인에게 마구 불하됐다. 그 결과 경상좌수영을 상징하던 건축물들과 성벽, 선창 등은 철저하게 말살됐고 좌수영의 건축물과 성벽, 토지에는 근대 건축물이 무분별하게 들어섰다.

해방 이후 경상좌수영은 문화가치가 철저하게 잊혔다. 문화가치를 복원하려는 공적인 노력도 극히 일부였다. 다만 좌수영 주민들의 기억과 애향심으로 수영고당의 민속이며 수영야류, 좌수영어방놀이, 수영농청놀이 같은 전통예술이 보존, 전승되었다. 그런 기억과 애향심이 똘똘 뭉쳐 경상좌수영의 극히 일부분이긴 하지만 수영사적공원이 이나마 복원될 수 있었다.

신 교수가 세미나에 발표했던 논문에는 나오지 않지만, 그리고 수영성 근처에 있던 시설은 아니지만 좌수영성을 언급할 때 빠뜨리면 안 되는 게 '첨이대(覘夷臺)'다. '점이대'라고도 한다. 첨과 점은 한자가 같다. 오랑캐 동정을 살피는 망대라는 뜻을 가진 첨이대는 지금은 풍광 좋은 관광지란 인식이 짙지만 임진왜란 이전에는 왜구 도적떼의 동태를 살폈고, 이후로는 왜군의 동태를 감시하는 장소로서 중요한 사명을 수행했다. 관측한 동태는 경상좌수영에 직보됐고 봉화를 통해 인근 조선군 진영으로 이첩됐다.

좌수영성과 첨이대가 가진 역사적 가치를 되돌아본다. 좌수영성의 브랜드 가치는 거시적 관점과 미시적 관점에서 접근해야 한다. 거시적 관점은 좌수영성에 층층이 쌓인 역사적 사건에 의미를 부여하는 것이며 미시적 관점은 수영을 지키고 나라를 지키던 보통사람의 결기에 의미를 부여하는 것이다. 그렇게 해서 좌수영성은 오래전 옛 일이 아니라 지금 여기 현재 우리의 삶과 이어진다. 첨이대 또한 단순한 공원이 아닌 유적지로서 봉수대축제 같은 기억의 장소로 격상할 필요가 있다.

백산 정상에 국군 고사포 설치

첨이대는 중요한 군사시설이었던 만큼 웬만한 고지도엔 빠지지 않고 나온다. 군사 시설의 전통은 현대에도 이어졌다. '한 번 해병은 영원한 해병'이었다. 1950년 한국전쟁이 일어나자 국군 제33고사포 부대는 첨이대 부근에 시포대(施砲臺)를 설치해 당시 부산 유일의 공항이던 수영비행장을 보호했다. 국군이 징발했던 시포대 부지 일부 소유자는 선친이었다. 임야 1,900평이 군부대 부지로 징발됐다. 징발 기간은 1952년 11월 25일부터 1965년 7월 15일까지였다. 선친이 사유지를 흔쾌히 내어놓았다고 볼 수 없지만 나라를 위하고 지역을 위한 일이었기에 미련은 두지 않았다.

이와 관련해 공문서 둘을 소개한다. 둘 다 우리 집에서 보관하던 공문서다. 하나는 징발이 해제된 직후인 1965년 7월 육군군수기지사령부 사령관 최주종 육군소장이 발행한 '징발해제통지서'고 다른 하나는 1967년 5월 17일 김성은 국방부장관이 발행한 '징발해제증'이다. 징발해제증은 징발을 해제하였음을 증명하는 공문서다.

백산 정상에는 첨이대 기념비가 세워져 있다. 1998년 '부산을 가꾸는 모임'에서 세운 비석이다. 비석 앞면에는 굵직한 한자 글씨로 '백산첨이대'라 썼고 뒷면에는 기념비를 세운 연유를 밝혔다. 참고로, 비석 앞면은 비양(碑陽)이라 하고 뒷면 또는 뒷면에 새긴 글을 비음(碑陰)이라고 한다. 첨이대 비음은 '이곳 첨이대는 좌수영 수군들이 바다와 나라를 지킨 전초기지였다'이다.

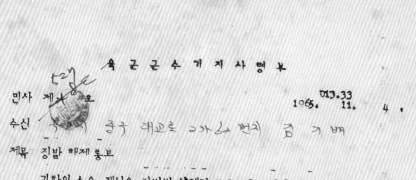

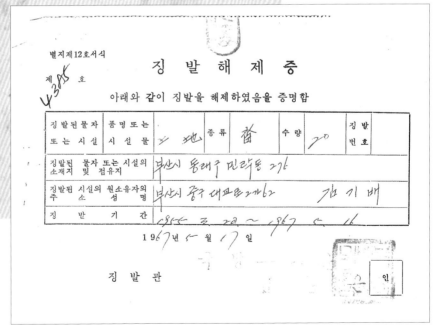

민락동 백산 사유지를 한국전쟁 이후 육군 고사포대 시설로 징발해서 사용한 뒤 해제를 통보한 서류.
각각 1965년, 1967년 발급했다.

수영팔경, 백산을 노래하다

첨이대 기념비 자리는 전망이 대단히 좋다. 광안리 바다가 한눈에 다 잡힐 만큼 '뷰'
가 빼어나다. 수영을 대표하는 향토사학자 최한복 선생도 그걸 일찌감치 알았다. 그
래서 '수영팔경'의 하나로 노래했다. 제6경 '백산만취'가 그것이다.

'백산만취'는 백산의 저녁 무렵 비취빛이란 뜻. 해질녘 백산의 푸름과 산의 굴곡, 바
위 그림자가 바다로 드리워진 경관이 매우 빼어나서 붙인 말이다. 백산은 민락동에
있는 산이며 꼭대기 언덕을 백자대(白紫臺)라 불렀다. 〈수영유사〉에 나오는 '백산만
취' 원문을 싣는다. 해석이 쉽지 않겠지만 쉽지 않으면 쉽지 않은 대로 시 읽는 맛이
난다. 해석은 인터넷에 검색하면 나온다.

白山晩翠(백산만취)

青山(청산)을 何日白(하왈백)하고
雪裡(설리)에 得名(득명)이냐.
半落滄海(반락창해) 하였으니
樵叟漁翁(초수어옹) 相應呼(상응호)라.
影浸碧海(영침벽해) 거꾸려져
岑頭魚躍(잠두어약)이 壯觀(장관)이라.
章草(장초)에 매인 胡馬(호마)
北風(북풍)에 울어 있고,
荒城(황성)의 제비들은 옛집을 찾아온다.
소 먹이는 아이들이
버들피리 입에 물고 풀빛으로 돌아오니
白山晩翠(백산만취)가 이 아니냐.

백산 정상의 첨이대 표지석
첨이대 표지석 자리는 전망이 빼어나 여기서 보는 풍경은
수영팔경의 하나로 꼽힌다.

수군의 첨이대, 수사의 첨이대

첨이대와 관련해 나는 약간 다른 견해를 갖고 있다. 2014년 펴낸 향토사 〈민락 100년〉에 편집위원으로 참여하면서 밝히기도 했지만 첨이대는 두 종류가 있었다고 생각한다. 하나는 백산 정상에 있었고 하나는 고지도 '경상좌수영 영지도(營址圖)'에 나오듯 바닷가, 그러니까 〈내영지〉에 나오듯 '본영(수영) 남쪽 5리'에 있었다.

이 두 첨이대는 기능이 달랐다는 게 내 견해다. 백산 정상의 첨이대는 수군의 첨이대, 바닷가 첨이대는 수사의 첨이대라고 정의하고 싶다. 수군의 첨이대는 말 그대로 왜적의 동태를 놓치지 않으려고 군인이 지키던 초소였고 수사의 첨이대는 최고사령관인 수사가 공적 또는 사적으로 찾던 수사의 공간이었다고 생각한다.

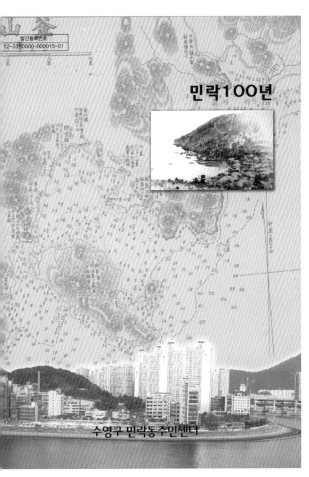

'본영 남쪽 5리'는 산 아래쪽에 해당한다. 몇 년 전까지 있었던 놀이시설 미월드 일대다. 산 이름은 진조말산(眞潮末山 또는 珍潮末山, 珍鳥末山, 珍島末山)이다. 민락본동 앞산으로 남쪽 끝을 진조말이라고 했다. '말(末)'은 마지막이 아니라 해안 쪽으로 툭 튀어나온 지형을 뜻한다. 용호동 승두말과 동생말, 해남 토말 등이 그런 지형이다. 진조말에는 의자처럼 생겨 앉기 좋은 바위가 있었다. 진조암이라 불린 이 바위는 좌수영 수사가 전용으로 앉던 의자였다.

〈민락 100년〉 표지
수영구 민락동주민센터에서 2014년 펴낸 향토사다.
여기엔 첨이대가 백산 정상과 민락동 바닷가에 각각 있었다고 밝힌다.

국가 중요무형문화재의 도시, 수영

수사는 이 바위에 앉아 수군과 어민이 공동으로 펼치는 새해 첫 어로 작업을 치하했다. 강물과 바닷물이 만나는 곳이라 고기가 풍족하게 잡히기도 했으리라. 공동 새해 첫 어로는 일종의 풍어제였다. 수군의 좌장으로서, 지역의 좌장으로서 수사가 참여해 독려했다. 수사가 보고 있으니 참가자는 흥이 나서 분발했다. 이것이 발전한 게 좌수영어방놀이다.

좌수영어방놀이는 격이 대단히 높다. 1978년 5월 국가가 중요무형문화재 제62호로 지정했다. 우리 고장으로선 대단한 영광이다. 좌수영어방놀이는 부단하게 전승되어 지금도 성황리에 공연 중이다. 사단법인 수영고적민속예술보존협회 주최로 수영민속예술관 놀이마당에서 매년 열리는 '수영전통민속예술축제'가 대표적이고 부산시립박물관 등지에서도 수시로 기획공연을 펼친다.

중요무형문화재는 국가가 지정하므로 몇 되지 않는다. 수영사적공원 곰솔나무와 푸조나무를 이야기하면서 국가 지정 문화재인 천연기념물이 부산엔 일곱밖에 되지 않는다고 했듯이 부산발(發) 중요무형문화재는 기껏해야 다섯밖에 되지 않는다. 그런데 그 중에 둘이 수영에서 전승된다. 천연기념물 일곱 가운데 둘이나 있는 수영은 천연기념물의 도시이며 생태환경도시라고 추켜세워야 마땅하듯 중요무형문화재 다섯 가운데 둘이나 있는 수영은 중요무형문화재의 도시며 전통예술의 도시라고 추켜세워야 마땅하다. 부산시 지정 무형문화재 제2호인 수영농청놀이 역시 수영을 반짝이게 하는 금지옥엽이다.

수영야류 공연 장면(사진 위)과 광안리해수욕장에서 펼쳐진 좌수영어방놀이 장면
야류와 어방놀이는 농청놀이와 함께 수영을 대표하는 전통 민속예술이다. ©문화재청

첨이대는 공적이면서 사적인 공간

다시 진조암 바위로 돌아가자. 첨이대는 수사가 수군과 어민의 노고를 치하하는 공
적인 공간이면서 사적으로 찾던 공간이었다는 게 내 생각이라고 밝혔는데 근거는
무얼까. 바다 풍광이 빼어나고 평평했으므로 놀기 좋았으리란 첫 번째 근거다. 〈민락
100년〉에도 이미 밝혔다. 두 번째 근거는 최한복 선생이 쓴 〈수영유사〉다. 최한복 선
생도 생각이 나와 비슷했던지 '일종의 수사 유원지로 되고'라고 썼다.

수사의 첨이대는 지금은 남아 있지 않다. 1969년 신부산 구획정리사업을 펼치면서
민락본동인 널구지마을에 부지가 조성됐고 태창목재가 들어섰다. 그 와중에 수사의
첨이대는 깎이고 허물어졌다. 덩달아 주위의 전통마을과 돛배 단 목선이 드나들던
금모래 은모래 포구도 자취를 감추었다.

1950년대 백산에서 내려다본 민락본동
초가집과 백사장, 목선이 '이런 시절이 있었나' 싶다. / 부경근대사료연구소 소장

세월이 흐르고 진조암 첨이대는 백산 끝자락 옛 백록대(白鹿臺) 쪽으로 자리를 옮겨 첨미대(覘美臺)로 불리다가 그마저도 사라졌다. 1992년부터 1998년에 민락수변공원과 주택단지 조성으로 평평했던 갯바위 대부분이 없어지고 앞바다도 매립돼 '아, 옛날이여!'가 됐다. 그 시대 사정상 어쩔 수 없었다 하더라도 그때 그 풍광을 기억하는 한 사람으로서 두고두고 아쉬움이 남는다.

그래도 위안은 있다. 첨미대가 과거의 천하절경이었다면 민락수변공원은 현재의, 그리고 미래의 천하절경이다. 주말이나 휴일은 물론이고 민락수변공원은 사시사철 행락객으로 넘친다. 공원에 앉아 광안리 수평선을 바라보며, 광안대교를 바라보며, 불꽃 팡팡 터지는 축제의 밤을 보노라면 이 세상에 이런 곳이 또 어디 있을까 싶다. 과거의 첨이대가 환생한 게 현재의 민락수변공원이다.

특히 야경은 더 뛰어나다. 홍콩, 싱가포르 등등 동남아 어느 나라와 비교해도 손색이 없다. 세계와 견주어도 그럴 것이다. 젊은 친구들이 SNS나 유튜브 등에서 최고 명소로 꼽기도 한다. 그 옛날 수영 수사가 수영 야경, 해운대 야경을 즐겼듯 지금 젊은이들이 야경을 보고 같이 느끼는 여기야 말로 시대를 초월하는 명소 중의 명소가 아닐 수 없다.

'스토리 담뿍' 백산 둘레길과 옛길

나는 2014년 수영구청에서 주최한 〈스토리텔링 활용 가능사업 공모〉에 첨이대를 소재로 참가해 수상했다. 그 옛날 백산에는 백산사라는 절이 있었는데 일반인이 잘 몰라 안타까운 마음, 첨이대가 유서 깊은 유적임을 잘 몰라 애타는 마음 등이 복합적으로 작용해 공모에 응했다. 백산에 조성된 미륵마애불이 백산사의 깊이를 말해 주며 사명대사가 주석했다는 사지(寺址) 설명도 그냥 넘겨볼 대목이 아니었다.

내가 응모한 첨이대 스토리텔링의 골자는 이랬다.

△도시철도 2호선 민락역을 첨이대역으로 하여 좌수영 성터에서 첨이대로 다니던 둘레길을 찾아 둘레길을 걸어 백산 정상의 봉수대에 앉아서 △허물어지고 없어진 수영의 옛날 자취를 더듬어 보며 △수영팔경도 그려 보면서 사명대사가 주석했다는 백산사(옥련선원)를 지나 옛 포이진(보리전, 민락본동 마을)으로 내려오는 둘레길 내지는 이야기길이었다.

백산 둘레길 근처에는 옛길이 있다. 민락동 센텀포레아파트에서 부산MBC로 이어지는 오르막길이 거기다. 옛 비석이 고색창연하다. 백산 옛길은 지금 기로에 있다. 도로 확장공사를 올해 시작하면서 원형이 보존될지 의문이다. 개발이 능사는 아니다. 역

백산 옛길에서 만나는 조선시대 고색창연한 비석
수영의 문화와 역사에 두께를 더하는 귀하디귀한 유산이다.

사는 이어져야 한다! 수영성 복원도 그렇다. 다음은 2019년 〈경상좌수영 문화가치 복원 방안〉 세미나에 내가 토론자로 나서서 발표한 내용이다.

경상좌수영 문화가치 복원 방안 세미나 토론 자료

경상좌수영의 복원과 정비는 꼭 이루어져야 한다

수영구청은 1995년 개청하였다. 수영구라는 행정구역 명칭은 옛 조선시대 경상좌도수군절도사영에서 유래하였다. 부산의 여러 곳에 수군진영이 있었고 경상좌수영은 이런 진들을 통솔하는 지휘본부로서 임무를 띠고 있었다.

임진왜란 당시 이순신 장군이 활약했던 통영을 비롯하여 남해, 여수 등지는 이미 정비·복원 사업을 활발히 추진하였다. 최근에는 이러한 역사적 사건을 축제로 승화시켜 나가고 있다. 그러나 수영구에서는 1998년 수영사적공원 정비·복원 사업을 벌여 2004년까지 활발히 추진하였으나 이후 15년 동안은 겨우 사업의 명맥만 이어 갈 뿐 눈에 띄는 성과가 없다. 더욱 아쉬운 부분은 이에 대한 민관의 관심이 미약하다는 데 있다.

조선시대 경상좌수영은 다른 수군 부대보다 규모가 컸다. 세종 때 군선을 비교해 보면 경상수영은 285선(34%), 전라수영이 165선(20%)이었다. 수군도 경상수영은 33%인 16,602명이었다.

1592년 음력 4월 임진왜란 당시 남해로 침입한 왜군은 수영강을 거슬러 좌수영성을 함락한 후 부산진성을 함락한 왜군 부대와 합류해 동래성을 공격했을 것으로 보인다. 동래성에서 무수한 유골이 나왔듯 좌수영성도 발굴하면 무수히 많은 유골이 나올 것으로 추정한다.

민간인으로서 최후까지 싸우다 숨진 25의용의 넋을 생각해 보라. 피의 역사가 서린 민족 성지는 지금 과연 어떤 행태인가? 좌수영의 성지는 국가지정 사적 급이며 유적이 산재해 있음에도 동네 놀이터로 오용되어 사적지로서의 진정성이 왜곡되고 있다. 임진왜란이 일어나고 좌수영성을 함락한 왜군에 의해 남녀노소 할 것 없이 당시 좌수영성 안팎의 수많은 주민이 무참히 살해되었을 것을 상상해 보면 이는 분명 옳지 않다.

이와 관련해 최재웅·김동엽 공동논문 〈부산 '좌수영성지(城址)'의 진정성 회복방안 고찰〉은 음미해 볼 만하다. 논문은 동래읍성과 마찬가지로 임진왜란 살육의 현장인 좌수영성지는 국가사적(史蹟)급 유적이지만 마을 놀이터로 오용되고 있는 현실을 개탄한다. 과다한 통행로와 보도블록으로 인해 공원이 여러 조각으로 분리돼 있고, '유적의 진정성'을 중시하는 국제적 관리 사례에서도 어긋난다고 일갈한다. 수영성 본래의 역사적 의미를 되찾아 올바른 방향으로 진정성 있게 복원해야 할 필요성을 논문은 역설한다.

왜 수영구가 되었나. 수영구의 정체성은 무엇인가 자문해 본다. 지역의 전통과 문화는 지역민의 정신이다. "수영구는 역사와 전통이 살아있는 뿌리 깊은 고장이다"라고 외치고 있지만 앞장서서 추진하는 이는 많지 않다.

경상좌수영이면서 좌수영과 관련한 사적은 25의용단과 안용복 장군 사당, 수사 선정비가 있다. 정작 있어야 할, 좌수영의 상징이라고 할 수 있는 동헌과 객사 등은 없다. 동서남북 4대 성문이 있어야 하는데 성문이라곤 남문 일부뿐이다. 최근 조성된 당산인 둑방과 할매당, 이런 사적만으론 좌수영의 위상을 되살리지 못한다.

1995년 수영구청 개청과 더불어 그동안 우리 수영구에선 '수영의 뿌리 찾기' 일환으로 수영사적공원 정비·복원 사업을 추진해 왔다. 현재도 매년 시비를 지원받아 토지를 매입하고 있으나 매년 예산은 줄고 지가 상승으로 부지 매입은 어려워지는 실정이다.

좌수영은 수영구민이 가장 자랑스러워해야 할 역사적 상징물이다. 나라를 지키려고 헌신한 넋을 기리고 정신을 이어가야 하는 전통문화유산이다. 좌수영의 정비·복원은 그 으뜸이 좌수영 관아인 객사, 동헌 등이다. 일부 유적이 남아 있는 남문의 복원은 특히 시급하다. 지금이라도 논의하고 추진해야 한다. 수영사적공원 정비·복원 사업의 재추진은 민관이 나서야 한다.

민간에서는 수영의 향토문화 발굴과 전통문화를 이어 가는 수영 민속예술보존협회와 수영문화원의 역할이 중요하다. 관(官)인 수영구청은 정비·복원 사업을 차질 없이 추진하겠다는 강력한 의지로 예산과 선제적 행정조치를 취해야 한다.

덧붙여 말하면 지금까지의 수영사적공원 정비·복원 사업은 전문가와 지역민의 의견을 들어 재점검해서 추진해야 할 것이다. 앞으로 정비·복원 사업이 원활하게 이루어진다면 수영구민 누구나가 수영구의 기원과 역사적 정체성을 생각할 것이다.

외형상 그럴듯하게 복원하는 것만이 능사는 아니다. 사료에 바탕을 둔 철저한 고증이 필요하다. 문화재의 외양 복원뿐만 아니라 다른 수영에는 없는 경상좌수영만의 콘텐츠를 연구하고 기획하는 일도 가능하다.

과거 없는 현재가 없듯 수영성의 역사를 다시금 잘 살펴 미래의 역사로 나아간다면 조선시대 경상좌수영, 그리고 지금의 우리 수영은 부산은 물론 대한민국의 소중한 자산이 될 것이다.

백산 옛길
조선시대에는 수영과 민락동을 잇던 거의 유일한 길이었다. 고지도에도 표시된 수영의 옛길이고 부산의 옛길이다.

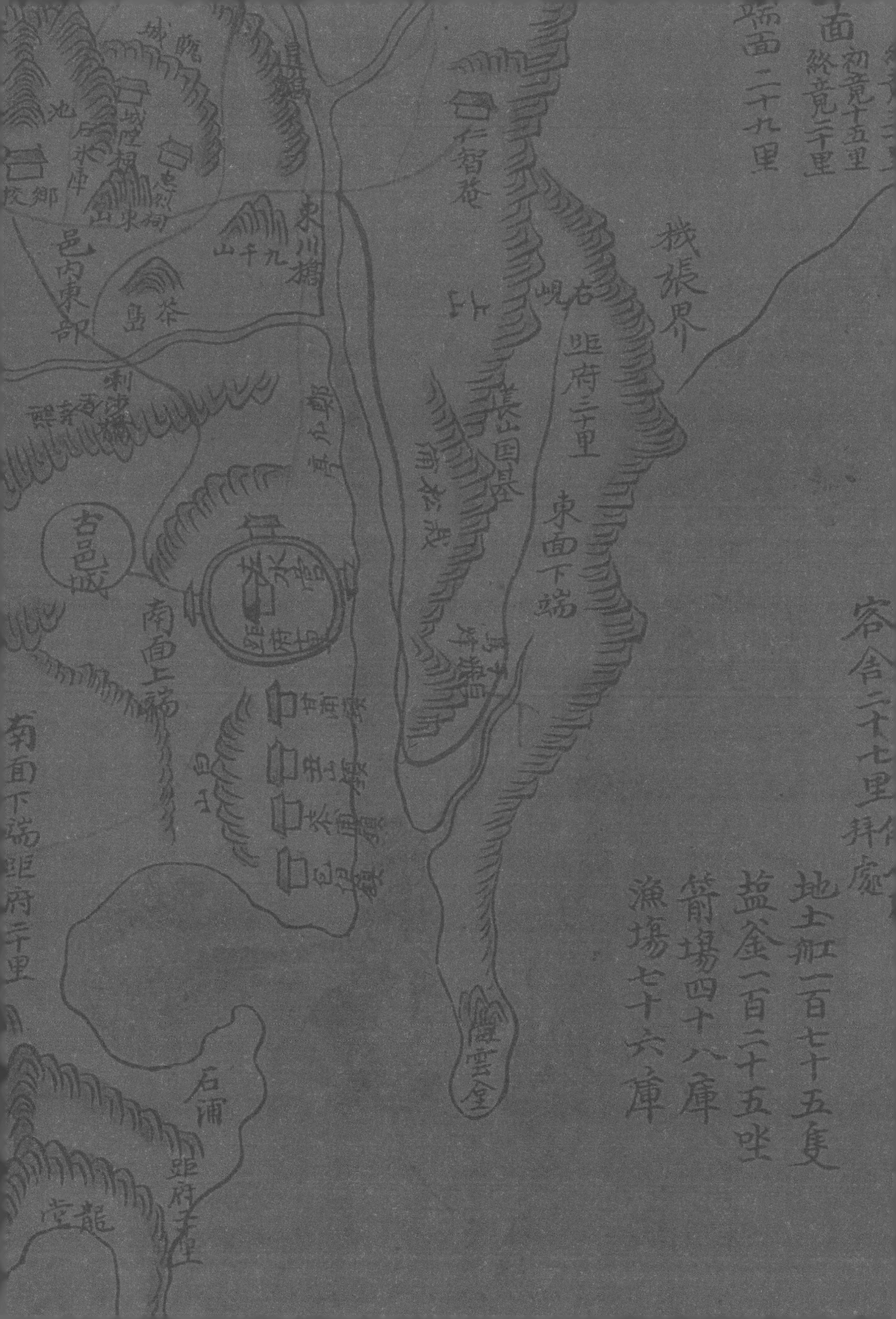

初竟十五里 終竟二十里 臨面二十九里

邑内東部

古邑城

茶島 九千山

東川橋

仁智巷

找張界

距府三十里 東面下端

南面上福

南面下端 距府三十里

石浦 距府二十里

龍堂

容舍二十七里

地土缸一百七十五隻

盐釜一百二十五坐

箭場四十八庫

漁場七十六庫

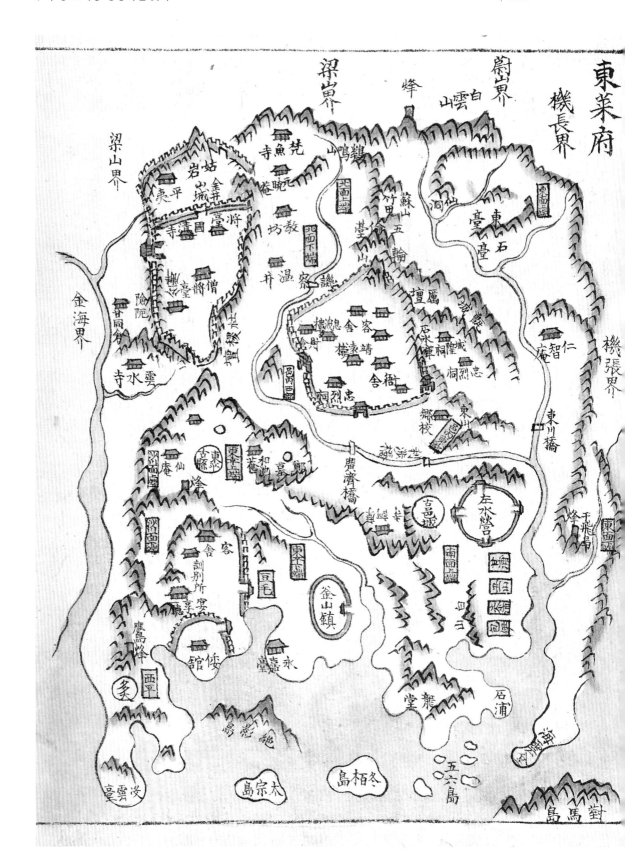

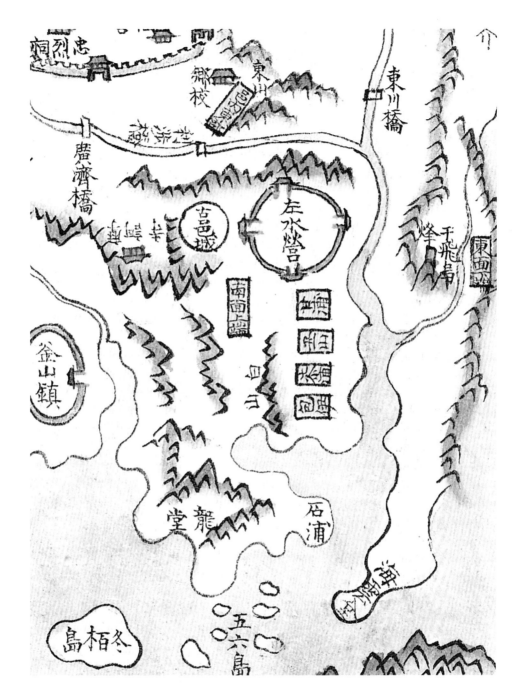

여지도(輿地圖) 동래부1 1700년대 중엽 (규장각 한국학연구원 소장)

군현책 지도인 '여지도'에 수록한 지도. 숙종과 영조 사이에 제작한 것으로 추정한다.

오방색을 조화하여 산천, 성곽, 도로 등을 실제 모양과 유사하게 그렸다. 지도의 내곽선 밖 상단 여백에는 각 군현의 옛 이름과 별호를 기록했다. 우측 여백에는 한양에서 각 군현까지 걸리는 날짜를 적었다.

지도의 뒷면이나 옆면에 인구, 재정곡(穀), 경지면적, 사방경계, 성곽, 창(倉), 면의 이름과 위치에 관한 내용을 적어 지방 군현의 지역사정 이해를 돕는다.

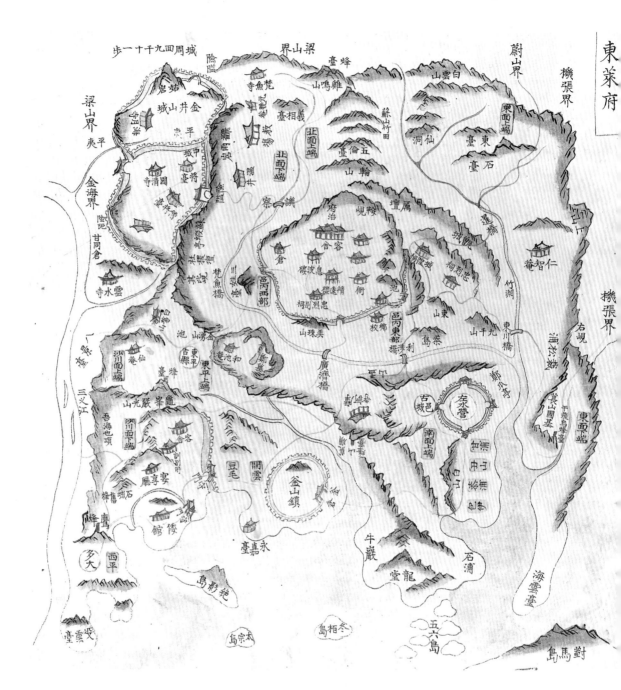

여지도(輿地圖) 동래부2 1736~1776년 (국립중앙도서관 소장)

앞의 '여지도'는 규장각 소장이고 이 '여지도'는 국립중앙도서관 소장이다. 제작 시기도 구체적이다. 앞의 지도는 1700년대 중반이고 이것은 1736년과 1776년 사이다. 앞의 지도보다 그림이 단아하며 필체가 뛰어나다. 가로 비율이 다른 지도보다 넓다. 일부 산줄기를 생략했으며 읍성은 이전의 지도보다 구체적이다. 좌수영성과 부산진성, 왜관을 다른 지도보다 과장되게 표현했다. 좌수영성 성곽 주위로 정과정, 고읍성, 감포·축산·칠포·포이의 4진, 남면상단 표시를 했다.

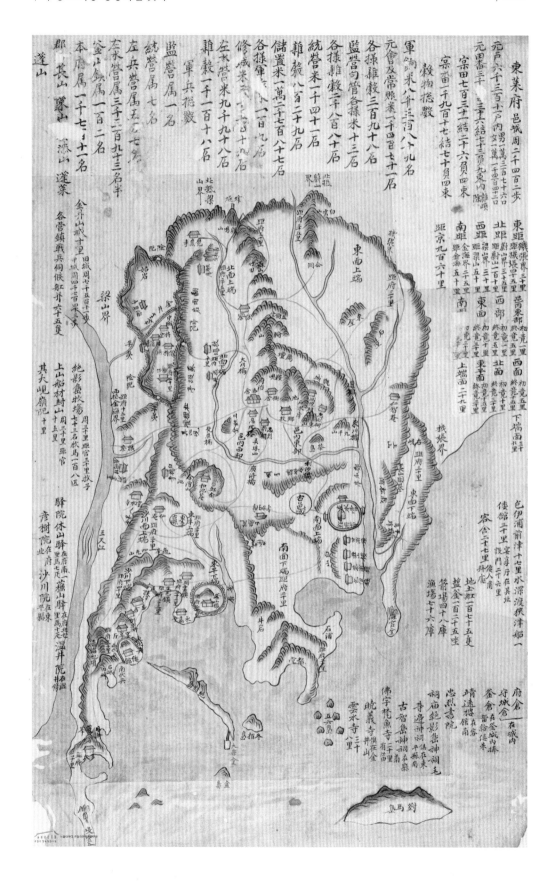

해동지도(海東地圖) 동래부 1700년대 중엽 (규장각 한국학연구원 소장)

1750년대 초에 제작한 군현지도집이다. '영남지도'가 편찬되고 나서인 1747년에서 1750년 이후라고 추정한다. 산줄기는 계명봉에서 시작해 세 줄기로 나뉜다. 물줄기는 범어사 남쪽으로 흐르다가 동래부 서쪽을 지나 수영천과 합류, 수영 앞바다로 이어진다. 남쪽에 있는 배산이 안산 역할을 하여 명당으로 묘사된다. 동래읍성 성곽은 표시하지 않은 반면 좌수영성, 금정산성, 부산진성 성곽은 나온다. 1732년 시작한 동래읍성 개축과 관련이 있는 듯하다. 동래 고읍성을 배산과 황령산 중간에 그려 거기가 현재 망미동 부산병무청 자리임을 알 수 있다. 동래부 읍성의 크기, 호구 수, 인구 수 등과 곡물, 각 면의 위치 등을 표시했다.

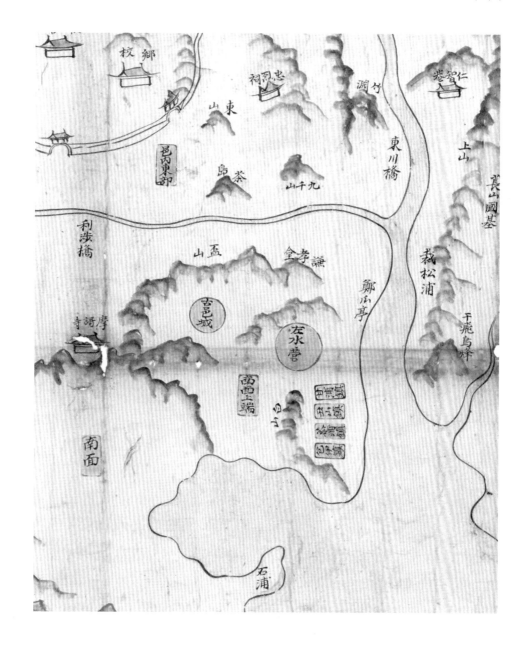

경주도회좌통지도(慶州都會左通地圖) 동래부 1700년대 중엽 (규장각 한국학연구원 소장)

1700년대 중엽 제작한 '경주도회좌통지도' 동래부 지도다. '경주도회좌통지도'는 경주를 중심으로 경상좌도 18개 군현을 표기한 지도다. 18개 군현은 경주, 울산, 동래, 대구, 밀양, 청도, 흥해, 양산, 경산, 현풍, 언양, 자인, 영일, 영산, 창녕, 청하, 장기, 기장현이다. 동래읍성에는 객사와 아사(衙舍, 동헌), 향교가 그려져 있고 4대문 문루를 표시했다. 좌수영성 표시는 해동지도와 비슷하나 겸효대가 보인다. 상단 여백에 군 병력, 남녀 노비 수, 창고 수 등 각종 정보를 담았다.

지승(地乘) 동래부 1700년대 중엽 (규장각 한국학연구원 소장)

전국 각도 군현에 대한 지도와 이면에 각 지방의 형세를 기록한 지리서다. 1700년대 중엽 제작되었다. 좌수영성 주변에 보이는 명칭은 '경주도회좌통지도 동래부' 지도와 동일하다. 전체적인 윤곽은 태종대와 금정산성 묘사 방법, 수영성 산하 4진의 지명 기록 방법, 동래 읍성의 성곽이 표현되어 있지 않은 점, 읍성 내에 기재된 관아 건물 명칭 등이 '해동지도'와 거의 유사하다. 하지만 '해동지도'보다는 표현 방법이 다소 투박하고 지명도 적게 기재돼 '해동지도'보다 나중에 제작한 것으로 보인다.

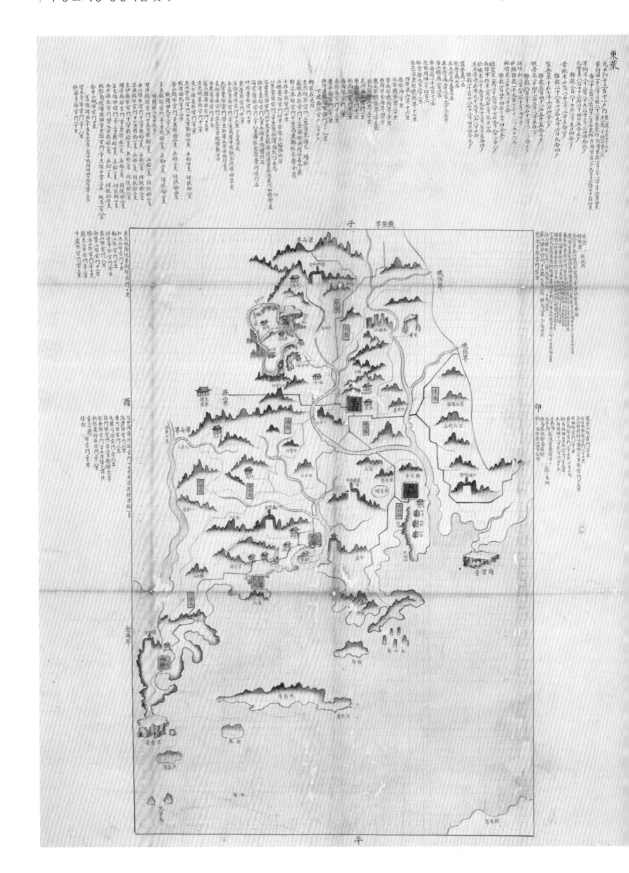

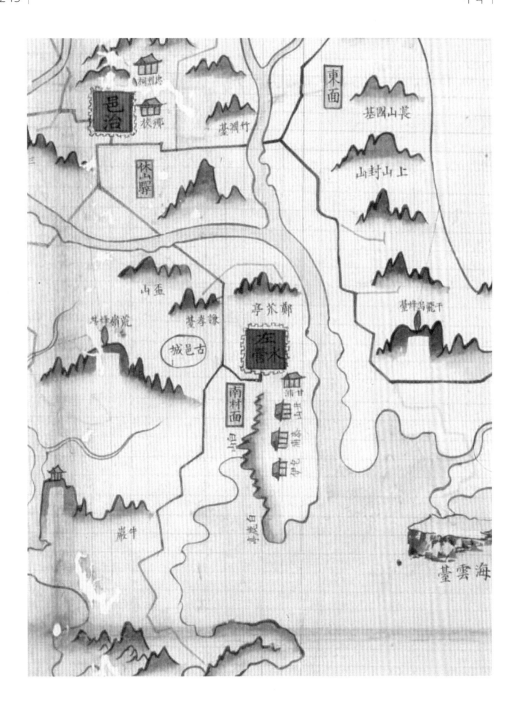

영남도(嶺南圖) 동래부1 1700년대 중엽 (규장각 한국학연구원 소장)

1700년대 중반 제작한 지도로 규장각에 소장되어 있다. 표지에 비변사인(備邊司印)이 찍혀 있어 '비변사인 영남지도'로 불린다. '비변사'는 군사 관련 중요 업무를 의논해 결정하던 회의 기구다. 산을 연속적으로 그리지 않고 독립적으로 그렸다. 각 지역을 연결하는 도로가 다른 지도에 비해서 매우 세밀하다. 도로를 중시했던 영조 때의 사회 분위기를 엿볼 수 있다. 정3품 수군절제사가 상주했던 경상좌수영은 지도 가운데 성곽 표시로 적황색 네모로 표시했다. '감포·축산·칠포·포이' 네 진을 표기했다.

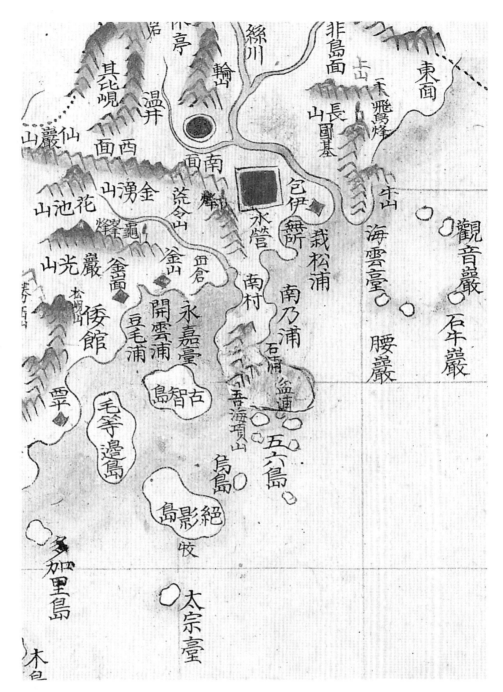

동국지도 동래부 1700년대 중엽 (국립중앙도서관 소장)

조선 후기인 1700년대 중엽 경상도 71군데 군현을 그린 지도다. 고을의 읍치(邑治)는 붉은색 원, 성곽이 있는 경우는 검은색 테두리의 원을 하나 더 넣었다. 글씨가 단아하고 품격이 높아 지도 제작에 기울인 정성을 짐작할 수 있다. 동래부 산줄기는 계명봉에서 시작해 윤산으로 이어지는 줄기와 금정산과 기비현(만덕 고개)으로 이어지는 줄기로 나뉜다. 읍치와 좌수영성, 진은 부호로 표현했으며 좌수영성에는 포이진만 나온다. 나머지 셋은 폐진된 것으로 보인다. 수영강 상류를 사천(絲川)으로 표기했다.

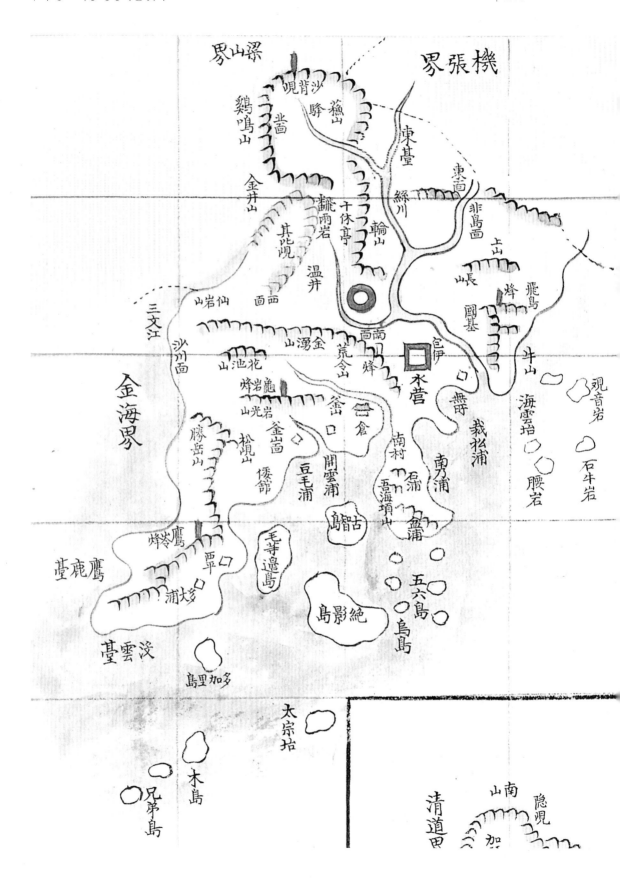

해동여지도 동래부 1800년 전후 (국립중앙도서관 소장)

조선 후기 제작한 군현지도책이다. 2008년 12월 보물 제1593호, 국립중앙도서관 소장이다. 전국 336곳 군현을 건(乾)·곤(坤)·보(補) 3책에 나눠 실었다. 건·곤은 지도책이고 보는 각 고을의 통계와 지리적 내용을 중심으로 구성한 지리지다. 경기도, 충청도, 전라도, 경상도에 속한 각 고을의 지도는 건에 실었고 강원도, 황해도, 평안도, 함경도의 고을 지도는 곤에 실었다. 동래부 지도에는 언양을 함께 그렸다. 수영강 상류에 새로운 지류가 보인다. 일부 산줄기는 변화된 모습이다. 인접 군현과의 연결성을 시도함으로써 조선 후기 지도발달사를 설명하는 한 단서를 준다.

조선지도 동래부 1700년대 중엽 (규장각 한국학연구원 소장)

1700년대 중엽 제작된 지도다. 일반 고을 읍치는 붉은색 원, 성곽이 있는 경우는 검은색 테두리의 원을 하나 더 넣었다. 각 고을 감영은 붉은색 정사각형, 성곽이 있으면 성곽 표시를 했다. 병영(육군)과 수영(해군)은 청색 사각형, 성곽이 있으면 겹선으로 표시했다. 종6품 찰방이 파견된 찰방역은 붉은색 작은 동그라미다. 군사시설인 진보(鎭堡)는 청색 ◇ 모양으로 통일했다. 영도에 '목(牧)'을 기입해 국가에서 관리하는 말 목장이 이때 있었음을 알 수 있다.

광여도 동래부 1800년대 초 (규장각 한국학연구원 소장)

1800년대 초 제작한 군현지도다. 이전에 제작한 군현지도집이 민간에 유출되면서 만들어진 것으로 추정한다. 지도와 별도로 호구, 전결, 부세, 군정 등 지역의 사회경제적 지표를 담았다. 해안에 진을 표시해 동쪽부터 감포진, 축산진, 칠포진, 포이진, 부산진, 개운포진, 두모포진, 서평진, 다대진이 보인다. 해안에는 해운대, 태종대, 몰운대의 기암절벽, 그리고 오륙도를 그렸다.

각읍지도 동래부 1800년대 초 (국립중앙도서관 소장)

경상도와 전라도 군현이 나오는 1800년대 초 지도다. 경상도는 동래를 비롯해 71읍, 전라도는 전주를 비롯해 52읍을 수록했다. 동래부 지도는 상단에 '동래'라고 쓴 큰 글씨가 눈에 띈다. 읍치 지역을 표기했으며, 좌수영 옆에 '고읍성(古邑城)' 표기가 보인다. 이곳은 오늘날 망미동 일대다. 봉수대 표시는 따로 없으나 '황령봉'은 표시해 뒀다. 네모 선 안에 '부산과 '왜관'을 표기했다. 도로는 표기하지 않았고 하천은 청색 쌍선, 산줄기는 녹색 연첩으로 그렸다. 조선 후기 부산 지형과 면리(面里) 행정 파악에 도움을 준다.

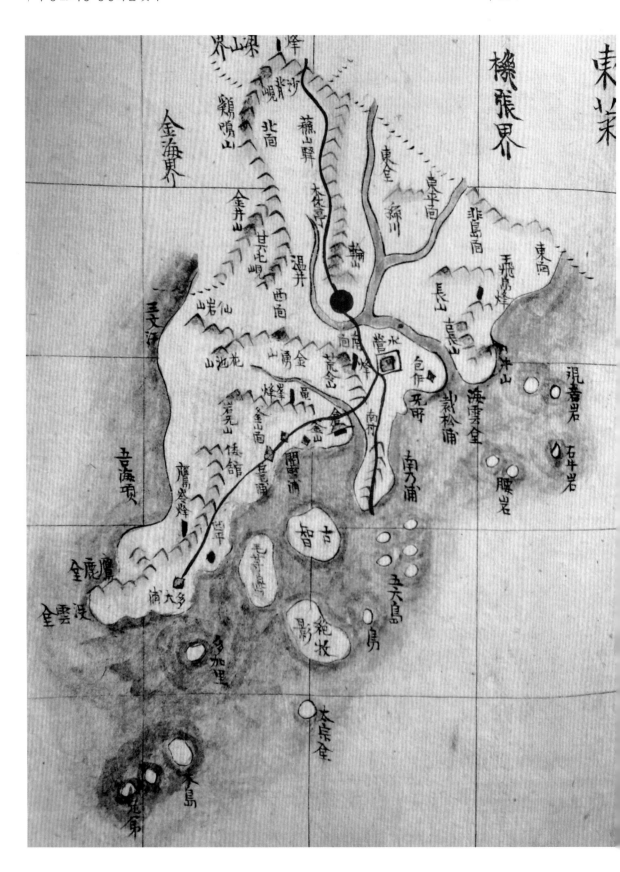

팔도지도 동래부 1800년대 초 (국립중앙도서관 소장)

1800년대 초중반 제작한 지도다. 산지는 녹색으로, 바다는 짙은 감청색으로 표현했다. '사천면(沙川面)' 누락은 다른 지도를 모사하는 과정에서 생긴 실수로 보인다. 기재된 내용으로 볼 때 1838년 무렵에 모사한 것으로 보인다. 거의 동일한 내용의 지도책이 2권 이상 있었다는 사실은 민간으로 유출돼 제작되었음을 시사한다.

여지편람(輿地便覽) 동래부 1800년대 중엽 (국립중앙도서관 소장)

여(輿)는 수레 여다. 짐을 한가득 실은 수레는 만물을 품은 땅과 같아서 지도나 지리서 제목에 '여지'를 곧잘 썼다. 편람은 보기 편하도록 간추린 책자를 말한다. 1800년대 중엽 제작한 이 지도는 아쉽게도 일본에 가 있다. 국립중앙도서관 소장본은 흑백 마이크로필름으로 제작돼 색감 확인이 어렵다. 윤산 주변의 산세를 독립된 줄기로 표현했으며 동백섬을 태종대 옆에 그렸다. 대마도를 해운대 가까이 삽입해 '대마도도 우리 땅'이라고 선언하는 것 같다. 일본이 지도를 내놓지 않는 이유가 이것이지 않을까 싶다.

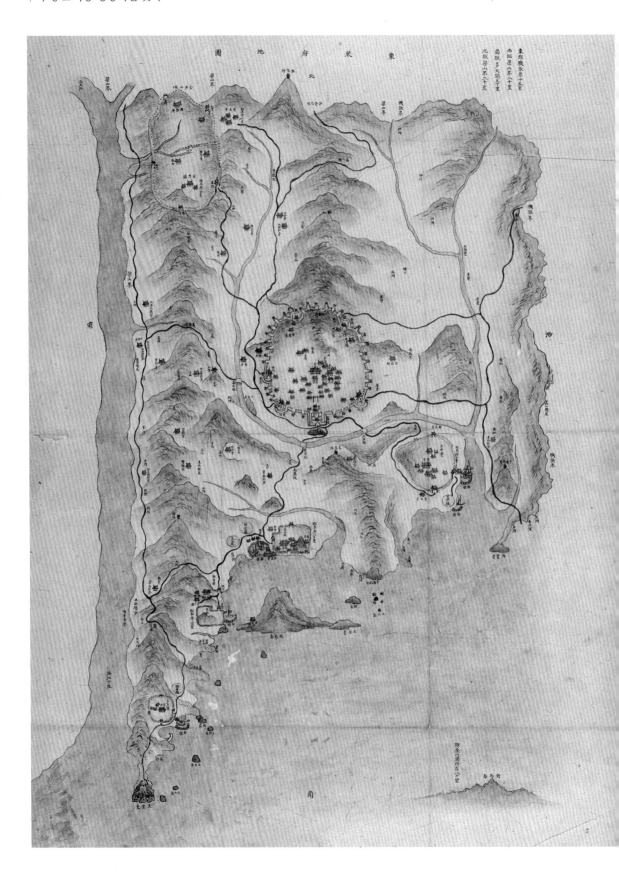

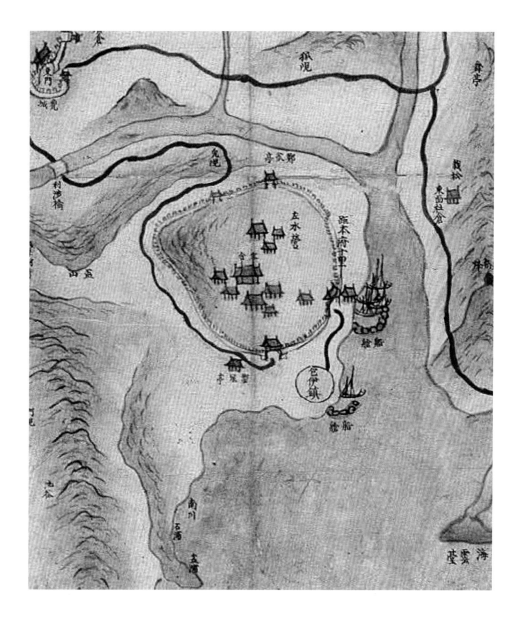

군현지도 동래부 1872년 (규장각 한국학연구원 소장)

1872년(고종 9) 조선팔도 각 지방에서 편찬한 낱장지도 가운데 하나다. 흥선대원군 집권기에 국가 지도 편 찬사업의 일환으로 추진된 전국 군현지도집이다. 1872년 3월부터 6월까지 각 군현에서 자체적으로 완성 한 지도 총 461장을 도별로 취합했다. 1866년 병인양요와 1871년 신미양요를 겪으면서 국방태세를 정비 하고 군사시설을 파악하고자 제작한 지도라서 군사적인 측면, 특히 해안방어가 강조됐다.

경상도 지도 104매 가운데 군현도가 50매고 나머지 54매는 진보(鎭堡), 산성, 목장 지도다. 목장 역시 나라 가 관리하던 일종의 군사시설이었다. 산과 하천, 고개, 왕릉, 사찰, 면, 역참, 철폐령에 따라 폐지된 사찰 등 지역의 실정을 매우 자세하게 그렸다. 특히 장시(場市, 시장), 점막(店幕, 숙식 제공 여관), 도로를 자세히 표 시해 조선 후기 상업이 발달해 지역 물산 유통이 활발하게 이루어졌음을 알 수 있다.

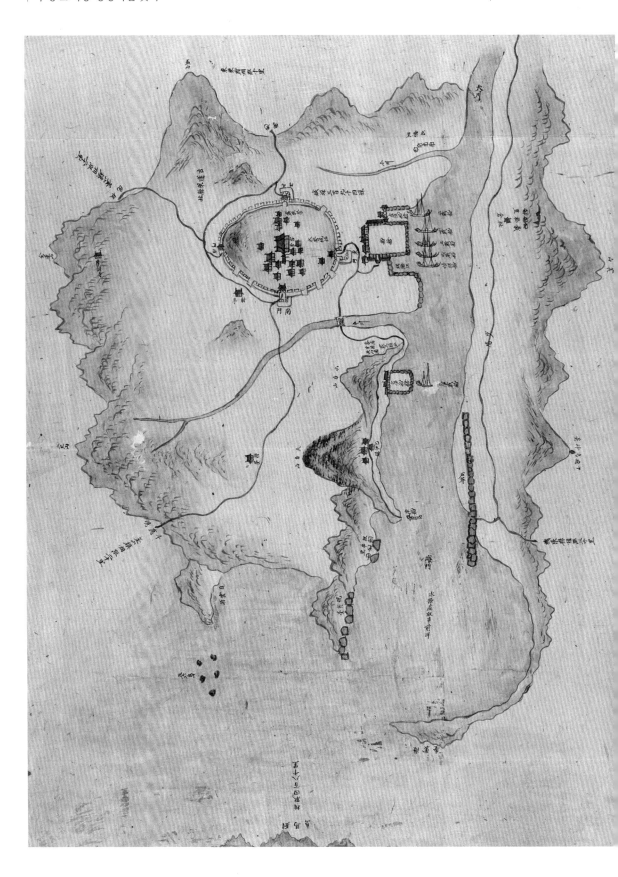

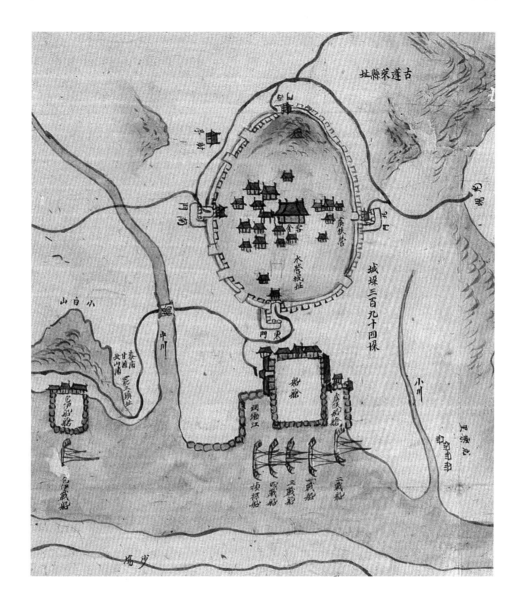

군현지도 경상좌수영 영지도형 1872년 (규장각 한국학연구원 소장)

1872년 군현지도 가운데 경상좌수영을 따로 그린 지도다. 경상좌수영은 부산포에 최초 설치해 울산 개운포, 동래 남촌(지금 수영), 감만이포로 옮겼다가 1652년(효종 3) 다시 남촌으로 이설했고 1670년(현종 11) 항구를 돌로 쌓아 재정비했다. 이 지도는 돌로 쌓은 수영성을 그린 것으로 성곽을 비롯하여 주변 상황을 비교적 정확하게 묘사한다.

지도 제목 아래 나오는 '신좌을향(辛坐乙向)'은 성의 방향을 가리킨다. 대략 동·서 방향에 해당한다. 성곽은 9,190척 대규모고 내부에는 임금을 상징하는 가장 중요한 공간인 객사를 비롯해 관아 건물과 정4품 우후가 머물던 우후영을 별도로 그렸다. 강변에는 선창을 비롯하여 전선 4척과 정탐선 1척을 그렸고 우후의 선창을 별도로 그렸다. 동서남북 각 4면을 기점으로 붉은색 도로가 나 있다.

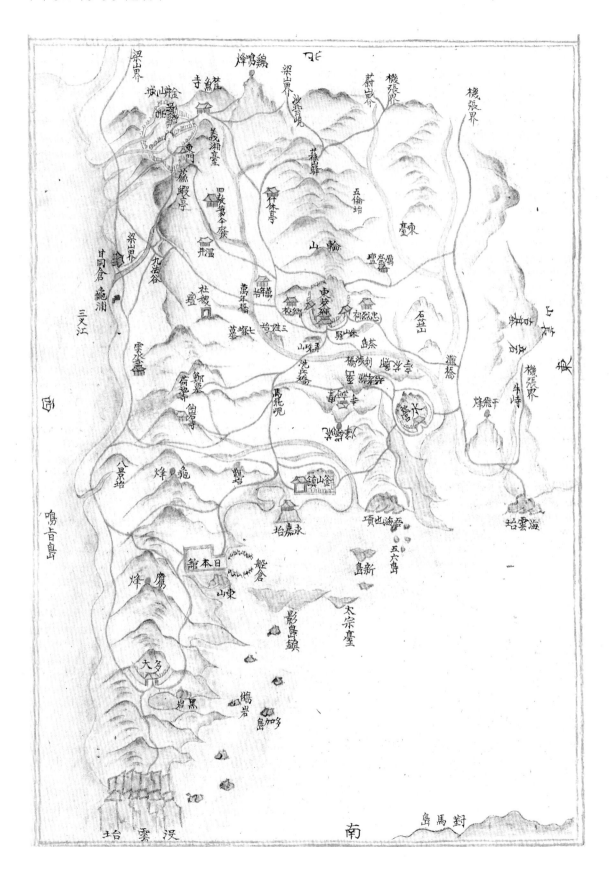

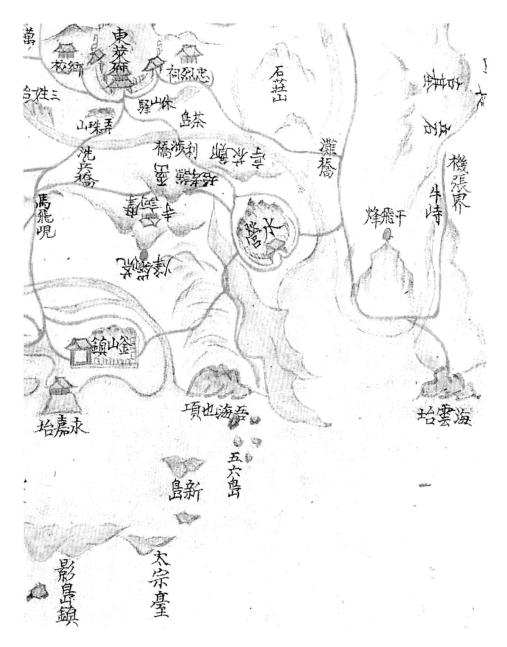

영남읍지 동래부 지도 1894년 (규장각 한국학연구원 소장)

1894년 편찬 〈영남읍지〉에 첨부된 경상도 동래부의 지도다. 수영강 본류를 매우 상세하게 그렸다. 울산과 기장 경계에서 발원한 하천이 오륜대와 동대(東臺)를 지나면서 기장 발원 하천과 합류하여 남쪽으로 흐르다가 수영성 앞바다로 빠지는 거로 나온다. 수영강의 또 다른 발원지는 범어사 부근이다. 여기서 발원한 온천천은 남쪽으로 흐르면서 금정산맥에서 발원한 작은 지류들과 합류한 뒤 삼성대(三姓坮) 앞에서 동쪽으로 흘러 동래읍성을 감싸 흐르다가 탄교(灘橋, 해운대구 재송동에 있던 다리)에서 수영강과 합류한다.

동래읍성과 좌수영성, 부산진성, 다대진성, 금정산성 등의 성곽을 그렸고 포이진·개운진·두모진·서평진 등의 수군 진보(鎭堡)는 생략했다.

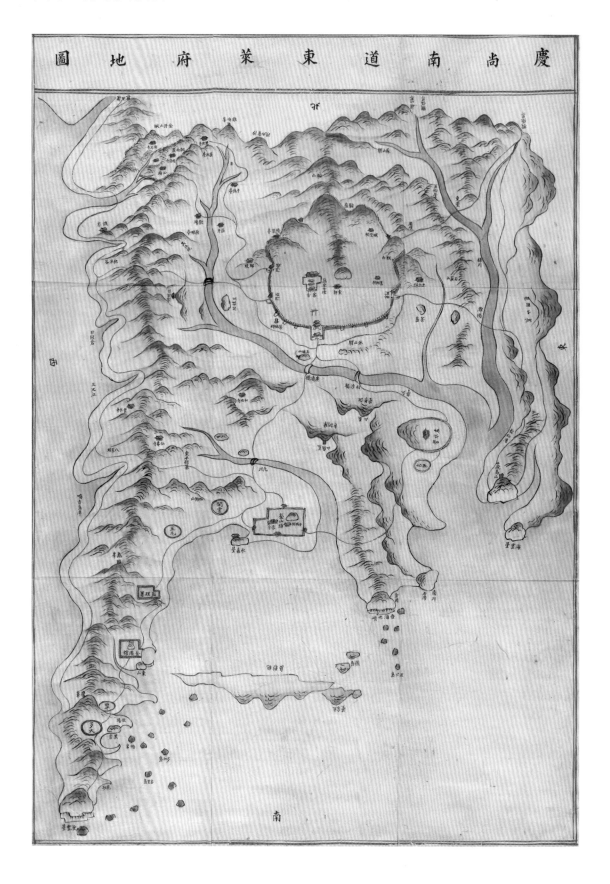

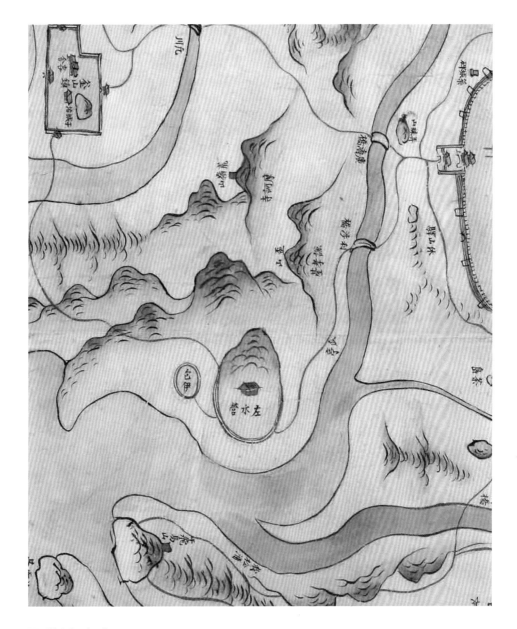

동래부읍지 지도 1899년 (규장각 한국학연구원 소장)

1899년 편찬 〈동래부읍지〉에 삽입된 동래부 지도. 지도 상단에 '경상남도 동래부지도'로 표기해 1897년 대한제국이 출범하고 행정구역이 13도로 개편한 이후 편찬한 지도임을 보여준다. 부산의 5일장인 읍내장(동래장)·좌수영장·부산장·독지장(하단장·평림장)과 성지(城址, 성터)·군액(軍額, 군인의 수)·관방(關防, 요새)·진보(鎭堡, 군사기지) 등에서 읍성. 금정산성, 좌수영성, 부산진성, 다대진성에 대한 기록이 있어 당대 지역 구조를 구체적으로 파악할 수 있다.

동래읍성 동쪽으로 이어지는 도로는 온천천 이섭교를 지나 좌수영성으로 이어진다. 좌수영성을 지난 도로는 백산과 우룡산을 넘고 동천을 건너 부산진으로 이어진다. 이 도로들은 고지도에만 나오는 옛날의 도로가 아니고 지금 현재도 도로로 쓰인다. 역사는 이렇게 흐른다. 수영강이 흐르듯이.

25의용단 홀기

헌관과 집사의 행사 분담

- 초헌관(初獻官) 분향과 첫 잔을 올리는 제관
- 아헌관(亞獻官) 두 번째 잔을 올리는 제관
- 종헌관(終獻官) 세 번째 잔을 올리는 제관
- 분헌관(分獻官) 배위에 잔을 올리는 제관
- 집례(執禮) 예를 집행하는 사람(일명 贊者, 홀을 부르는 사람)
- 대축(大祝) 축문을 읽는 사람
- 진설(陳設) 제상을 차리는 사람
- 장찬(掌饌) 제물을 간수하는 사람
- 알자(謁者) 행사를 인도하고 안내하는 사람
- 간세(盥洗) 손 씻는 대야를 맡은 사람
- 사존(司尊) 제주를 모시는 사람
- 봉작(奉爵) 잔을 받드는 사람
- 존작(尊爵) 잔을 올리는 사람
- 학생(學生) 행례를 지켜보고 교시하는 사람
- 찬인(贊引) 분헌관을 모시는 사람
- 찬창(贊唱) 절차 진행과 절을 올리도록 일러주는 사람
- 봉로(奉爐) 향로를 받드는 사람
- 봉향(奉香) 향을 받드는 사람

홀기

1. (한자 원문은 생략함) 헌관과 모든 집사는 의복을 정제하고 계단 아래 서시오.
2. 알자가 초헌관을 모시고 동편에서부터 제물 차린 것을 살펴보시오.
3. 돌아와서 본 자리에 서시오.
4. 헌관과 모든 집사는 배위하여 재배하시오.
5. 일어나서 서시오.
6. 모두 손 씻는 대야 앞으로 가서 손을 씻고 각 제자리에 서시오.
7. 찬자, 알자, 찬창은 배위하여 재배하고 돌아가 제자리에 서시오.
8. 알자는 헌관 왼편에 나아가 "행사 아뢰오"를 여쭈시오.

9. 알자는 물러가 제자리에 서시오.

10. 헌관과 학생은 모두 재배하시오.

11. 제자리로 돌아가시오.

12. 참배자 일동 배례하시오.

13. 폐비를 올리는 예를 행하시오.

14. 알자는 초헌관을 모시고 손 씻는 대야에 나아가서 손을 씻게 하시오.

15. 의용제인 신위 앞에 나아가 꿇어앉으시오.

16. 세 번 분향하시오.

17. 축관은 폐비를 헌관에게 드리고 헌관은 폐비를 받아서 읍하고 축관에게 드리고
    축관은 폐비를 받아 신위 앞에 올리시오.

18. 일어나서 서시오.

19. 초헌례를 행합니다.(초헌관이 행하는 예)

20. 신위 앞에 꿇어앉으시오.

21. 사존은 술을 붓고 봉작은 술잔을 받아 헌관에게 드리고 헌관은 받아서 읍하고 전작에게 드리고
    전작은 잔을 받아서 신위 앞에 올리시오.

22. 축관은 나아가 신위 오른쪽에 꿇어앉으시오.

23. 축문을 읽으시오.

24. 헌관과 축관은 일어나서 재배하시오.

25. 내려와 제자리에 서시오.

26. 아헌례를 행합니다.(아헌관이 행하는 예)

27. 알자는 아헌관을 모시고 손 씻는 세숫대야가 있는 곳에 나아가 손을 씻도록 인도하시오.

28. 아헌관은 신위 앞에 꿇어앉으시오.

29. 사존은 술을 붓고 봉작은 술잔을 받아 헌관에게 드리고 헌관은 받아서 읍하고 전작에게 드리고
    전작은 잔을 받아서 신위 앞에 올리시오.

30. 일어나서 재배하시오.

31. 내려와서 제자리에 서시오.

32. 종헌례를 행합니다.(종헌관과 분헌관이 행하는 예)

33. 알자는 종헌관을, 찬인은 분헌관을 각 모시고 손 씻는 세숫대야가 있는 곳에 나아가
    손을 씻도록 인도하시오.

34. 종헌관은 의용제인 신위 앞에, 분헌관은 임난전망제인 앞에 각 꿇어앉으시오.

35. 각 봉작은 술잔을 헌관에게 드리고 헌관은 받아서 읍하고 전작에게 드리고
    전작은 받아서 신위 앞에 올리시오.

36. 일어서서 재배하시오.

37. 내려와서 제자리에 서시오.

38. 참배자는 분향하시오.

39. 참배자 일동은 분향하시오.

40. 봉작은 음복주를 차리시오.

41. 축관은 신위전 조육을 가지고 오시오.

42. 알자는 초헌관을 모시고 음복상 앞에 서향으로 꿇어앉도록 하시오.

43. 봉작은 나아가서 헌관 왼쪽에서 술잔을 헌관에게 드리고 헌관은 잔을 받아서 마십시오.

44. 봉작은 빈 잔을 받아서 제자리에 놓으시오.

45. 축관은 조육을 헌관에게 드리고 봉작은 다시 받아서 동문으로 나가시오.

46. 일어나서 서시오.

47. 제자리로 가서 서시오.

48. 축문과 폐비를 태우는 행사(망요).

49. 알자는 초헌관을 모시고 망요 위치에 나아가 북향으로 서게 하시오.

50. 축관은 폐비와 축판을 모시고 망요 구멍에 갖다놓으시오.

51. 불을 사르시오.

52. 흙으로 구덩이를 반만 덮으시오.

53. 각 제자리로 돌아가서 서시오.

54. 알자는 헌관 왼쪽에 나아가서 예가 끝남을 알리시오.

55. 헌관과 학생은 예필의 재배를 드리고 물러나시오.

56. 축관과 모든 제관은 뜰에 정렬하여 재배하고 나가시오.

57. 찬자, 알자, 찬인은 모두 재배하고 나가시오.

58. 장찬은 상을 거두고 문을 닫고 나가시오.

수영기로회 정관(1978년)

제1장 명칭과 소재지

제1조 본회는 수영기로회라 칭한다. 이하 본회라 한다.

제2조 본회의 사무실은 부산시 남구 수영동 229번지(수영공원 내)에 둔다.

제2장 목적

제3조 본회는 회원 상호간의 친목을 도모하고 경로애친의 사상을 함양하며 복지사회 건설에 기여함을 목적으로 한다.

제3장 회원

제4조 본회에 정회원과 특별회원을 둔다.

1항 정회원은 구(舊) 수영출장소 관할구역 내에서 30년 이상 거주하고 있으며 교양과 덕망이 있는 60세 이상인 남자로 한다. 단, 선대 계승자는 55세 이상으로 하고 거주지의 제한이 없음

2항 특별회원은 수영출장소 관할지역 내 거주하고 있으며 교양과 덕망이 있는 60세 이상의 남자로 한다. 단, 입회 후 1년 이상 경과한 자 또는 기본재산의 회원 지분액 상당의 특별 찬조를 한 자는 이사회의 결의에 따라 정회원이 될 수 있다.

3항 신입회원은 본회 이사회에서 승인하고 다음 총회에 결과 보고한다.

제5조 입회금은 다음과 같이 정한다.

1항 입회금은 1만 원으로 한다. 단, 선대 계승자는 반액으로 한다.

2항 입회금은 입회시 일시불로 한다. 단, 사정에 의하여 분납을 허용하되 6개월 이내에 완납하여야 한다.

제4장 임원

제6조 본회에 다음 임원을 둔다. 단, 명예직으로 한다.

회장 1명, 부회장 1명, 이사 약간 명(그중 총무 1명, 재무 1명), 감사 2명.

단, 필요하다고 인정할 시는 고문 약간 명을 둘 수 있다.

제7조 임원 선출방법은 다음과 같다.

1항 임원은 정회원 중에서 선출하고 그 임기는 2년으로 한다.

2항 임원의 임기 중 결원이 발생할 시는 이사회에서 보선하고 그 임기는 전임자의 잔여 기간으로 한다.

3항 전항의 보선 결과를 차기 총회에 보고한다.

제8조 임원의 임무는 다음과 같다.

1항 회장은 본회를 대표하고 회무를 통할한다.

2항 부회장은 회장을 보좌하고 회장 유고시 그 직무를 대리한다.

3항 이사는 본회 운영에 관한 사항을 의결한다.

　　총무는 서무 일체를, 재무는 재정을 각각 담당한다.

4항 감사는 본회 재정에 대한 일체 사무를 감사한다.

5항 고문은 중요 안건의 자문에 응한다.

제5장 총회

제9조 본회는 정기총회와 임시총회를 둔다.

1항 정기총회는 연 1회 음 3월중 개최한다.

2항 임시총회는 회장이 필요할 시 또는 재적회원 1/3 이상의 요청이 있을 시 회장이 소집한다.

제10조 총회는 다음 사항을 의결한다.

1항 임원 선출에 관한 사항

2항 정관 변경에 관한 사항

3항 예산·결산 승인에 관한 사항

4항 사업계획의 승인에 관한 사항

5항 기타 사항

제6장 이사회

제11조 회장은 필요에 따라 이사회를 소집하고 그 의장이 된다.

제12조 이사회는 다음 사항을 의결한다.

1항 임원 보선에 관한 사항

2항 시업계획 수립 운영에 관한 사항

3항 예산 편성, 결산 심의 사항

4항 정관에 의하여 그 권한에 속한 사항

5항 기타 총회에 위임받은 사항

제7장 월례회

제13조 월례회는 매월 15일로 정하고 경우에 따라서는 임시총회에 의할 수 있다.

제8장 의결

제14조 총회 및 이사회는 재적회원 과반수 출석으로 성립하고 출석회원 과반수의 찬동으로 의결한다. 단, 특별회원은 기본재산 처분에 관한 의결권이 없다.

제9장 사업

제15조 본회는 제3조의 목적을 달성하기 위하여 다음 사업을 한다.

1항 조상의 유업을 계승하여 수영 5의용단 향사에 참여한다.

2항 미풍양속을 진작하고 청소년을 선도하는 뜻에서 효자·효부·열녀·모범청소년 등 선행자를 포상할 수 있다.

3항 불우학생 진학에 협력할 수 있다.

4항 천연기념물 등 문화재 보존에 참여한다.

5항 민속예술의 육성 발전에 협조한다.

6항 회원 상호간 흉사에 대한 의결은 다음과 같다.

　　가) 회원의 사망 시에는 약간의 부의금을 지급한다.

　　나) 회원의 존비속의 사망 시 또는 수재·화재 등 불의의 재화 시에도 약간의 위문금을 지급한다.

제10장 재산 및 회계

제16조 본회의 재산은 기본재산과 보통재산으로 구분한다.

1항 기본재산은 토지, 건물 및 기타 수익성(收益性) 재산(收入財産), 특별찬조금으로 한다.

2항 보통재산은 입회비, 예금이식, 사업에 의한 이익금, 기타 잡수입으로 한다.

제17조 본회의 보통경비는 다음 수입으로 충당한다.

1항 입회금

2항 찬조금

3항 사업에 의한 수익금

4항 기타 잡수입금

제18조 본회의 재정은 회장, 총무 양인 명의로 금융기관에 예금한다.

제19조 본회의 회계연도는 매년 4월 1일부터 익년 3월 말일까지로 한다.

제11장 징계

제20조 본회의 회원으로서 다음 사항에 저촉되었을 시는 이사회의 결의를 얻어 제명할 수 있다. 단, 다음 총회에 보고한다.

1항 본회의 목적에 위배되는 행위 또는 명예나 위신을 손상하는 행위를 하였을 시

2항 회원 사망 시 통고 없이 계속 3회 이상 장례에 불참할 시

3항 통고 없이 계속 3회 이상 회의에 불참할 시

부칙

제1조 본회를 탈퇴 시에는 이유 여하를 막론하고 본회 재산에 대한 권리를 요구할 수 없다.

제2조 본 정관에 명시되지 않은 사항은 통상 관례에 준한다.

제3조 본 개정 의결은 1978년 10월 16일부터 발효한다.

• 정관은 이후 '회칙'으로 명칭이 바뀌었다. 1978년 이후 1985년 개정, 1991년 개정을 거쳐 1994년 개정 회칙이 현재에 이른다. 1994년 회칙이 1991년 이전 정관이나 회칙과 가장 다른 점은 회원의 나이 자격이다. (정)회원은 60세 이상, 선대(先代) 계승자는 55세 이상에서 회원은 만 65세 이상, 선대 계승자는 만 60세 이상으로 바뀌었다. 그리고 특별회원을 없앴다. 회칙이 바뀌면서 입회금도 올랐다. 창립할 때 1원이던 입회금은 1994년 7만 원이었다.

사단법인 수영 의용충혼숭모회
창립 추진경과 보고서

1. 1982년 6월 14일

사단법인 수영고적민속보존회 박재숙 이사장의 소집으로 간담회 개최

안건 1) 의용단 성역화 추진방안

      2) 향사(享祀)기구 설립 방안

2. 1982년 6월 21일

남구청장 방문(박재숙, 이흥준, 양명찬)

지역인사 간담회 결과 전달 겸 현안 구상 타합(打合)

1) 의용단 관리 및 경비 조달문제

2) 성역화 방안

3. 1982년 6월 25일

남구청으로부터 의용단 성역화 및 시민학생 참배계획안 하달

4. 1982년 9월 25일

제259회 추기 향사시 홍보가 미흡하다 하여 의용제인 공적 개요 및 의용단 건립 연혁 대요(大要)

강의(강의자 양명찬)

5. 1983년 2월 말경

보존회 예산으로 의용단 향사비를 부담함은 부당하다는 이론(異論) 야기됨

6. 1983년 3월 4일

의용단 담장 내의 토지 압류조치 취함

7. 1983년 3월 5일부터 춘기 향사 망보일간(望報日間)

의용단 향사의식 절차의 수의(修儀) 및 향사절요(享祀節要) 잠정(暫定)

1) 서문 채택

2) 제의 절차 및 제관 행사 분담과 홀기(笏記) 제정

    (부산시무형문화재 제5호 충렬사 향사의식에 준함)

3) 봉사(奉祀) 기관 명칭을 의용단 향사사(享祀司)라 가정(假定)하였다가 의용충혼숭모회로 결정

4) 의용제인의 공적을 높여 제인을 '첨위(僉位)'로 춘추 향사일인 춘삼월 말정일(末丁日),

    추구월 말정일을 춘삼월 중정일과 춘구월 중정일로 변경하고 단전(壇前)에 신고

5) 제관, 집사의 제복(齊服) 및 제기 비용은 이 씨 문중에서 번 150만 원의 이식(利息)으로써

    마련키로 함

6) 1983년 춘기 향사로부터 향사 기금 및 성역화 기금 조성책의 일환으로 일정액에 달할 때까지

적립키로 하고 참재(參齋) 헌성록(獻誠錄)을 비치하고 모금키로 함. 아울러 제관, 집사에 천거되는 사람은 참재 성금을 거출키로 합의함.

7) 가칭 수영의용충혼회의 회지(會旨), 회강(會綱)을 창제하고 회원 권모(勸募)

8. 1983년 5월 2일

성역화 사업의 지식을 얻고자 이사장 박재숙, 이사 이흥준, 회원 양명찬은 각자 비용으로 전라북도 남원만인의총을 견학

9. 1983년 5월 13일

남원의총 관리사무소로부터 '전라북도 만인의사 제향 규정' 및 제관 복식(服飾) 사진 송달됨

10. 1983년 추기 향사를 필한 후

류정열 남구청장에게 의용단 현장 설명과 정화 건의함

11. 1983년 12월

남구청의 1984년도 남구 희망사업으로 '25의용단 정화 사업안'을 본청에 건의한 사본 받음

(사업비 추산액 3억 5천 9백만 원 계상)

12. 1984년 8월 중순경

수영 기로회원과 고적민속보존회 이사장 간에 이루어진 '의용단 향사 사무 인계서'가 폐기 문헌 속에서 발견됨

13. 1984년 ~ 1986년 말

1) 의용제인 사적 및 표천(表闡) 기록 문헌 발굴함. 정방록(旌榜錄), 완호사(完護事), 비문의 해석

2) 의용단 성역화 안(숭모회 자체안) 작성

14. 1987년 초

수영 기로회장 강명위, 보존회 이사장 박재숙, 보존회 전 이사장 김부돌, 이사 이흥준, 조해수, 회원 양명찬-남구청장에게 인사차 방문하고 성역화 자체안 제시함.

15. 1987년 2월 28일

정기총회에서 이사장 박재숙은 임기 만료로써 이사장 개선(改選), 양명찬 추대됨

16. 1987년 4월 15일

새로 구성된 이사회 예비회의에서 서기 1987년 추기 향사를 필하면 숭모회 기금이 500만원 정도가 될 가망이니 숭모회 창립의 추진을 도모할 것을 합의

17. 1987년 8월 25일

임원 및 예능단체 조교 이상 연석회의 안건 제3항으로 숭모회 발기인 지원의 건 토의에서 이의 없이 합의

18. 1987년 10월 28일

추기 향사 제관, 집사 망보(望報)를 겸하여 숭모회 창립 발기회를 정식 발족하고 발기회 대표로

김기배(金근培) 씨가 만장일치로 추대됨

19. 1987년 11월 8일

추기 향사를 필한 후 음복석(飲福席)에서 헌성금 적립 현재액과 숭모회 창립 발기회 발족하였음을

공개 보고

20. 1987년 11월 18일

발기회 제2차 회합에서 숭모회 취지문(提議書) 및 정관 초안 작성

21. 1987년 11월 27일

발기회 제3차 회합에서 숭모회 취지문 및 정관을 확정하고 창립회원 권모(勸募)키로 합의

22. 1987년 12월 18일

- 제4차 회합 개최

- 창립총회 개최를 1988년 1월 중에 개최키로 합의

23. 1988년 1월 20일

- 제5차 회합 개최

- 제4차 회합에서 창립총회를 1월 중에 개최키로 정한 바나 유관 기관장 및 문화재 위원을 비롯

  사계 권위 인사께 사전 예방 등으로 1월 중 총회 개최가 여의치 못하므로 1988년 2월 2일

  개최키로 확정

24. 1988년 2월 2일

- 한일은행 대강당에서 창립총회 개최

- 이사장에 김기배 씨가 만장일치로 추대되고 이태길 동천고 교장이 의용제인 공적 표천에 이어

  김무조 문학박사가 축사, 정판우 남구청장이 격려사에 이어 수영 기로회장의 만세삼창 선창으로

  개회

- 고문에 수영 기로회 회장 강명위 씨, 김무조 문학박사, 이태길 동천고 교장을 천거

25. 1988년 3월 5일 사회단체(No. 76) 등록을 필하였음

사단법인 수영 의용충혼숭모회 정관

제1장 총칙

제1조(명칭) 이 단체를 사단법인 수영 의용충혼숭모회(이하 사단이라 명칭한다)라 칭한다.

제2조(소재지) 이 사단의 사무소는 부산시 남구 수영동 229-1 사단법인 수영고적민속보존회에 둔다.

제3조(목적) 이 사단은 우리 민족역사상 미증유의 국난이었던 임진왜란 때 창의항전하다 순국한 경상좌수영의 25의용제인의 순국정신을 기리고 숭의장용(崇義奬勇)하여 시민의 호국정신 앙양에 기여코자 함을 목적으로 한다.

제4조(사업) 전조의 목적을 달성하기 위하여 다음 각 호의 사업을 한다.

1. 의용제인의 사적 표천(事蹟表闡) 및 홍보

2. 의용단(부산시 기념물 제12호)誌 편찬 발간 추진

3. 춘추향사 봉행 장리(掌理)

4. 시민의 호국정신 앙양의 도량으로 성역화 사업 추진

5. 기타 이 사단의 목적에 부수되는 사업

제2장 회원

제5조(회원 자격) 이 사단의 회원은 이 사단의 취지와 정관에 찬동하고 이 사단의 입회서를 정한 사항을 기재하고 서명 날인하여 제출함으로써 회원 자격을 득한다. 단, 창립총회 시의 회원은 당연회원이 된다.

제6조(회원의 권리) 회원은 총회를 통하여 이 사단의 운영에 참여할 권리를 갖는다.

제7조(회원의 의무) 회원은 다음 각 호의 의무를 진다.

가. 정관 및 제규정의 준수

나. 총회 및 이사회의 의결사항 이행

다. 회비 및 기타 제부담금의 납부

제8조(회원의 자격 상실) 다음 각 호의 해당자는 회원의 자격을 상실한다.

1. 회원이 탈회를 원할 때

2. 회원의 의무를 이행치 않을 때나 사단의 사업을 방해 또는 명예를 훼손할 때

제3장 임원

제9조 이 사단에 다음 임원을 둔다

1. 이사장(대표자) 1인

2. 이사 9인 내지 11인

3. 감사 2인

　　단, 필요에 따라 명예회장 1인과 고문 약간 명을 추대할 수 있다.

제10조(임원의 선출)

1. 임원은 총회에서 선출한다.

　　단, 임원은 사회단체 등록에 관한 법률에 따라 주무관청에 등록하여야 한다.

2. 명예회장과 고문은 이사장이 추천하여 이사회의 동의를 얻어 이사장이 추대한다.

제11조(임원의 임기) 임원의 임기는 2년으로 한다.

　　단, (1) 총의에 따라 1차 연임할 수 있다.

　　　　(2) 보선된 임원은 전임자의 잔여기간을 임기로 한다.

제12조(임원의 직무)

1. 이사장은 이 사단을 대표하여 이 사단의 업무를 통할한다.

　　단, 이사장 유고시는 이사장이 미리 지정한 순위에 따라 직무를 대행한다.

2. 이사는 이사회를 통하여 이 법인의 업무에 관한 사항을 심의하며 이사회의 결의사항과
　　이사장으로부터 위임된 사항을 처리한다.

3. 감사는 이 사단의 재정 및 운영에 관한 사항을 연 1회 이상 감사하여 그 결과를 총회에 보고한다.

제4장 총회

제13조(총회의 소집 개최)

1. 총회는 정기총회와 임시총회로 한다.

2. 정기총회는 연 1회, 의용단 춘기대제 봉행일에 개최한다.

3. 임시총회는 이사회 또는 재적회원 과반수의 요구가 있을 때 이사장이 소집하고 그 의장이 된다.

　　단, 소집통지는 개최 5일 전까지 서면으로 하여야 한다.

제14조(총회의 구성과 부의사항)

1. 총회는 재적회원 과반수의 출석으로 개최하고 출석회원 과반수의 찬성으로써 결의하며 가부
　　동수일 때는 의장이 이를 결정한다.

　　단, 본항의 의결권을 총회에 출석하는 다른 회원에게 위임하고자 할 때는 위임장을 회의 개최
　　전에 제출하여 위임할 수 있다. 임시총회도 이에 준한다.

2. 총회에서 부의할 사항은 다음과 같다.

　　① 사업계획에 관한 사항

　　② 예산 및 결산에 관한 사항

　　③ 정관 변경에 관한 사항

④ 임원 선출에 관한 사항

⑤ 기타 중요한 사항

제15조(회의록) 총회 및 임시총회의 회의록은 각급 총회에서 선출한 3인 내지 5인의 서명위원이 확인하고 서명 날인함으로써 확정한다.

제5장 이사회

제16조(구성) 이사회는 이사장과 이사로써 구성한다.

제17조(이사회 소집) 이사회는 이사장이 필요하다고 인정할 때에나 재적이사 과반수의 요구가 있을 때 이사장이 소집하고 그 의장이 된다.

제18조(부의사항) 이사회의 부의사항은 다음과 같다.

1. 총회에서 결의된 사항의 집행에 관한 사항

2. 총회에서 부의할 안건의 예비심의에 관한 사항

3. 제규정의 승인 및 동의에 관한 사항

4. 회원 자격의 취득 및 상실에 관한 사항

5. 기타 필요한 사항

제19조(정족수) 이사회는 재적이사 과반수 출석으로 성립하고 출석이사의 과반수 찬성으로 결의한다.

제6장 재정

제20조(세입과 세출) 이 사단은 다음의 세입으로 그 세출에 충당한다.

1. 회원의 회비

2. 정부 및 지방자치단체의 보조금

3. 찬조금

4. 기타 잡수입금

제21조(재정예산의 사용) 이 사단의 예산은 범위 내에서 사용하며 사단의 사업목적 이외에는 사용하지 못한다.

제22조(회계 감사) 감사는 이 사단의 회계에 관한 사항을 연 2회 이상 감사하여야 한다.

제23조(임원의 보수) 임원은 명예직으로 한다. 단. 업무수행을 위한 실비는 변상할 수 있다.

제24조(회계연도) 이 사단의 회계연도는 매년 1월 1일부터 12월 말까지로 한다.

제7장 사무부서

제25조(설치) 이사장의 지시를 받아 이 사단의 업무를 처리하기 위하여 사무국을 둘 수 있다.

제26조(직원) 사무국에는 국장 1인과 직원 약간 명을 둘 수 있다.

1. 사무국장은 이사회의 동의를 얻어 이사장이 임면한다.

2. 사무국 직원은 이사장이 임면한다.

3. 사무국장은 이사장의 지시를 받아 이 사단의 사무를 처리한다.

제8장 보칙

제27조(자문위원회 구성) 이 사단의 업무의 원활 추진을 위하여 각급 기관 및 사회단체의 협찬을 얻고자 자문위원회를 구성할 수 있다.

제28조(자문위원회의 운영) 자문위원회의 운영에 관한 사항은 별도로 규정한다.

제29조(업무내규의 제정) 사단이 필요한 업무내규는 이사회에서 제정한다.

부칙

1. 이 정관은 주무관청의 등록증 교부일로부터 시행한다.

2. 이 정관에 명시되지 않은 사항은 사회단체 등록에 관한 법률과 통상 관례에 따른다.